中宣部文化名家暨"四个一批"人才项目"缩小我国收入与财富分配差距研究"（教社科司函〔2016〕35号）资助；高等学校学科创新引智计划：收入分配与现代财政学科创新引智基地（B20084）资助

中国居民收入与财富调查报告
（2019年）

中南财经政法大学收入分配与现代财政研究院　著

中国财经出版传媒集团
经济科学出版社
Economic Science Press

图书在版编目（CIP）数据

中国居民收入与财富调查报告.2019年/中南财经政法大学收入分配与现代财政研究院著.—北京：经济科学出版社，2020.9
ISBN 978-7-5218-1831-4

Ⅰ.①中⋯ Ⅱ.①中⋯ Ⅲ.①居民收入-调查报告-中国-2019 Ⅳ.①F126.2

中国版本图书馆CIP数据核字（2020）第163556号

责任编辑：白留杰
责任校对：靳玉环
责任印制：李 鹏 范 艳

中国居民收入与财富调查报告（2019年）

中南财经政法大学收入分配与现代财政研究院 著
经济科学出版社出版、发行 新华书店经销
社址：北京市海淀区阜成路甲28号 邮编：100142
教材分社电话：010-88191309 发行部电话：010-88191522
网址：www.esp.com.cn
电子邮箱：bailiujie518@126.com
天猫网店：经济科学出版社旗舰店
网址：http://jjkxcbs.tmall.com
北京密兴印刷有限公司印装
710×1000 16开 17印张 300000字
2020年10月第1版 2020年10月第1次印刷
ISBN 978-7-5218-1831-4 定价：69.00元
（图书出现印装问题，本社负责调换。电话：010-88191510）
（版权所有 侵权必究 打击盗版 举报热线：010-88191661
QQ：2242791300 营销中心电话：010-88191537
电子邮箱：dbts@esp.com.cn）

前　言

随着社会经济的快速发展与变迁，我国居民收入和财富分配发生了巨大的变化。收入和财富分配不断变化是适应生产力发展需要的表现，但是由于我国经济发展不均衡，收入财富分配机制尚不完善，居民收入分配的差距逐渐扩大，"富者越富，贫者越贫"的"马太效应"日趋明显，这就不可避免会产生一些严重的经济和社会问题，收入分配与经济的强相关关系以及它对经济的影响和作用已日益凸显出来。居民收入、财富积累和分配作为衡量贫富状况的尺度，对其进行分析具有深远的意义。

着眼于收入和财富分配的研究有利于对现实情况有更深入的了解，探寻其中可能的原因和机制，对提出相应的政策建议大有裨益。《中国居民收入与财富调查报告》(2019)是基于"中国居民收入与财富"调查（WISH）2019年的数据所形成的研究报告，"中国居民收入与财富"调查是由中南财经政法大学收入分配与现代财政研究院开展的，由研究院院长杨灿明主持。2016年中南财经政法大学收入分配与现代财政研究院进行了第一次全国调查，2017年和2018年在积累第一次调查经验的基础上开展了第二和第三次全国调查，2019年的调查则更加完善和充分。此次调查覆盖全国27个省级单位，通过分层随机抽样的方法，在中南财经政法大学2017~2018年入学的本科生生源中选择目标区域开展调查。为了保质保量地完成此次调查，收入分配与现代财政研究院对调查问卷进行了全面的修订。本次调查严格遵照国家统计局抽样调查县级抽样框开展抽样工作，并就入户调查的基本方法和调查数据的录入、整理等工作对全校500余学生进行了多次集中培训和交流。2019年调查发放问卷12000份，剔除变量缺失、回答错误，以及极端值较多的样本后得到有效样本9948份。相比于国内其他大型调查而言，本次调查所得到的有效样本基本相当，通过描述性分析亦可发现很多变量的数值具有较大程度的可比性，这表明本次调查所获得的数据在很大程度上能够真实地反映我国收入与财富的基本状况。

中国居民收入与财富调查报告（2019年）

《中国居民收入与财富调查报告》（2019年）的内容框架与前几年的报告保持了一致性，一共包括六章内容，分别是个人禀赋特征、就业、家庭收入、家庭财富、家庭消费、居民主观幸福感，基本上包含了与居民收入和财富相关的多个方面的调查。

第一章从基本特征、户籍、教育、健康和社会保障五个方面，对中国2019年居民的人口禀赋特征进行了分析，为准确认识中国劳动者状况提供了较新的数据支持。第二章主要分析了当今的就业形势，包括就业状况、农业生产者的状况、个体或私人经营的状况、受雇于他人的状况、失业的状况，并对就业的影响因素进行了相关实证分析。第三章主要对家庭总收入、人均收入和收入构成进行了分析，并根据户主的禀赋特征分析了不同群体的收入差距，在此基础上，度量了全国、城镇及农村的基尼系数，进一步分析了城乡之间、地区之间、行业之间和不同收入阶层的收入差距。第四章将家庭不同财富数量和构成作为研究家庭收入和财富分配状况的分析对象，从家庭的非金融资产、金融资产两大方面分别进行了详细的划分和描述，并对总资产有详细的分析。第五章分别从家庭日常消费支出，家庭非日常消费支出，家庭文娱、医疗及服务性消费支出，家庭消费特征，家庭消费行为，家庭消费观念六个方面对中国2019年家庭消费进行分析，为进一步认识中国居民家庭消费相关情况提供新的数据支持。第六章进一步延伸了居民收入与财富分配研究，探索居民主观幸福感的现状，分析影响居民幸福感的一些因素，以及居民对生活各方面和政府工作的满意情况调查。除此之外还对一些社会热点问题进行了调查，社会热点问题与社会大众的生活息息相关，是居民普遍关注的重要问题，具体包括了政府行为、教育与社会公平、社会阶层和其他社会问题的评价，意在调查公众对这些问题的关注程度和不同收入水平的居民对这些问题及相关解决措施的评价。

收入分配与现代财政学科创新引智基地
中南财经政法大学收入分配与现代财政研究院
2020年5月1日

目　录

第一章　人口禀赋特征 (1)
第一节　基本特征、户口信息及教育程度 (1)
　　一、基本特征 (1)
　　二、户口信息 (3)
　　三、教育程度 (5)
第二节　健康状况、社会保障及劳保福利状况 (7)
　　一、健康状况 (7)
　　二、社会保障、劳保福利状况 (7)
第三节　本章小结 (9)

第二章　就业 (10)
第一节　就业状态 (11)
　　一、就业分布状况 (11)
　　二、就业与收入 (15)
第二节　农业生产者 (21)
　　一、乡镇干部结构 (21)
　　二、从事农业生产的月份 (22)
　　三、农业生产者类型与收入 (22)
　　四、农业生产者类型与农业税费负担变化 (24)
　　五、政府对不同农业生产者的农业扶持状况 (25)
　　六、政府对不同农业生产者的优惠政策 (26)
第三节　个体或私人经营 (28)
　　一、个体和私营企业的雇用状况 (28)
　　二、个体和私营企业的经营状况 (28)

三、个体和私营企业创业环境评价 …………………………… (33)
　第四节　受雇于他人 …………………………………………………… (34)
　　一、受雇于他人就业群体的职业结构 …………………………… (34)
　　二、受雇于他人就业群体的职称级别结构 ……………………… (36)
　　三、受雇于他人就业群体的学历状况 …………………………… (38)
　　四、受雇于他人就业群体获得工作的途径 ……………………… (40)
　　五、受雇于他人就业群体的福利待遇 …………………………… (42)
　　六、受雇于他人就业群体的平均晋升次数 ……………………… (49)
　　七、受雇于他人就业群体签订的合同类型 ……………………… (52)
　　八、受雇于他人就业群体的工作满意度评价 …………………… (53)
　　九、受雇于他人就业群体想辞职的原因 ………………………… (55)
　第五节　失业 …………………………………………………………… (56)
　　一、失业的原因 …………………………………………………… (56)
　　二、失业群体的工作经历 ………………………………………… (57)
　　三、失业群体的登记情况 ………………………………………… (58)
　　四、失业群体找工作的途径 ……………………………………… (60)
　　五、就业援助 ……………………………………………………… (62)
　　六、公益性就业服务 ……………………………………………… (63)
　　七、对就业市场的看法 …………………………………………… (64)
　　八、父辈与子女的职业关系 ……………………………………… (65)
　第六节　就业影响因素分析 …………………………………………… (66)
　　一、文献综述 ……………………………………………………… (66)
　　二、模型建立 ……………………………………………………… (68)
　　三、实证结果 ……………………………………………………… (68)
　　四、结论与建议 …………………………………………………… (72)
　第七节　本章小结 ……………………………………………………… (72)

第三章　家庭收入 …………………………………………………………… (75)
　第一节　引言 …………………………………………………………… (75)
　第二节　中国居民收入概况 …………………………………………… (77)
　　一、家庭总收入 …………………………………………………… (77)
　　二、总收入结构 …………………………………………………… (82)

目 录

  三、收入差距 ……………………………………………………… (85)
 第三节 工资薪金收入 ……………………………………………… (86)
  一、城乡户均工薪收入 …………………………………………… (86)
  二、东中西部地区户均工薪收入 ………………………………… (86)
  三、教育与工薪收入 ……………………………………………… (87)
 第四节 经营性收入 ………………………………………………… (87)
  一、城乡户均经营性收入 ………………………………………… (88)
  二、东中西部地区户均经营性收入 ……………………………… (88)
 第五节 财产性收入 ………………………………………………… (88)
  一、财产性收入水平 ……………………………………………… (88)
  二、财产性收入结构 ……………………………………………… (89)
 第六节 转移性净收入 ……………………………………………… (90)
  一、转移性净收入总体情况 ……………………………………… (91)
  二、财政转移性净收入 …………………………………………… (91)
  三、非财政转移性净收入 ………………………………………… (93)
 第七节 居民收入的影响因素分析 ………………………………… (94)
  一、全国居民收入回报的影响因素分析 ………………………… (94)
  二、城镇居民收入回报的影响因素分析 ………………………… (99)
  三、农村居民收入回报的影响因素分析 ……………………… (104)
 第八节 本章小结 ………………………………………………… (107)

第四章 家庭财富 ……………………………………………… (111)

 第一节 引言 ……………………………………………………… (111)
 第二节 中国居民家庭财富 ……………………………………… (112)
  一、家庭总财富概况 …………………………………………… (112)
  二、家庭总财富结构 …………………………………………… (116)
  三、家庭财富差距 ……………………………………………… (118)
 第三节 非金融资产 ……………………………………………… (119)
  一、非金融资产概况 …………………………………………… (119)
  二、非金融资产结构 …………………………………………… (120)
  三、家庭房产情况 ……………………………………………… (121)
 第四节 金融资产 ………………………………………………… (124)

一、家庭金融资产概况 ………………………………………… (124)
　　二、家庭金融资产结构 ………………………………………… (124)
　　三、家庭存款（含活期、定期） ……………………………… (126)
　　四、网络金融 …………………………………………………… (130)
 第五节　非住房负债 ……………………………………………… (132)
　　一、家庭非住房负债概况 ……………………………………… (132)
　　二、家庭非住房负债结构 ……………………………………… (132)
 第六节　家庭财富的决定及差距分解 …………………………… (135)
　　一、描述性统计 ………………………………………………… (135)
　　二、家庭财富差距分解 ………………………………………… (136)
　　三、财富的决定因素及夏普里值分解 ………………………… (138)
 第七节　本章小结 ………………………………………………… (141)

第五章　家庭消费 ……………………………………………… (144)

 第一节　家庭总消费 ……………………………………………… (144)
　　一、家庭平均总消费支出 ……………………………………… (144)
　　二、地区与家庭平均总消费支出 ……………………………… (145)
　　三、城乡家庭平均日常消费与非日常消费支出 ……………… (146)
　　四、各地区家庭平均日常消费支出和非日常消费支出 ……… (147)
 第二节　家庭日常消费支出 ……………………………………… (148)
　　一、家庭平均日常消费 ………………………………………… (148)
　　二、家庭日常消费支出情况 …………………………………… (155)
 第三节　家庭非日常消费支出 …………………………………… (160)
　　一、家庭平均非日常消费 ……………………………………… (160)
　　二、家庭非日常消费结构 ……………………………………… (166)
 第四节　家庭消费特征 …………………………………………… (173)
　　一、主要消费项目 ……………………………………………… (173)
　　二、家庭成员消费情况 ………………………………………… (180)
　　三、消费支出占收入比重的变化 ……………………………… (180)
 第五节　家庭消费行为 …………………………………………… (182)
　　一、家庭外出就餐主动索要发票情况 ………………………… (182)
　　二、使用信用卡消费情况 ……………………………………… (184)

三、家庭消费计划制订情况 …………………………………………（186）
　　四、家庭储蓄的主要目的 ……………………………………………（188）
　　五、影响家庭消费抉择的因素 ………………………………………（189）
　　六、影响家庭消费水平的主要因素 …………………………………（190）
　　七、家庭消费行为满意程度情况 ……………………………………（191）
　　八、维权倾向 …………………………………………………………（192）
　第六节　家庭消费观念 …………………………………………………（193）
　　一、政策措施对农村居民消费行为的影响 …………………………（193）
　　二、促进城乡居民消费政府应该采取的措施 ………………………（194）
　　三、家庭周边消费差距情况 …………………………………………（196）
　　四、国家应该扩展消费的方面 ………………………………………（197）
　　五、地区消费环境状况评价 …………………………………………（198）
　　六、家庭居民消费信息来源影响 ……………………………………（200）
　第七节　本章小结 ………………………………………………………（201）

第六章　居民主观幸福感 …………………………………………………（203）
　第一节　居民主观幸福感概述 …………………………………………（203）
　　一、整体幸福水平 ……………………………………………………（203）
　　二、生活状况满意程度 ………………………………………………（204）
　　三、政府工作满意程度 ………………………………………………（212）
　　四、社会公平程度 ……………………………………………………（221）
　　五、社会经济地位 ……………………………………………………（223）
　第二节　教育与公平 ……………………………………………………（226）
　　一、教育支出 …………………………………………………………（226）
　　二、教育支出较少的种类 ……………………………………………（227）
　　三、教育存在的问题 …………………………………………………（228）
　　四、收入合理性 ………………………………………………………（230）
　　五、与收入相关的言论 ………………………………………………（231）
　第三节　社会阶层 ………………………………………………………（234）
　　一、社会分层 …………………………………………………………（234）
　　二、不同阶层之间的冲突 ……………………………………………（235）
　　三、社会地位的影响因素 ……………………………………………（240）

第四节 其他问题 ……………………………………………………（243）
  一、环境污染问题 …………………………………………………（243）
  二、经济增长问题 …………………………………………………（244）
  三、延迟退休问题 …………………………………………………（244）
  四、中小学生培优问题 ……………………………………………（245）
  五、精准扶贫问题 …………………………………………………（246）
  六、"双创"问题 ……………………………………………………（247）
  七、职业教育问题 …………………………………………………（248）
  八、贫富差距问题 …………………………………………………（249）
  九、房价问题 ………………………………………………………（250）
第五节 环境污染与主观幸福感 …………………………………（251）
  一、研究意义 ………………………………………………………（251）
  二、文献综述 ………………………………………………………（252）
  三、数据描述性分析 ………………………………………………（252）
  四、实证模型与分析 ………………………………………………（254）
  五、异质性分析 ……………………………………………………（256）
  六、结论 ……………………………………………………………（257）

参考文献 ……………………………………………………………（259）
后记 …………………………………………………………………（260）

第一章

人口禀赋特征

本章将从基本特征、户口信息、教育程度、健康状况和社会保障、劳保福利状况五个方面,对 2019 年中国个体的人口禀赋特征进行分析,为正确认识中国的现实国情提供了一个可参考的数据描述。

第一节 基本特征、户口信息及教育程度

一、基本特征

2019 年的居民收入与财富调查覆盖我国 30 余个省级单位,分区域和分性别的调查样本数量汇总于表 1-1 中。总体而言,男性和女性的性别比为 100.4∶100,接近官方公布 104.81∶100 的比重。在三大区域中,这种性别比重基本类似。

表 1-1　　　　　　2019 年男女劳动者的数量　　　　　　单位:人

性别	全部	东部	中部	西部
男	4984	1682	1795	1507
女	4964	1724	1878	1362

如表 1-2 所示,本书将劳动的年龄以 10 年为一个年龄段,将全部劳动者的年龄划入 6 个组。就受访者的年龄分布而言,主要集中于 36~55 岁的年龄段,占全部样本的比重为 6%。15~25 岁和大于 65 岁的劳动者比重最少,分别占比 10.66% 和 4.54%。

表1-2　　　　　　　　2019年个体的年龄分布

年龄段（岁）	样本量（个）	均值	标准差
15～25	956	4897.113	5235
26～35	1526	4939.786	4883
36～45	2630	5025.002	5083.5
46～55	2885	4985.951	4856
56～65	565	5114.053	5196
>65	407	4768.118	4756

如表1-3所示，就家庭规模而言，主要以三口之家为主，占全部家庭的比重为37.58%。就地区而言，东部地区三口之家的占比最高，为40.16%；中部次之，为39.21%；西部地区最低，为32.4%。在三口之家之外，四口之家的占比也相对较高，占全部样本的比重为28.67%，这可能与中国近年来推行的鼓励生育政策有关。就东中西部而言，该比重也在28%左右。分户籍而言，非农业户籍的三口之家比重远高于农业户籍的三口之家比重，分别为23.94%和47.79%；四口之家的比重在两种户籍间的差别相对较小，分别为33.55%和25%。

表1-3　　　　　　　　2019年家庭规模情况　　　　　　　　单位：人

家庭规模	总计	农业户口	非农业户口	东部	中部	西部
1	236	87	149	75	82	79
2	785	329	456	249	286	250
3	3741	1021	2720	1370	1441	930
4	2854	1431	1423	989	1065	800
>4	2340	1397	943	728	801	811

如表1-4所示，就政治身份而言，群众的占比最高，为67.79%。在三大区域中，该比重占全部样本的比重为64%～69%。其次是中共党员群体的比重，为19.43%。其中，东部地区党员的比重最高，为69.92%，中部为64.48%，西部为69.48%。民主党派的比重最低，为0.8%。

第一章 个人禀赋特征

表1-4　　　　　　　　　政治身份　　　　　　　　单位：人

政治身份	总计	东部	中部	西部
中共党员	1934	632	776	526
民主党派	75	26	26	23
共青团员	1197	367	503	327
群众	6746	2383	2369	1994

二、户口信息

如表1-5所示，按照居民的户口类型划分，农业户口的比重为45.03%，非农业户口的比重为33.89%，居民户口的比重为20.89%。

表1-5　　　　　　　　　户口类型　　　　　　　　单位：个

户口类型	样本量
农业户口	4464
非农业户口	3360
居民户口	2071
军籍	10
没有户口	3
其他	6

居民户口的获得，可能存在一定的变更（见表1-6）。在本书的样本中，自出生便获得目前户口状态的比重为60.07%，说明大部分群体没有发生户口状态的变更。在发生户口变更的群体中，婚姻和农转非是主要方式（见表1-7），分别占比10.95%和9.54%。此外，工作和购房也是变更户籍的重要方式，占比分别为7.21%和5.81%。

表1-6　　　　　　　　　户口获取方式　　　　　　　　单位：个

方式	样本量
自出生就是	5977
农转非	949

续表

方式	样本量
升学	381
工作	717
婚姻	1090
购房	578
其他	258

表1-7　　　　　农转非的原因　　　　　单位：个

原因	样本量
上学	639
工作	441
土地被征用	218
购房	114
婚姻	81
其他	293

在农转非的所有类型中，上学和工作是主要类型，占比分别为35.78%和24.69%。由于土地被征用而转换户籍的群体占比为12.21%。

2019年，劳动者的流动模式也主要体现为区域内部流动（见表1-8）。市内流动成为劳动者的主要流动方式，占全部流动劳动者的比重为60.43%，省内流动的个体占全部流动劳动者的比重为21.37%。就跨省流动而言，上述比重为17.44%。因此，劳动者的迁移模式已经由跨省长距离迁移转变为区域内短距离的迁移。

表1-8　　　　　流动范围　　　　　单位：人

范围	样本量（个）	东部	中部	西部
跨省流动	346	190	89	67
省内流动	424	150	169	105
市内流动	1199	361	453	385
不清楚	15	6	5	4

三、教育程度

2019年，社会的受教育层次出现了较明显的分化，分别在大学本科（26.20%）和初中学历（24.32%）两个阶段出现峰值（见表1-9）。此外，受教育层次在大专和高中的比重也相对较高，分别为14.02%和12.77%。分地域而言，教育层次相对较高的个体主要集中于经济发展相对较好的东部地区，而教育水平相对较低的个体也主要集中于东部地区。这种不同教育层次的劳动者同时向东部地区集聚，一方面是由于东部地区院校相对较多导致的，另一方面是由于东部地区的教育回报率高于中西部地区。这种人的流动给地区发展也可能带来较大的影响，主要体现为地区人力资本积累的速度。就大专以上劳动者的数量而言，东部、中部和西部的占比分别为46.37%、42.30%和39.07%。这可能成为区域发展差距进一步增加的重要因素。

表1-9　　　　　　　　　　教育程度　　　　　　　　　　单位：人

受教育程度	样本量（个）	东部	中部	西部
未上过学	162	35	50	77
小学	964	215	312	437
初中	2415	777	930	708
高中	1268	457	519	292
职高/技校	278	123	90	65
中专	597	218	213	166
大专	1392	522	492	378
大学本科	2602	928	975	699
硕士	211	103	71	37
博士	42	25	12	5

就教育质量而言，中国目前大部分劳动者存在较大的提升空间（见表1-10）。在高中以上学历毕业学校类型中，毕业于县级以上重点中学的人数占全部样本的比重为48.85%，以下群体的比重为51.15%。教育机会和教育质量是同时影响个体人力资本积累的两个重要方面，如何进一步提升教育质量成为机会普及之后另一个重要的发展命题。

表1-10　　　　　　高中以上学历毕业学校类型　　　　　　单位：个

学校类型	样本量	东部	中部	西部
全国或省级重点中学	571	150	234	187
地区（市、区）级重点中学	1011	377	389	245
县级及其他重点中学	1477	584	526	367
非重点中学	1668	614	609	445
中专、中技、职高	1228	498	443	287
其他学校	307	95	132	80

在大学阶段，这种教育质量的分化更加明显（见表1-11）。"211工程"以上高校毕业的个体占全部样本的比重为15.19%，其余类型毕业的个体比重为84.81%。这种学历的地域分布，和具有高中阶段以上学历的地域分别特点基本一致。

表1-11　　　　　　大学以上学历毕业学校类型　　　　　　单位：人

学校类型	样本量（个）	东部	中部	西部
"985工程"院校	235	105	64	66
"211工程"非"985工程"院校	391	131	158	102
其他公立普通高校	2178	822	814	542
独立学院	171	69	56	46
民办高校	177	66	70	41
成人教育	943	338	324	281
国外院校	26	14	7	5

劳动者更愿意在教育层级相同或相近的水平上选择自身的配偶（见表1-12）。由于劳动者个体在初中和大学本科阶段的比重最高，配偶教育层次在这两个阶段的比重分别为27.03%和17.72%，也是最高的。如果按照性别划分配偶的教育程度，这种趋势也是类似的。

表1-12　　　　　　　配偶的教育程度　　　　　　　　　单位：人

受教育程度	样本量（个）	东部	中部	西部
未上过学	207	37	68	102
小学	1069	283	329	457

第一章 个人禀赋特征

续表

受教育程度	样本量（个）	东部	中部	西部
初中	2221	762	847	612
高中	1156	404	487	265
职高/技校	221	87	84	50
中专	486	156	195	135
大专	1183	442	440	301
大学本科	1456	586	507	363
硕士	178	75	68	35
博士	41	21	15	5

第二节 健康状况、社会保障及劳保福利状况

一、健康状况

如表1-13所示，就个体健康而言，78.25%的个体认为自己比较健康或很健康，对自身健康状况评价较差的个体比重相对较低，为3.27%。分地域而言，东部、中部和西部个体认为自身健康的比重分别为81.09%、78.90%和74.07%。相比之下，认为自己非常不健康的比重相对较低。

表1-13　　　　　　　　健康的主观评价　　　　　　　　单位：人

健康状况	样本量（个）	东部	中部	西部
很健康	3202	1138	1232	832
比较健康	4546	1619	1640	1287
一般	1829	569	646	614
不健康	298	67	115	116
非常不健康	26	7	7	12

二、社会保障、劳保福利状况

如表1-14所示，2019年，城镇居民参与城镇职工基本医疗保险的程度较

高，而在公费医疗或统筹的个体相对较少，仅有 13.18%。就城乡居民基本医疗保险而言，参与率尚不足 70%。虽然其他形式的医疗保险，如商业医疗保险是基本医疗保险的重要补充形式，但参与率仅为 22.10%。在所有样本中，有 6.51% 的个体未参与任何医疗保险，成为面对医疗支出较脆弱的人群。

表 1–14　　　　　　　　医疗保险参与状况　　　　　　　　单位：人

项目	是	否
城镇职工基本医疗保险	3988	3556
公费医疗或统筹	807	5316
城乡居民基本医疗保险	5141	2708
商业医疗保险	1423	5016
其他医疗保险	624	5411
没有参加任何医疗保险	387	5561

随着人均生活水平的不断改善，参加城乡最低生活保障的个体数量较有限（见表 1–15）。2019 年，参加农村最低生活保障、城镇最低生活保障、五保供养和其他社会救济的比重分别为 6.68%、6.76%、4.67% 和 2.17%。随着精准扶贫工程的不断深入，上述比例有望进一步降低。

表 1–15　　　　　　最低生活保障或社会救济参与状况　　　　　　单位：人

项目	是	否
农村最低生活保障	395	5522
城镇最低生活保障	400	5521
五保供养	272	5548
其他社会救济	157	5641
没有任何低保或社会救济	8747	685

如表 1–16 所示，2019 年，参加城镇职工基本养老保险的比例为 54.62%，其中职工的参与程度更高。有 42.88% 的个体参加了城乡居民社会养老保险，4.52% 的个体参加了城镇灵活就业人员养老保险。就企业年金、商业养老保险和其他形式的养老保险参与情况而言，上述比重分别为 6.76%、14.37% 和 6.36%。需要指出的是，有 33.82% 的个体未参加任何养老保险，成为养老过程中风险较高的群体。

表1-16　　　　　　　养老保险参与状况　　　　　　　单位：人

项目	是	否
城镇职工基本养老保险	4116	3420
城镇灵活就业人员养老保险	266	5625
城乡居民社会养老保险	3021	4024
企业年金	402	5546
商业养老保险	892	5314
其他	377	5551
没有参加任何养老保险	2230	4364

第三节　本章小结

总体而言，中国2019年的性别比仍处于相对失衡的状态。就年龄结构而言，46岁以上个体占全部人口的比重为43%，56岁以上个体的占比为10.84%，显示中国社会的平均年龄正在逐渐增大。然而，中国目前仍有33.82%的居民未参加任何养老保险，成为今后老龄化的一个潜在风险。随着鼓励生育政策的逐渐出台，三口之家和四口之家的比重分别为37.58%和28.67%，独生子女家庭占绝对优势的情形正在逐渐改变。

就劳动者的流动而言，主要以短距离流动为主。目前，中国劳动者的教育水平仍存在较大的提升空间，这不仅影响了个体收入水平的高低，也影响了他们在婚姻市场上的选择。就健康状况而言，对自己健康较满意的个体占绝大多数，说明居民均对自身的健康较为重视。一个不容忽视的现状是，没有参加任何医疗保险的个体占全部样本的比重为10.34%，这部分个体容易在面对医疗支出时产生较大的风险。

第二章

就 业

本章主要基于2019年中国居民收入与财富调查的样本数据,探讨2019年最新就业形势及其对收入与财富分配的影响,大致了解我国劳动力市场的最新状况。由于人口老龄化的到来,我国的就业人口出现了一些新的结构特征。首先,大部分劳动力人口处于就业状态,且受雇于他人的比例最高。其次,我国就业人员的平均年龄相比2018年更加年轻化,这是农村新增劳动力向城市流动以及城市新增劳动力进入劳动力市场的反映。

在就业人口方面,不同的就业单位存在社会保障的巨大差距,并主要通过社会保险和住房公积金制度强化了非工资性收入差距。在这些所有的差距中,城乡差距、性别差距、工作单位所有制形式造成的收入差距、社会保障差距、社会福利差距等,都可能是中国劳动力市场分割的重要体现。为了解决这些问题,着手建立城乡统一的劳动力市场和公共服务体系,就成为收入与财富分配研究的立足点,凸显了就业形势调查与就业政策研究的重要性。

本章还分析了年龄、教育程度、就业地区、性别、所在区域等因素对劳动人口职业选择的影响。总体来看,年龄大的劳动者、中部地区就业人员、少数民族同胞选择农业工作的可能性更大;从事农业工作的概率会随着教育程度的提高、工作在城镇地区而下降。从事个体和私人经营的可能性随着年龄和教育程度的增长而下降,城镇地区就业人员从事个体和私人经营的可能性更高,中部地区就业人员从事个体和私人经营的可能性比东部地区要低。受雇于他人的可能性不随年龄增长发生显著变化,但随着教育程度的提高而上升,城镇地区就业人员更可能受雇于他人,女性选择受雇于他人的可能性高于男性,中部地区和西部地区的就业群体比东部地区就业群体选择受雇于他人的可能性要低。就业群体成为零、散工的可能性随着年龄和教育程度的增加而下降,男性在中西部地区就业群体中更容易成为零、散工;从事自由职业的可能性随着教育程

第二章 就 业

度上升而下降，在城乡之间没有显著差异，中部地区就业群体相比东部地区就业群体从事自由职业的可能性大。性别因素在从事农业工作、个体或私人经营以及自由职业的选择中并不显著，城镇就业的性别歧视主要集中在受雇于他人和从事零、散工等被雇用的就业环境中。这表明就业的性别歧视存在结构性差异，需要政府出台有针对性的法律法规和财税政策措施，保障女性和男性劳动者享有就业机会和工资收入的平等。

本章还分析了政治面貌、婚姻状况、民族状况、健康程度对劳动者从事各项职业可能性的影响。结果发现，政治面貌、民族状况和健康程度在某些职业选择方面具有显著影响。这些初步的结论还需要更多的微观证据予以支撑。总体来看，就业机会、晋升机会和社会保障均存在不同特征人群的结构性差异，需要从制度和政策层面去缩小这些差距。

第一节 就业状态

一、就业分布状况

1. 就业结构。根据2019年中国居民收入与财富调查的样本数据，分析我国目前的就业情况。首先，从农村和城镇的角度分析各行业就业人员的人口比例。如表2-1与图2-1所示，从就业的分布状况来看，在2019年中国居民收入与财富调查样本中，受雇于他人的劳动群体人数最多，有4750人，占比为63.73%，说明我国劳动人口绝大多数处于受雇状态；个体或私人经营的有1542人，占比为20.69%，相比2018年有了显著上升；从事农业工作的有546人，占比为7.33%，相比2018年下降了约1/3；零、散工有367人，占比为4.92%，自由职业者有248人，占比为3.33%。

表2-1 就业结构

就业状况	农村（人）	比例（%）	城镇（人）	比例（%）	全国（人）	比例（%）
农业工作	498	31.62	48	0.82	546	7.33
个体或私人经营	354	22.48	1188	20.21	1542	20.69
受雇于他人	540	34.29	4210	71.62	4750	63.73

续表

就业状况	农村（人）	比例（%）	城镇（人）	比例（%）	全国（人）	比例（%）
零、散工	132	8.38	235	4.00	367	4.92
自由职业者	51	3.24	197	3.35	248	3.33
总计	1575	100.00	5878	100.00	7453	100.00

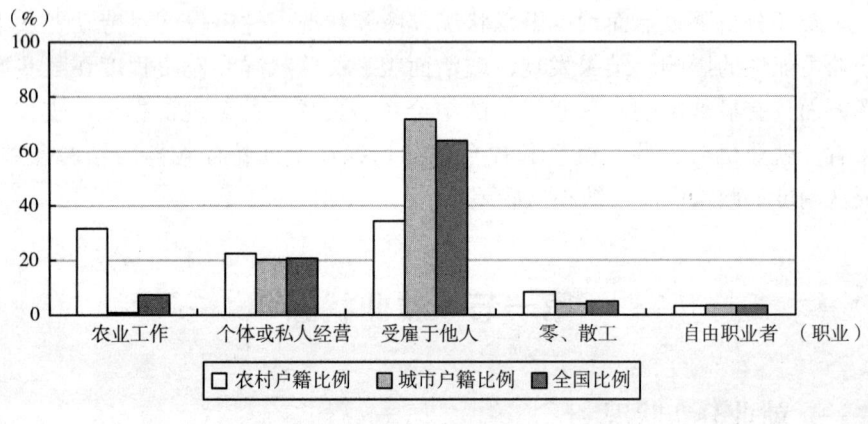

图 2-1 就业结构

其次，不同就业群体的就业结构存在很大的城乡差距。对于农村地区就业群体，从事农业工作的比例为31.62%，而城镇地区从事农业工作的比例只有0.42%。由图2-1可以看出，城镇从事农业生产的比例远远低于农村地区。农村就业群体中经营个体或私人企业的比例为22.48%，城镇就业群体为20.21%，两者相差较小；农村就业群体中受雇于他人或企业的比例为34.29%，城镇为71.62%，比农村就业群体的两倍还多。这是因为：农村地区市场潜能未被开发，就业机会少，导致农村劳动力受雇于他人的比例远远小于城镇就业群体，在一定程度上也反映出城乡人力资源配置的不均衡。农村就业群体中零、散工的比例为8.38%，城镇地区为4%。从零、散工比例与受雇于他人的比例来看，城市地区人口找到稳定工作的机会相比农村地区更高，但是相比2018年，这种差距稍微有所缩小。农村地区自由职业者的比例为3.24%，城市就业群体中为3.35%，基本没有差距。因此，对于农村地区就业群体，农业工作和受雇于他人仍然是主要的就业方式，但是2019年农村就业人口中经营个体或私营企业的比重相比2018年显著上升。对于城镇地区就业群体，受雇于他人是最主要的就业方式，其次也是经营个体或私营企业。农村和城镇地区就业人口中，零、散

第二章 就 业

工和从事自由职业者的比重仍然比较小。从图2-1的就业结构对比可以看出,从事农业工作和受雇于他人的群体具有最为明显的城乡差距。由以上分析可以得知,我国目前的就业户籍歧视依然没有实质性转变,农村地区人口从事农业工作的比例高于城市地区,受雇于他人的比例却小于城市地区就业人口。这说明,城乡壁垒尚未从根本上打破,需要消除就业歧视,建立统一的城乡劳动力市场;特别是要进一步优化城乡的资源配置机制,缩小城乡的人力资本差距。

2. 就业人口年龄结构。图2-2为我国2019年就业人口的平均年龄,显示了从事不同行业人口的平均年龄。全国从事农业工作的平均年龄为49.72岁,其中城镇农业工作者平均年龄为40.79岁,农村农业工作者平均年龄为50.58岁;个体或私人经营者平均年龄为42.7岁,其中城镇个体或私人经营者平均年龄为42.3岁,农村个体或私人经营者平均年龄为44.04岁;个人或单位雇佣人员的平均年龄为40.55岁,其中农村个体或单位雇佣人员的平均年龄为41.98岁,城镇雇佣人员的平均年龄为40.36岁;零、散工平均年龄43.92岁,农村从事零、散工的人员平均年龄为46.02岁,城镇从事零、散工的人员平均年龄为42.73岁;从事自由职业的人员平均年龄为41.11岁,其中农村从事自由职业的人员平均年龄为42.14岁,城镇从事自由职业的人员平均年龄为40.84岁。从就业人口的年龄结构上来看,农村和城镇劳动群体从事非农工作的平均年龄差距不大,但是从事农业工作的平均年龄差距非常大。相比2018年,2019年从事农业工作的农村劳动力平均年龄基本没有变化,但是从事农业工作的城镇劳动力出现了年轻化趋势。另外,零、散工中的平均年龄差距进一步拉大,自由职业

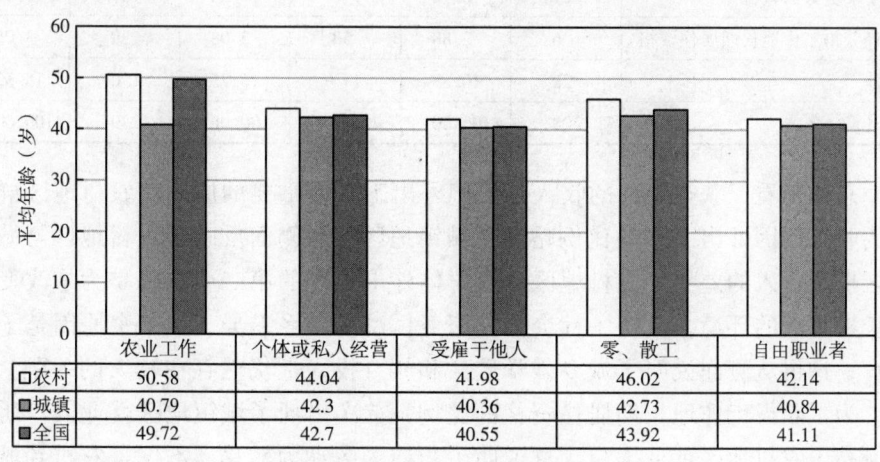

图2-2 就业人口年龄结构

者中的平均年龄差距有所收窄。总体而言,在全部就业类型中,农村劳动群体的平均年龄都要高于城镇劳动群体,农村劳动力就业群体的老龄化进一步加剧,但城市劳动力就业群体却具有年轻化趋势,说明了农村劳动力外出工作仍是一个持续转移的过程。

3. 就业人员外出工作原因。表2-2描述了2019年农村和城镇人口外出工作的原因。根据2019年中国居民收入与财富调查样本显示,为了获得更高收入而外出工作的为759人,所占比例为59.34%,其中农村地区的人口为130人,占比为62.50%,城镇地区的人口为629人,占比为58.73%;为了改变将来长期生活的环境而外出工作的有146人,占比为11.42%,其中农村地区的人口为29人,占比为13.94%,城镇地区为117人,占比为10.92%;为了让子女获得更好教育而外出工作的有139人,其中农村地区有21人,占比为10.10%,城镇地区有118人,占比为11.02%;已经获得工作地长期的居住资格而外出工作的人有39人,所占比例为3.05%,其中农村地区有6人,所占比例为2.88%,城镇地区有33人,所占比例为3.08%;因为其他原因外出工作的有196人,所占比例为15.32%。

表2-2 就业人员外出工作原因

外出工作原因	农村(人)	比例(%)	城镇(人)	比例(%)	全国(人)	比例(%)
获得更高收入	130	62.50	629	58.73	759	59.34
改变将来长期生活的环境	29	13.94	117	10.92	146	11.42
为子女更好的教育	21	10.10	118	11.02	139	10.87
已经获得工作地长期居住资格	6	2.88	33	3.08	39	3.05
其他	22	10.58	174	16.25	196	15.32
总计	208	100.00	1071	100.00	1279	100.00

总体来看,获得更高的收入是人们外出工作最重要的原因。农村地区群体因为收入原因外出工作的比例略高于城镇地区,从侧面反映了农村地区与城镇地区期望收入的差异。农村地区就业群体外出工作的第二个原因是为了改变将来长期生活的环境,反映了社会公共服务体系的城乡差异。第三个原因是子女教育,这也从侧面说明了城乡教学质量和教育投入上仍然存在较大的差距。另外,为了获得工作地长期居住资格的比例,首次出现了城镇地区就业人口所占比例高于农村地区就业人口,这说明了当前的劳动力转移,不仅是农村到城镇的转移,而且还具有城镇到中小城市、中小城市到大城市的特征,人口的流动

第二章　就　业

具有梯级转移的特征,年轻劳动力进一步向大城市集聚。这说明,当前仍然需要加快农村和县域经济发展,进一步促进城镇化改革和教育、社会保障的改革,促进城乡融合,缩小城乡差距。

二、就业与收入

1. 就业人员收入分布。表2-3和图2-3为2019年我国农村和城镇地区就业人员的月收入情况及其概率分布。全国就业人员平均工资为8251.18元,城镇就业人员平均月收入为9268.19元,农村就业人员平均月收入为4436.92元。从图2-3的数据可知,我国城镇与农村就业的收入差距较大,虽然相比2018年这种差距稍微缩小,但是城镇地区就业群体平均月收入仍然是农村户籍群体的2.09倍。目前,我国农村发展的面貌有所改善,但是在教育、医疗、社会保障、公共服务和基础设施等方面仍然落后城镇的发展,为了进一步解决城乡收入差距问题,我们应该鼓励农村快速发展,促进城镇化的进程,提高农村的经济实力,并优化公共服务配置,实现基本公共服务均等化,从而促进城乡群体机会均等化。

表2-3　　　　　　　　就业人员的平均月收入　　　　　　　　单位:元

工作地区	农村	城镇	全国
平均月收入	4436.92	9268.19	8251.18

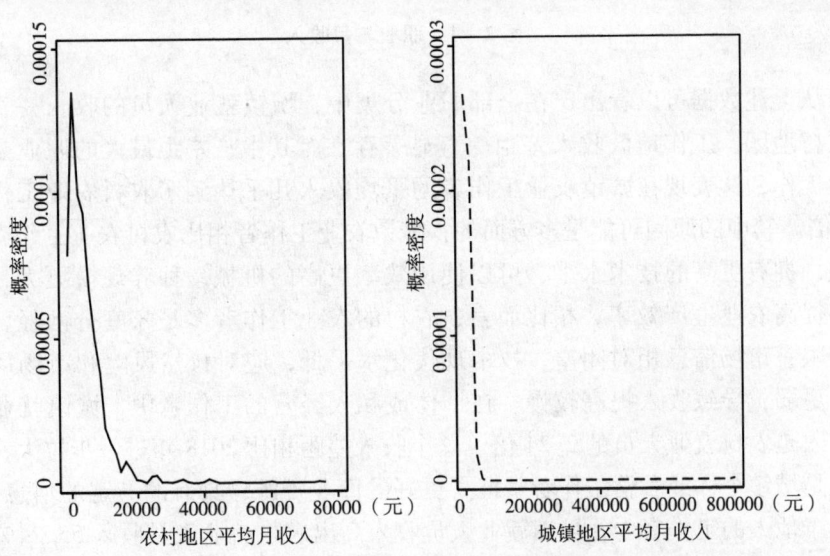

图2-3　就业人员平均月收入的概率分布

2. 职业与月收入。根据 2019 年的调查数据显示，不同就业人员的收入水平存在巨大的职业差距。如图 2-4 所示，平均收入最高的是受雇于他人的就业人员，达到 9446.05 元，其中城镇地区为 9843.72 元，农村地区为 6340.85 元，相比 2018 年的平均收入均有所下降。其次，个体或私人经营的就业人员平均收入为 7422.86 元，其中，城镇地区为 8462.83 元，农村地区为 3908.26 元。自由职业者的平均收入为 6474.66 元，其中，城镇地区为 7094.85 元，农村地区为 4151.96 元。零、散工平均收入为 4753.45 元，其中，城镇地区为 4896.71 元，农村地区为 4499.5 元。农业工作者平均收入为 2948.51 元，其中，城镇地区为 9281.48 元，农村地区为 2641.17 元。相比 2018 年，农业工作的平均月收入有所上升，但自由职业者的平均月收入显著下降。

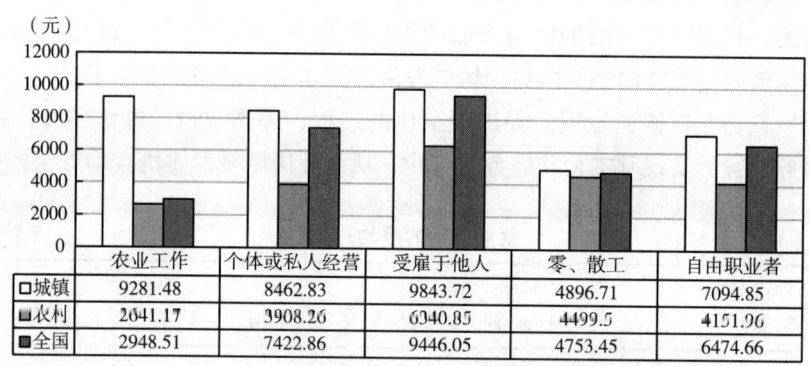

图 2-4 职业与月收入

从上述数据可以看出，在全部职业分类中，城镇就业人员的收入一直都高于农村地区，工作地区收入差距一直显著存在。其中，差距最大的职业是从事农业工作，这表现在城镇农业工作者的平均收入几乎达到了农村农业工作者的 3.5 倍。其中的原因可能是多方面的：城镇农业工作者相比农村农业工作者更为年轻，拥有更高的技术水平，可以使用效率更高的机械，种养规模更大，从而能够提高农业生产效率；相比而言，农村的农业工作者多是家庭分散经营，规模有限、市场信息相对闭塞，技术现代化水平低，应对自然风险和市场风险的能力更弱，导致收入提高较慢。在个体或私人经营的工作者中，城镇就业人员的收入是农村就业人员的 2.24 倍。这个收入差距相比 2018 年进一步拉大，原因可能是城镇个体或私营工作者掌握了更好的商业资源，具有的一定的信息优势。受雇于他人的工作者中，城镇就业人员收入高出农村就业人员收入 55.24%，城镇人员可能得益于自身的教育以及家庭关系，从而获得更好的收入机会并最终

第二章 就 业

获得更高的收入。零、散工以及自由职业者中农村就业人员收入也明显低于城镇就业者。但在零、散工就业类型中,城镇和农村就业人员收入差距较小。城镇和农村自由职业者的收入差距进一步拉大,从2018年的1.39倍上升到2019年的1.9倍。

3. 行业与收入。根据调查,就业人员的收入仍然存在较大的行业差距(见表2-4)。从事不同行业的就业人员的收入有较大差异,不同户籍人口在同一行业内的平均收入水平也存在较大差距。

表2-4　　　　　　　　　　行业与收入　　　　　　　　　　单位:元

行　业	农村	城镇	全国
农林牧渔业	2738.50	7055.32	3373.33
采矿业	5108.03	7466.25	6865.57
制造业	5324.58	9580.17	8618.84
电力燃气及水的生产和供应业	4100.69	10033.54	9280.16
建筑业	5803.53	7979.27	7503.80
交通运输、仓储和邮政业	4468.79	6930.45	6542.20
信息传输、计算机服务和软件业	7500.00	9075.48	9052.98
批发和零售业	2367.07	9303.47	8088.76
住宿和餐饮业	4570.42	7229.42	6659.06
金融业	18194.44	12726.29	12805.54
房地产业	3194.44	11085.78	10565.48
租赁和商务服务业	8297.62	8464.37	8456.32
科学研究、技术服务和地质勘察	16666.67	10021.64	10106.84
水利、环境和公共设施管理业	3101.19	10243.13	9732.99
居民服务和其他服务业	4572.71	6625.61	6230.07
教育	8077.55	10405.53	9983.32
卫生、社会保障和社会福利业	6092.67	9788.26	9404.10
文化、体育和娱乐业	5776.67	9763.47	9527.56
公共管理和社会组织	6428.49	10634.65	10245.85
国际组织	—	12500.00	12500.00

在金融业、房地产业、公共管理和社会组织以及科学研究、技术服务和地质勘察就业的平均收入均超过10000元,分别达到12805.54元、10565.48元、

10245.85元和10106.84元，这可能是源于近年来产业结构升级，现代服务业的发展迅速，同时也是因为国家对于高新技术发展的重视，从而在行业发展上给予了较多对的扶持措施。尽管如此，相比2018年，只有金融业的平均收入维持在12000元以上的月收入水平，公共管理和社会组织行业的平均收入基本不变，房地产业以及科学研究、技术服务和地质勘察业这两个部门的收入均有大幅度下降。房地产行业平均收入的下降，基本符合了"房子是用来住的，不是用来炒的"政策逻辑，而科学研究、技术服务和地质勘察部门平均收入的下降，表明2018年以来的贸易摩擦等外部冲击对科研部门从业人员的收入有较大的影响。在10000元以下，就业人员平均收入从高到低的部门分别是：教育行业，平均月收入为9983.32元；水利、环境和公共设施管理业，平均月收入为9732.99元；卫生、社会保障和社会福利业，平均月收入为9404.10元；电力燃气及水的生产和供应业，平均月收入为9280.16元；信息传输、计算机服务和软件业，平均月收入为9052.98元。

从以上若干行业的平均月收入来看，当前现代服务业的平均收入相对处于较高的位置，但是相比2018年，除了卫生、社会保障和社会福利业的平均月收入有所上升，教育、水利、环境和公共设施管理业、电力燃气及水的生产和供应业以及信息传输、计算机服务和软件业等行业的平均月收入均有所下降。从供求两因素来看：一方面，年轻人更多地进入到这些部门，由于工龄、熟练程度等原因起始工资拉低了平均工资；另一方面，由于外部经济形势的恶化，导致了现代服务业部门整体工资水平下降。与此相对应地，国家在卫生、社会保障和社会福利行业的持续投入，提高了这一部门就业人员的平均收入水平。平均月收入在9000元以下的分别是制造业、租赁和商务服务业、批发和零售业、建筑业等，其中：制造业8618.84元；租赁和商务服务业8456.32元；批发和零售业8088.76元；建筑业7503.80元；其次是采矿业6865.57元；住宿和餐饮业6659.06元；交通运输、仓储和邮政业6542.20元；居民服务和其他服务业6230.07元；最后是农林牧渔业，平均月收入是3373.33元。

由此可见，不同行业就业人员平均收入的差异很大，比如月收入最高的金融业平均收入是月收入最低的农林牧渔业平均收入的3.80倍。房地产业、公共管理和社会组织以及科学研究、技术服务和地质勘察，以及公共管理和社会组织的平均收入，均在农林牧渔业平均收入的3倍以上。城镇地区与农村地区就业人员平均月收入差距最大的行业，是房地产业，相差7891.34元；其次是水利、环境和公共设施管理业以及批发和零售业，差距在7000元左右；差距最小的是租赁和商务服务业，相差 166.75 元。与 2018 年不同的是，2019 年城镇和乡村就业人员收入差距出现了一定程度的行业反转，其中金融业和科学研究、技术服务和地质勘查业的收入出现了城乡反转，农村就业人员平均收入反而高于城镇就业人员平均收入。这一方面是源于城市就业群体的年轻化，使得工资起点相对较低；另一方面，反映了近些年来国家在收入分配改革制度上，首先在金融行业和科学研究、技术服务和地质勘查出现了突破，在农村工作也有发展机会。总体而言，城镇就业人员的平均收入仍远远超过农村就业人员，行业差异是导致就业人员收入差异的重要原因，缩小行业间的收入差距是降低居民收入差异的重要途径。从表 2-4 可以看出，行业内的就业区域差异仍然比行业间的收入差异还要大，城乡就业歧视仍然存在。这就要求进一步消除户籍歧视，建立城乡一体化的劳动力市场。

4. 户籍与收入。表 2-5 描述了 2019 年我国不同户籍性质的就业群体平均月收入状况，户籍性质主要分为农业户口、非农业户口、居民户口、军籍等。其中，除了居民户口（不分农业与非农业）的平均月收入最高为 11156.14 元，随后为非农业户口就业群体，平均月收入为 9038.34 元；农业户口就业群体的平均月收入最低，为 5128.85 元。相比 2018 年，2019 年因为户籍差异导致的平均月收入差异，已经有了较大幅度的下降，它主要源于农业户口平均收入的显著增长，这说明我国目前实施的精准脱贫政策有了明显的效果。

表 2-5　　　　　　　　　户籍与收入　　　　　　　　　单位：元

户口性质	平均月收入
农业户口	5128.85
非农业户口	9038.34
居民户口	11156.14
军籍	6108.33
没有户口	3611.11
其他	5805.56
总计	7719.41

5. 教育水平与收入。表 2-6 和图 2-5 描述了不同教育水平男性和女性的平均收入情况，我们考察了十个教育等级，呈现了不同教育水平所获得的收入差异。由表 2-6 可知，硕士毕业的就业群体平均月收入最高，为 16122.94 元；博士学历次之，其平均月收入为 14402.44 元；大学本科学历就业群体平均月收

入为 10677.83 元；大专学历就业群体平均月收入为 9730.32 元。平均收入最高的硕士群体与平均收入最低的未上过学的群体相比，平均月收入差距达到了 12681.53 元。

表 2-6　　　　　　　　　教育水平与收入　　　　　　　　单位：元

教育程度	男	女	总体
未上过学	3080.66	3626.76	3441.41
小学	4054.63	4101.87	4077.63
初中	4588.68	5531.68	5040.63
高中	6083.62	7854.26	6893.91
职高/技校	6378.09	6884.73	6633.27
中专	6528.47	6315.26	6417.15
大专	11013.09	8510.97	9730.32
大学本科	11222.70	10164.47	10677.83
硕士	18344.83	14551.35	16122.94
博士	16174.24	12350.88	14402.44

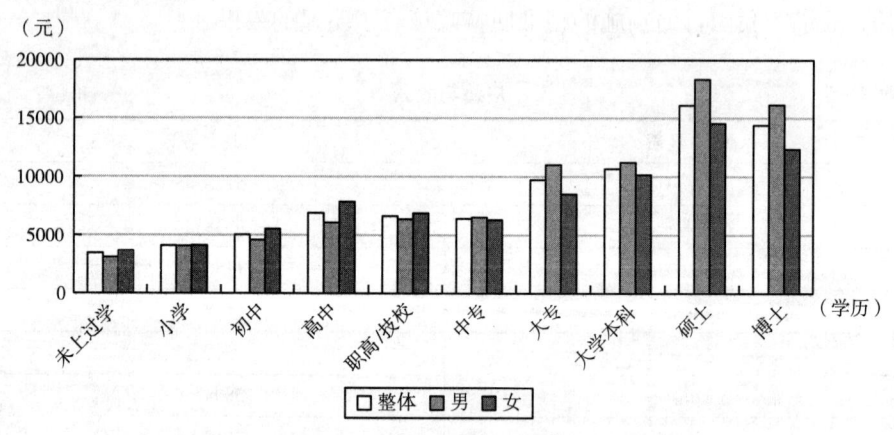

图 2-5　教育水平与收入

从图 2-5 可以看出，从未上过学到硕士学历，教育与居民收入之间存在明显的正相关关系。博士学历就业群体的平均月收入稍微下降，但平均月收入仍然位列第二。这说明当前的社会经济发展条件还无法为大量的博士研究生提供足够多匹配的研究岗位，造成人力资源浪费，导致了博士就业平均月收入反而低于硕士就业群体的现象出现。不仅如此，我国虽然通过普及九年义务教育、增加教育投入和提升教育教学质量，但是仍然存在城乡教育水平的巨大差距。只有关注教育公平，为更多的国民提供更好的教育服务，促进教育机会的均等化，才有可能提高我国的人力资本平均水平，缩小居民的收入差距。

改革开放以来，我国全面实施了独生子女政策，这使得女性同胞在劳动力市场的参与率大幅度提高。在中专以下受教育水平的群体中，女性就业群体的平均月收入比男性就业群体要高；在中专和中专以上同等受教育水平条件下，男性就业群体的平均月收入仍然是明显高于女性就业群体。这说明在较高的受教育水平群体中，仍然存在收入水平的性别歧视。

第二节 农业生产者

一、乡镇干部结构

表2-7显示了农业生产者中乡镇干部分布情况。表2-7中，乡镇干部类型的人数为570人，其中没有职务的有487人，占比为85.44%；村支书为15人，占比为2.63%；村委会主任为7人，占比为1.23%；其他村干部为41人，占比为7.19%；正副科级乡镇干部6人，占比为1.05%，其他乡镇干部为14人，占比为2.46%。

表2-7　　　　　　　　　　乡镇干部结构

职务	数量（人）	比例（%）
村支书	15	2.63
村委会主任	7	1.23
其他干部	41	7.19
正副科级乡镇干部	6	1.05
其他乡镇干部	14	2.46
否	487	85.44
总计	570	100.00

二、从事农业生产的月份

图2-6描述了从事农业生产时间的分布情况。其中,12个月均从事农业生产的人数是最多的,有153人,其次是工作6个月从事农业生产的有85人,从事农业生产不足1个月的有53人,从事农业生产5个月的有49人,8个月的有50人。此外,从事农业生产的月份数为3个月、4个月、7个月、9个月、10个月的人数从21人到32人不等,从事农业生产2个月的人数有16人,从事农业生产为1个月和11个月的人数仍然是最少的,分别为8人和4人。这说明,农业生产月份数呈现出明显的农业季节特征。

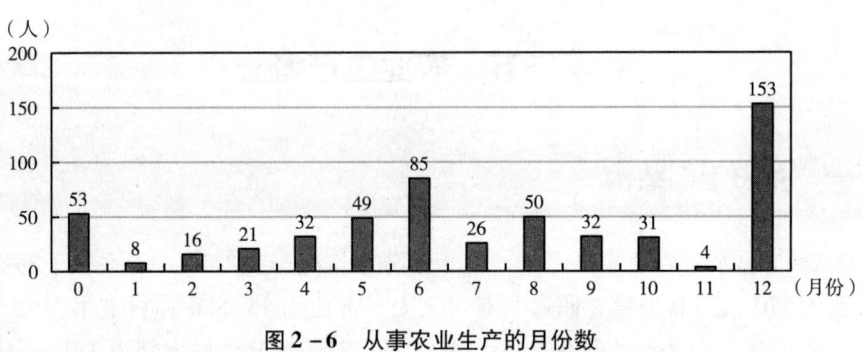

图2-6 从事农业生产的月份数

三、农业生产者类型与收入

1. 农业生产者类型。图2-7描述了农业生产者类型的结构情况。农业生产者类型主要分为种植大户、一般农户和其他农户。一般农户仍然占绝大多数,一共为453人,种植大户仅为43人,其他为62人。由此可见,我国的农业生产者目前仍然以一般农户为主,种植大户所占比例相比2018年的4.5%略有增长,但仍然只有7.7%。这表明农业生产仍然缺乏规模化生产的基础和能力,生产率较低,从而可能导致产品的市场竞争力较低。农业种养大户的比例仍然偏低,实质上影响了国家农业现代化政策的推进。为了解决这一类问题,要考虑在现有条件下积极推进新型农业合作组织的建立,通过加强组织化程度的方式平稳过渡到适度规模经营的生产方式上。

第二章 就 业

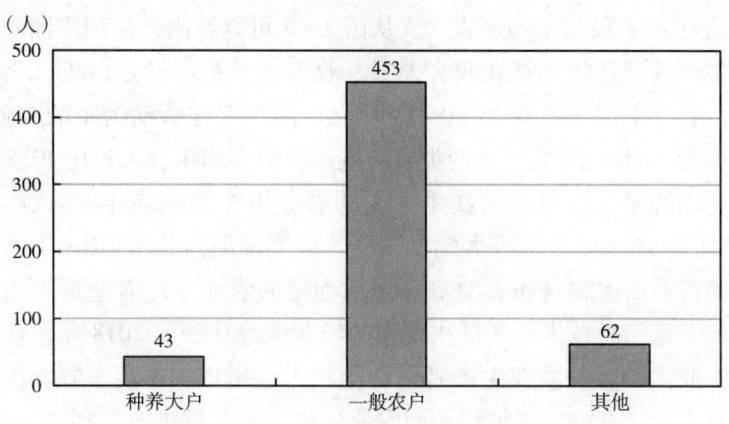

图 2-7 农业生产者类型结构

2. 农业生产者类型与收入。图 2-8 描述了不同农业生产者类型的年平均净收入。其中，种植大户的年平均净收入为 80756.1 元，一般农户的年平均净收入为 27005.17 元，其他农业生产者年平均净收入为 19571.43 元。相比 2018 年，2019 年所有农业生产者的年平均净收入都有较大规模的下降，尤其是其他类型的农业生产者。其中，种植大户与一般农户、其他农户的年平均净收入差距非常大，种植大户的年平均净收入是一般农户的 2.99 倍，是其他农业工作者的 4.13 倍。这说明，农业的规模化生产和经营依然是提高农业生产者收入的有效途径。这就要求政府进一步优化农业政策环境，鼓励农业生产者的联合，扩大经营规模，实现规模效应。另外，从 2018 年开始的非洲猪瘟疫情，给养殖大户的经营带来了巨大的损失，这就要求国家加大对疫情防控、农业生产保险方面的扶持，从而稳定肉类生产与供应。

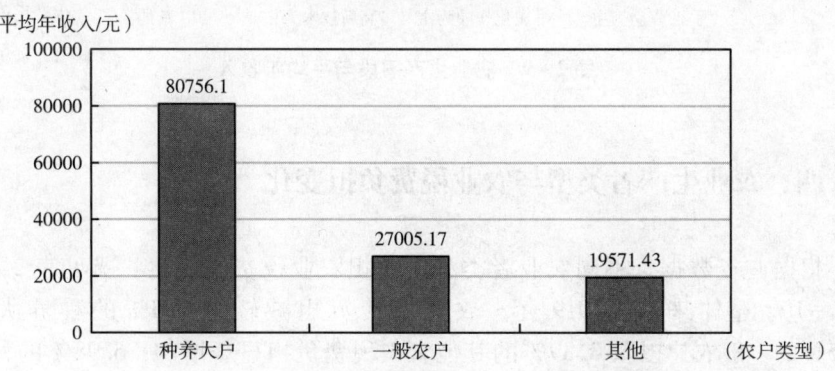

图 2-8 不同农业生产者类型的农业生产年均净收入

3. 农业生产手段与平均年收入。从图2-9可以看出，使用不同农业生产手段的农业生产者，其收入存在较大差异。收入水平最高的是以机械化作业为主的农业生产者，平均年收入为31941.46元，使用手工劳动为主的农业生产者，平均年收入为31608.28元，这两类农业生产者的平均年收入相比2018年有小幅度下降，基本持平。但以高新技术为主的农业生产者平均年收入为18750元，相比2018年的167833.3元有大幅度下降，可能是因为始于2018年的非洲猪瘟对生猪养殖行业的大幅冲击，对高新技术为主的农业生产者造成大幅度生产损失，说明农业部门高技术创新存在较大的经营风险。相比2018年，使用其他生产手段的农业生产者的农业生产者平均年收入也出现大幅度下降。这说明，尽管国家出台了大量文件，要加快转变农业生产方式，推进改革创新、科技创新、工作创新，但是因为贸易摩擦等外部经济环境的恶化，以及农业生产不利冲击的影响，使用高新技术为主的规模经营反而遭受了巨大损失。基于这些不利影响，需要进一步大力提高农业工作者科技水平，推进适应性强、抗击风险能力强的农林牧渔产业，进一步提高农业工作者的收入，从而缩小收入分配差距。

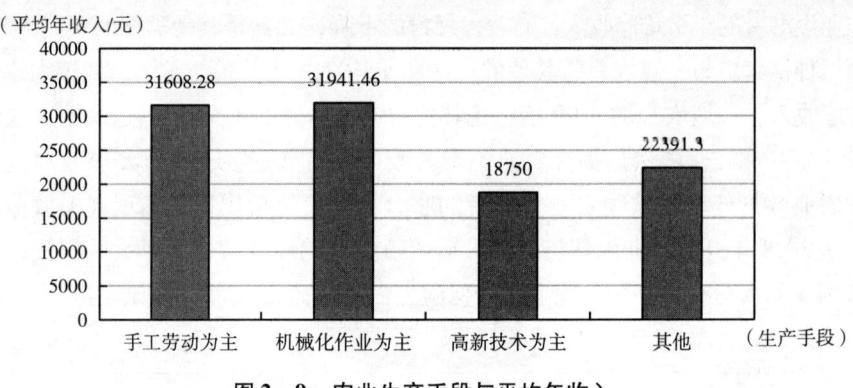

图2-9 农业生产手段与平均年收入

四、农业生产者类型与农业税费负担变化

根据调查数据，不同农业者类型所负担农业税费的变化状况见表2-8和图2-10。整体来看，2019年，农业税费负担减轻。2.33%的种养大户和1.55%的一般农户以及3.39%的其他农户税费负担显著增加；6.98%的种养大户和5.09%的一般农户以及1.69%的其他农户税费负担小幅增加；25.58%的种养大户和26.77%的一般农户以及23.73%其他农户的农业税费负担无明显变化，

32.56%的种养大户和16.81%的一般农户以及11.86%其他农户的农业税费负担有小幅减少,32.56%的种养大户和49.78%的一般农户以及59.32%其他农户的农业税费负担有明显减少。相比2018年,2019年种养大户和一般农户认为负担有明显减少的比例有所下降,认为有小幅减少的比例有所上升。我国已于2006年正式取消农业税,并对农业生产进行补贴。近年来,国家不断推出减税降费措施,降低农产品增值税税率,但能感受到降税幅度更大的,多是一般农户和其他农户,种养大户感受到的税费负担下降还不够显著。

表2-8　　　　　　　　农业生产者类型与农业税费负担变化

税费负担变化	种养大户	比例(%)	一般农户	比例(%)	其他农户	比例(%)
显著增加	1	2.33	7	1.55	2	3.39
小幅增加	3	6.98	23	5.09	1	1.69
无明显变化	11	25.58	121	26.77	14	23.73
小幅减少	14	32.56	76	16.81	7	11.86
明显减少	14	32.56	225	49.78	35	59.32
合计	43	100.00	452	100.00	59	100.00

注:因四舍五入取小数点后两位,使得百分比汇总不等于100。下同。

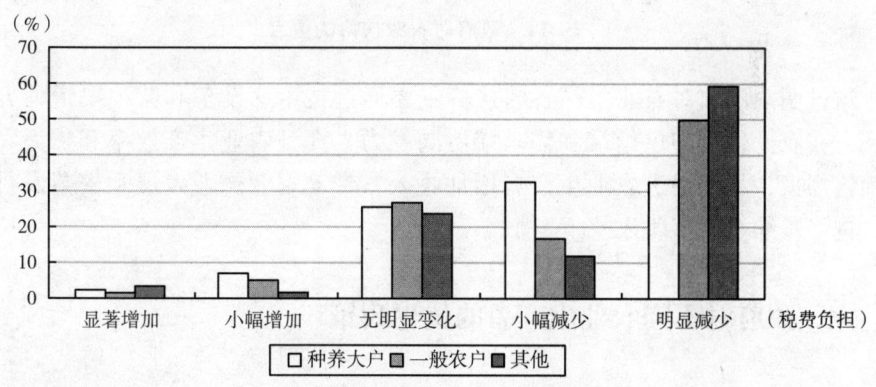

图2-10　农业生产者类型与农业税费负担变化

五、政府对不同农业生产者的农业扶持状况

图2-11描述了政府对不同农业生产者的扶持状况,扶持方式主要包括为提供技术支持、提供先进的生产设备、提供农产品销售渠道、新办深加工农产

品的公司以及其他政策。政府最主要的扶持方式是对不同农业生产者提供技术支持。在2019年中国居民收入与财富调查样本中,有27个种植大户得到了政府提供的技术支持,有311个一般农户得到了政府提供的技术支持,有40个其他农业生产者得到了政府提供的技术支持;政府通过提供先进的生产设备对15个种养大户、156个一般农户和17个其他农业生产者进行了农业扶持;通过提供农产品销售渠道对33个种养大户、288个一般农户和24个其他农业生产者进行了农业扶持;通过其他方式对35个一般农户和9个其他农业生产者进行了扶持。

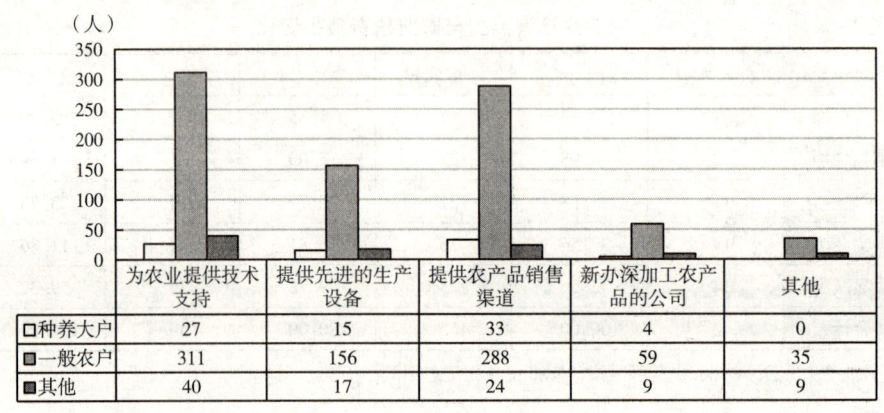

图2-11 政府对农业扶持的重点

这说明,当前对农业生产者的扶持主要通过技术、设备和营销渠道的方式实现:在农业生产的供给端和需求端协同发力,提升农业生产效率和扩大农产品销售规模,从而促进农业生产者增加收入,带动农业产业发展和繁荣农村经济,进一步缩小城乡收入差距。

六、政府对不同农业生产者的优惠政策

农业是国民经济的基础。自2006年全面取消农业税以来,国家一直重视对农业的扶持政策,尤其是在决胜全面建成小康社会的工作中,更加重视对不同农业生产者的优惠政策。这些优惠政策包括粮食补贴、农资综合补贴、农机购置补贴、农作物良种补贴、养殖业补贴、灾害应急补贴、保险补贴等。这些优惠政策的最终目标,在于提高农业生产的生产率、降低农业生产者的生产成本、提高应对自然风险和市场风险的能力,增强农户生产的积极性,增加农民收入。

第二章 就 业

图2-12描述了2019年政府对不同农业生产者提供的农业生产优惠政策,其中包括粮食补贴、农资综合补贴、农机购置补贴、农作物良种补贴、养殖业补贴、灾害应急补贴、保险补贴以及其他优惠政策。

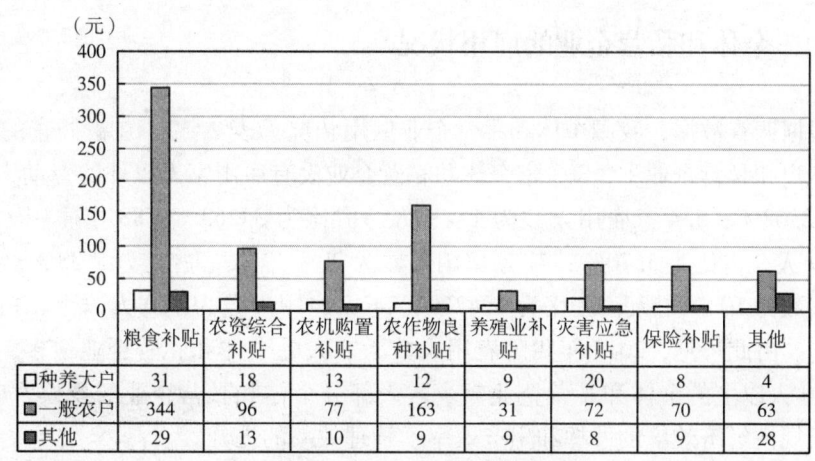

图2-12 农业生产优惠政策

从图2-12可以看出,在种养大户中,有31个获得粮食补贴,18个获得农资综合补贴,13个获得农机购置补贴,12个获得农作物良种补贴,9个获得养殖业补贴,20个获得灾害应急补贴,8个获得保险补贴,4个获得其他优惠政策。在一般农户中,有344个获得粮食补贴,96个获得农资综合补贴,77个获得农机购置补贴,163个获得农作物良种补贴,31个获得养殖业补贴,72个获得灾害应急补贴,70个获得保险补贴,63个获得其他优惠政策。在其他类型的农业生产者中,有29个获得粮食补贴,13个获得农资综合补贴,10个获得农机购置补贴,9个获得农作物良种补贴,9个获得养殖业补贴,8个获得灾害应急补贴,9个获得保险补贴,28个获得其他优惠政策。

总体来看,目前政府主要还是通过粮食补贴和农作物良种补贴为农业生产者提供农业优惠政策,其次是农资综合补贴和农机购置补贴,接着是灾害应急补贴、保险补贴、其他补贴和养殖业补贴。这说明,当前的农业生产优惠政策的导向分别是收入补贴、生产成本补贴和生产风险补贴。农业生产是国家经济稳定的根本,还需要在农业生产风险补贴以及应对重大粮食安全的战略性基础设施方面增加投入。特别的是,要在关键基础设施建设方面建立相应的响应机制,全面调动农户参与的积极性。

第三节 个体或私人经营

一、个体和私营企业的雇用状况

根据调查数据,我国个体和私营企业雇用状况见表2-9。在被调查的1542家个体户和私营企业中,803家个体和私营企业没有雇用家人以外的劳动力,占比为52.08%;534家雇用人数为1~9人,占比为34.63%;88家雇用人数为10~19人,占比为5.70%;71家雇用人数为20~49人,占比为5.33%;22家雇用人数为50~99人,占比为1.42%;24家雇用人数为100人以上,占比为1.56%。由此可见,2019年我国雇用人数为0人的个体和私营企业最多,雇用人为50人以上的个体和私营企业较少,大部分个体和私营企业的规模都较小,不利于规模经济效应的发挥和生产效率、管理效率的提升。

表2-9　　　　　　　　个体和私营企业雇用情况

雇用人数	个体或私人经营数	比例(%)
0	803	52.08
1~9	534	34.63
10~19	88	5.70
20~49	71	4.61
50~99	22	1.42
100以上	24	1.56
合计	1542	100.00

事实上,与企业规模最相关的一条重要政策是关于一般纳税人和小规模纳税人的界定。虽然一般纳税人的增值税率一般比小规模纳税人的征收率要高,但一般纳税人可以存在增值税进项税额的抵扣,因此合理界定一般纳税人和小规模纳税人,就能在减税降费的大背景下,充分发挥两个积极性,鼓励企业扩大生产规模,增加就业渠道,促进普通劳动者收入的提高。

二、个体和私营企业的经营状况

1. 个体和私营企业的优惠政策。图2-13和表2-10描述了我国个体和私

第二章 就 业

营企业在经营活动中享受优惠政策的情况。在所有优惠政策中，主要优惠包括贷款优惠、税收优惠、经营用地优惠以及其他优惠。个体和私营企业在经营活动中没有享受到优惠的有 944 家，占比为 55.56%，享受过优惠政策的有 755 家。其中，享受过贷款优惠的有 120 家，占比为 7.06%；享受税收优惠政策的有 331 家，占比为 19.48%；享受过经营用地优惠的有 93 家，占比为 5.47%；享受过其他优惠的有 211 家，占比为 12.42%。相比 2018 年，2019 年享受过其他优惠的企业下降了大约 43%，未享受税收优惠政策企业上升了 39%。享受税收优惠政策和经营用地优惠政策的比例有小幅度上升。这说明，在一系列优惠政策中，税收政策和经营用地政策比较显著，但贷款优惠的成效并不大。

表 2-10　　　　　个体和私营企业获得优惠政策的情况

优惠政策	数量（家）	比例（%）
贷款优惠	120	7.06
税收优惠	331	19.48
经营用地优惠	93	5.47
其他优惠	211	12.42
无优惠	944	55.56
合计	1699	100.00

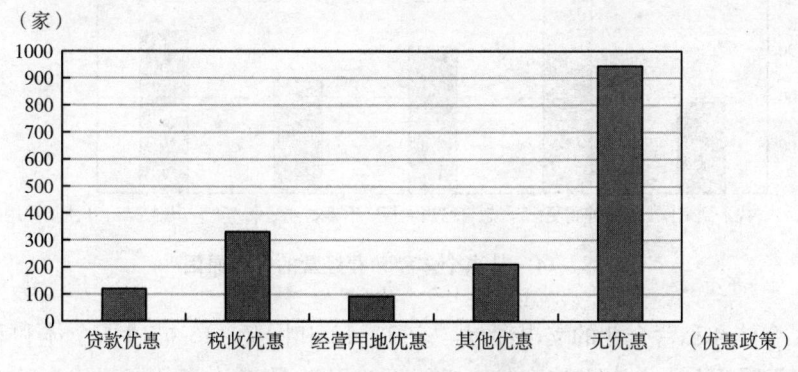

图 2-13　个体和私营企业优惠政策

2. 个体和私营企业从事经营的原因。表 2-11 和图 2-14 描述了就业群体从事个体和私营经营的原因。因为找不到工作而从事经营的有 189 人，占比为 12.23%；因为能挣得更多而从事经营的有 474 人，占比为 30.68%；因为想自己当老板而从事经营的有 308 人，占比为 19.94%；因为不喜欢被约束而从事经营的有 235 人，占比为 15.21%；因为其他原因而从事经营的有 339 人，占比为 21.94%。由此可见，从事个体和私人经营的最多的原因是能挣得更多、获得更多收入，其次是其他原因，随后依次是自己当老板和不喜欢被约束、找不到工作。其中，因为找不到工作而从事个体和私人经营的比例有所上升，选择能挣得更多的比例却下降了 4 个百分点，这说明 2019 年的就业形势客观上相比 2018 年更为严峻。因此，政府需要在客观上更加重视就业工作。

表 2-11　　　　　　　　　从事经营的主要原因

从事经营的主要原因	人数	比例（%）
找不到工作	189	12.23
能挣得更多	474	30.68
想自己当老板	308	19.94
不喜欢被约束	235	15.21
其他	339	21.94
总计	1545	100.00

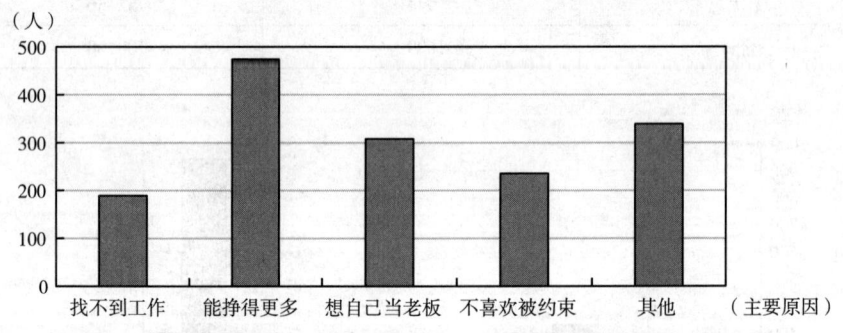

图 2-14　从事个体和私营经营的主要原因

3. 个体和私营企业的支出项目。表 2-12 和图 2-15 描述了个体和私营企业在经营活动中成本支出偏高的一些项目。认为员工的薪酬福利偏高的个体和私人企业有 396 家，占比为 15.26%，这一比例相比 2018 年有小幅度下降；认为经营用房成本偏高的有 776 家，占比为 33.83%，这一比例相比 2018 年有小幅度上升；认为经营用生产设备投入偏高的有 492 家，占比为 21.45%，这一比例与 2018 年基本持平；认为宣传推广费用偏高的有 102 家，占比为 4.45%；认为缴纳的税收偏高的有 134 家，占比为 5.84%，相比 2018 年有小幅度下降，这

第二章 就 业

说明减税降费确实降低了企业经营支出;最后,认为其他类型支出偏高的有394家,占比为17.18%。

表2-12　　　　　　　个体和私营企业中成本支出偏高的项目

支出项目	个体或私营企业中支出项目	比例（%）
员工的薪酬福利	396	17.26
经营用房成本	776	33.83
经营用生产设备投入	492	21.45
宣传推广费用	102	4.45
缴纳的税收	134	5.84
其他	394	17.18
合计	2294	100.00

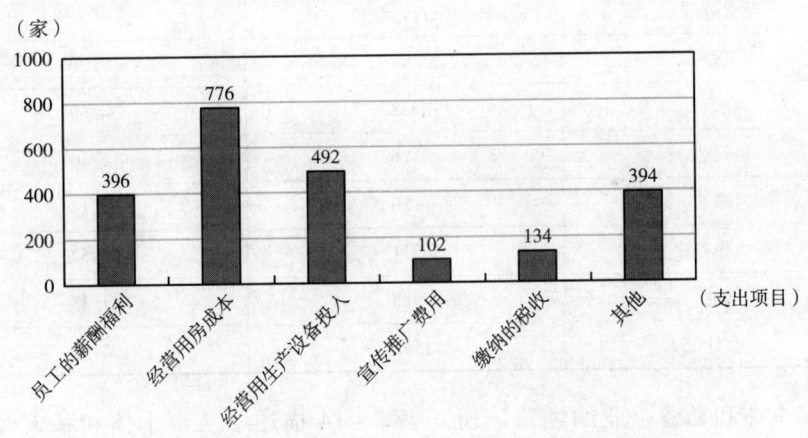

图2-15　个体和私人企业中支出成本偏高的项目

由此可见,认为经营用房成本偏高的个体和私营企业最多,其次是经营用生产设备,再次是员工的薪酬福利和其他成本支出,认为缴纳的税收和宣传推广费用偏高的个体和私营企业最少。这一排序与2018年相比保持不变,经营用房成本偏高主要体现在用房租金及附加支出上,说明房地产市场价格的上涨仍然给实体经济经营造成了越来越大的压力。同时这一结果也说明,我国对个体和私营企业的减税政策进一步降低了企业的税收支出,降低企业运营成本取得了初步成效。

4. 个体和私营企业的经营范围。表2-13描述了个体与私营企业的主要经营范围，列出了不同经营范围的企业数量以及所占比例。经营范围为工业的个体和私营企业有112家，占比为7.20%；经营范围为商业的个体和私营企业有538家，占比为34.60%；经营范围为建筑业的个体和私营企业有126家，占比为8.10%；经营范围为运输业的个体和私营企业有80家，占比为5.14%；经营范围为餐饮服务业的个体和私营企业有211家，占比为13.57%；经营范围为其他行业的个体和私营企业有488家，占比为31.38%。由此可见，从事于商业范围的个体和私营企业相对较多，其次是餐饮服务业，从事运输业和工业的最少。这表明，目前我国企业从事第三产业的比重比较大。其次，经营范围从事工业制造的比重相比2018年相对上升，从事建筑业的比重相对下降。再次，其他类型的经营范围所占比重有所上升，反映了经济新业态的比重也在持续增加。

表2-13　　　　　个体与私营企业的主要经营范围

经营范围	个体和私营企业数（家）	比例（%）
工业	112	7.20
商业	538	34.60
建筑业	126	8.10
运输业	80	5.14
餐饮服务业	211	13.57
其他	488	31.38
合计	1555	100.00

5. 个体和私营企业的经营场所。表2-14描述了从事个体和私人经营的场所分布情况。从事个体和私人经营的场所地址主要分布在本县、本省外县以及外省三种情况。2019年中国居民收入与财富调查样本中，在本县经营的有1300人，占比为83.49%；在本省外县经营的有155人，占比为9.96%；在外省经营的有102人，占比为6.55%。由此可见，经营场所在本县的还是最多，相比2018年基本持平但略有上升，在本省外县经营的比重也略有上升，在外省经营的比重有所下降。这说明目前从事个体和私人经营的企业倾向于在本省发展而不向外省发展，这说明省内经济开放度趋于上升，但省与省之间的开放度下降。

表 2-14　　　　　　　　从事个体和私营企业的场所

经营场所	汇总（人）	比例（%）
本县	1300	83.49
本省外县	155	9.96
外省	102	6.55
总计	1557	100.00

三、个体和私营企业创业环境评价

表 2-15 描述了个体和私营企业对创业环境的评价，一共有三个等级，分为政策好，创业容易；一般；压力大，创业较难。从事个体和私人经营的人员中，认为创业政策好、创业容易的有 244 人，占比为 15.68%；认为创业环境一般的有 672 人，占比为 43.19%；认为创业压力大、创业较难的有 640 人，占比为 41.13%。自"大众创业、万众创新"的计划推出以来，政府在创业上推出了许多便利条件，使得认同创业政策好的比例从 2018 年的 11.37% 上升到 2019 年的 15.68%。但与此同时，认为创业压力大和创业较难的人员比例也从 2018 年的 39.84% 上升到 2019 年的 41.13%。

表 2-15　　　　　　　　创业环境评价

评价	汇总（人）	比例（%）
政策好，创业容易	244	15.68
一般	672	43.19
压力大，创业较难	640	41.13
总计	1556	100.00

这说明现有的创业政策还不够，创业所要借助的外部环境因为贸易摩擦等因素进一步恶化。基于此，我国支持创业的政策还有待进一步扩展和优化，创业支持和创业保障政策要协同配合，从而让更多的人敢于创业和创新，减轻创业压力。

为了进一步提高国民创业创新的积极性，可以从以下几点着手：第一，优化优惠政策结构，切实增加贷款优惠政策的扶持力度，完善和持续加强税收优惠政策和经营用地优惠政策，助力企业增加投资和扩大规模，提高劳动生产率和经营效益；第二，进一步推进"双创"示范基地建设，鼓励产学研用的结合，同时注重对企业创业中支出较大的因素予以政策倾斜，降低企业创业的要素成本；第三，注重创业孵化器的引领，在企业高层次人才引进方面突出更多的配套措施，包括社会保障、子女教育、住房、高层次人才所得税优惠政策等方面给予大力支持，从而为企业的人才引进提供有利的外部条件；第四，持续推动"放管服"改革，促进政府职能转变，积极改善企业营商环境，切实减轻企业的经营压力，释放企业经营活力。

第四节 受雇于他人

一、受雇于他人就业群体的职业结构

在 2019 年中国居民收入与财富调查样本中，受雇于他人或单位的有 4809 人，是所有就业类型中人数最多的一类，占比为 63.73%。表 2-16 和图 2-16 描述了 2019 年我国就业人员中受雇于他人就业群体的就业结构，即从事不同职业的人员数量和比例。其中，专业技术人员所占的比例仍然是最高的，共 1297 人，占比为 26.57%；其次为商业、服务人员，占比为 19.94%；其后依次为办事人员和有关人员，共 914 人，占比为 19.01%；国家机关党群组织、企事业单位负责人，共 605 人，占比为 12.58%；不便分类的其他就业人员，共 569 人，占比为 11.83%；生产、运输设备操作人员及有关人员，共 396 人，占比为 8.23%；农林牧渔水利生产人员，共 63 人，占比为 1.31%；军人共 6 人，占比为 0.12%。总体来看，此排序与 2018 年相比基本不变，但专业技术人员就业比重显著下降，国家机关党群组织、企事业单位负责人以及不便分类的其他就业人员比重，都有显著上升。

表 2-16   职业结构

工作职业	农村（人）	比例（%）	城镇（人）	比例（%）	全国（人）	比例（%）
国家机关党群组织、企事业单位负责人	64	11.72	541	12.69	605	12.58
专业技术人员	119	21.79	1178	27.63	1297	26.57
办事人员和有关人员	56	10.26	858	20.13	914	19.01

第二章 就 业

续表

工作职业	农村(人)	比例(%)	城镇(人)	比例(%)	全国(人)	比例(%)
商业、服务人员	88	16.12	871	20.43	959	19.94
农林牧渔水利生产人员	26	4.76	37	0.87	63	1.31
生产、运输设备操作人员及有关人员	74	13.55	322	7.55	396	8.23
军人	0	0	6	0.14	6	0.12
不便分类的其他就业人员	119	21.79	450	10.56	569	11.83
总计	546	100.00	4263	100.00	4809	100.00

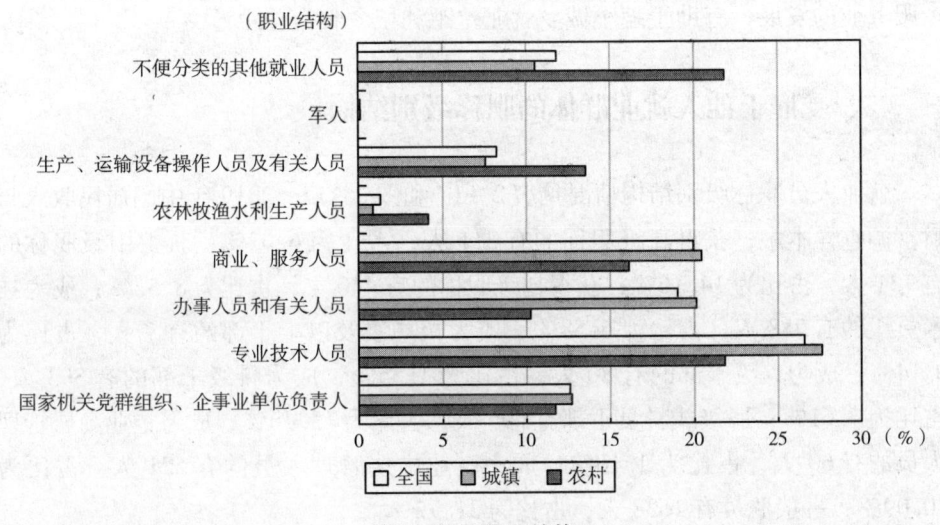

图 2-16 职业结构

农村就业群体中，专业技术人员和不便分类的其他就业人员所占比例最高，均是 119 人，占比均为 21.79%；其次为商业、服务人员有 88 人，占比为 16.12%；随后依次为生产、运输设备操作人员及有关人员，有 74 人，占比为 13.55%；国家机关党群组织、企事业单位负责人，有 64 人，占比为 11.72%；办事人员和有关人员，占比为 10.26%；最后是农林牧渔水利生产人员，有 26 人，占比为 4.76%；农村地区没有军人群体。

在城镇就业群体中，专业技术人员所占比例最高，有 1178 人，占比为 27.63%；其次是商业、服务人员 871 人，占比为 20.43%；办事人员和有关人员，有 858 人，占比为 20.13%；随后依次是国家机关党群组织、企事业单位负责人,有541人,占比为12.69%;不便分类的其他就业人员,有450人,占比为10.56%;生产、运输设备操作人员及有关人员,有322人,占比为7.55%;最后是农林牧渔水利生产人员,有37人,占比为0.87%;军人有6人,占比为0.14%。

研究发现,农村人员从事农林牧渔水利生产职业和生产、运输设备操作及有关人员的比重,都要高于城镇人员,其他都低于城镇人员。这一结果与2018年相似,农村人口从事体力劳动的比例高于城镇人口,从事脑力劳动的比例低于城镇,城乡就业差距尚未消除。在就业类型上,农村地区人口的专业技术人员、办事人员和有关人员的比重显著低于城镇地区,这说明进一步促进农业生产服务业的发展,有助于缩小城乡就业差距和城乡收入差距。

二、受雇于他人就业群体的职称级别结构

就业人员职称级别结构情况见表2-17和图2-17。2019年中国居民收入与财富调查样本中,获得高级职称的有311人,占比为6.02%;获得中级职称的有731人,占比为14.16%;获得初级职称的有440人,占比为8.52%;成为技术员级的有288人,占比为5.58%;成为司局级及以上干部的有7人,占比为0.14%;成为处级干部的有80人,占比为1.55%;成为科级干部的有393人,占比为7.61%;股级或科员干部695人,占比为13.46%;成为企业高层管理人员的有60人,占比为1.16%;成为企业中层管理人员的有521人,占比为10.09%;一般职员有1638人,占比为31.72%。

表2-17　　　　　　　　就业人员职称级别结构

职称级别	农村(人)	比例(%)	城镇(人)	比例(%)	全国(人)	比例(%)
高级职称	19	4.23	292	6.19	311	6.02
中级职称	68	15.14	663	14.06	731	14.16
初级职称	40	8.91	400	8.48	440	8.52
技术员级	43	9.58	245	5.20	288	5.58
司局级及以上干部	1	0.22	6	0.13	7	0.14
处级干部	4	0.89	76	1.61	80	1.55
科级干部	16	3.56	377	8.00	393	7.61

第二章 就 业

续表

职称级别	农村（人）	比例（%）	城镇（人）	比例（%）	全国（人）	比例（%）
股级或科员	56	12.47	639	13.55	695	13.46
企业高层管理人员	1	0.22	59	1.25	60	1.16
企业中层管理人员	27	6.01	494	10.48	521	10.09
一般职员	174	38.75	1464	31.05	1638	31.72

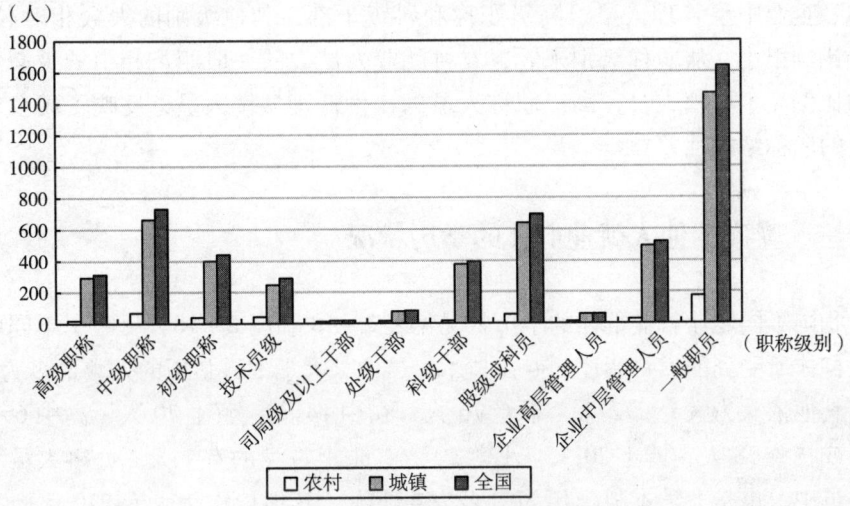

图 2-17 就业人员职称级别机构

对于农村就业群体来说，获得高级职称的有 19 人，占比为 4.23%；获得中级职称的有 68 人，占比为 15.14%；获得初级职称的有 40 人，占比为 8.91%；技术员级有 43 人，占比为 9.58%；司局级及以上干部有 1 人，占比为 0.22%；处级干部有 4 人，占比为 0.89%；科级干部有 16 人，占比为 3.56%；股级或科员有 56 人，占比为 12.47%；企业高层管理人员有 1 人，占比为 0.22%；企业中层管理人员有 27 人，占比为 6.01%；一般职员有 174 人，占比为 38.75%。

对于城镇就业群体来说，获得高级职称的有 292 人，占比为 6.19%；获得中级职称的有 663 人，占比为 14.06%；获得初级职称的有 400 人，占比为 8.48%；技术员级有 245 人，占比为 5.20%；司局级及以上干部有 6 人，占比为 0.13%；处级干部有 76 人，占比为 1.61%；科级干部有 377 人，占比为 8.00%；股级或科员有 639 人，占比为 13.55%；企业高层管理人员有 59 人，占比为 1.25%；企业中层管理人员有 494 人，占比为 10.48%；一般职员有 1464

人,占比为31.05%。

由此可见,从全国来看,除了一般职员外,获得中级职称的人员最多,其次为股级或科员,司局级及以上干部的人数最少。对于城镇从业人员中,除了一般职员外,获得中级职称的人最多,其次为股级或科员,随后依次是企业中层管理人员、初级职称、科级干部、高级职称、技术员级、处级干部、企业高层管理人员,最少的为司局级及以上干部。对于农村就业人员,除了一般职员外,获得中级职称的人最多,其次是股级或科员,随后依次是技术员级、初级职称、企业中层管理人员、高级职称和科级干部,其他级别的人数相对较少,所占比例很小。从职称级别来看,农村就业人员中的一般职员和中低级职称人员的比例高于城镇人员,高级职称人员的比例低于城镇人员,反映了城乡就业人员的职称结构性差异。

三、受雇于他人就业群体的学历状况

我国不同职业就业群体的学历状况见表2-18和图2-18,反映了不同职业就业群体所受到的教育程度。专业技术人员中,大学本科学历的人数最多为658人,其他依次为大专272人,中专76人,初中74人,硕士70人,高中69人,职高或技校38人,博士20人,小学20人,未上过学的有1人。办事人员和有关人员中,也是大学本科学历为最多为455人,其他依次为大专220人,高中76人,中专54人,硕士52人,初中38人,职高或技校10人,小学6人,博士4人。在国家机关党群组织、企事业单位负责人中,大学本科学历的人数最多,为341人,其后依次为大专129人,硕士42人,高中33人,中专31人,博士6人,职高或技校6人,小学3人。商业、服务业人员中,初中学历的人数是最多的,有217人,其他依次为大学本科197人,大专193人,高中171人,中专76人,小学50人,职高或技校47人,硕士9人,未上过学的有2人,博士为1人。农林牧渔水利生产人员中,初中学历人数最多,有18人,其后依次是大专17人,大学本科、中专和小学学历的人员均有6人,高中学历的有2人,硕士学历的有2人,博士学历的有1人。生产、运输设备操作人员及有关人员中,初中学历最多,有158人,其后依次是高中65人,大专56人,小学37人,中专34人,大学本科21人,硕士2人,未上过学的有1人。在调查的军人群体中,大学本科学历的有3人,其他包含初中学历、高中学历各1人,还有1人不详。在不便分类的其他就业人员中,学历层次最多的是初中学历,有150人,其后

第二章 就 业

依次是大学本科学历138人，大专学历86人，高中75人，小学48人，中专37人，职高或技校19人，未上过学的6人，硕士学历有6人，博士学历有2人。

表2-18　　　　　　　　　　教育水平与职业　　　　　　　　　　单位：人

职业	未上过学	小学	初中	高中	职高/技校	中专	大专	大学本科	硕士	博士
国家机关党群组织、企事业单位负责人	0	3	15	33	6	31	129	341	42	6
专业技术人员	1	20	74	69	38	76	272	658	70	20
办事人员和有关人员	0	6	38	76	10	54	220	455	52	4
商业、服务业人员	2	50	217	171	47	76	193	197	9	1
农林牧渔水利生产人员	2	6	18	5	0	6	17	6	2	1
生产、运输设备操作人员及有关人员	1	37	158	65	20	34	56	21	2	0
军人	0	0	1	1	0	0	0	3	0	0
不便分类的其他就业人员	6	48	150	75	19	37	86	138	6	2

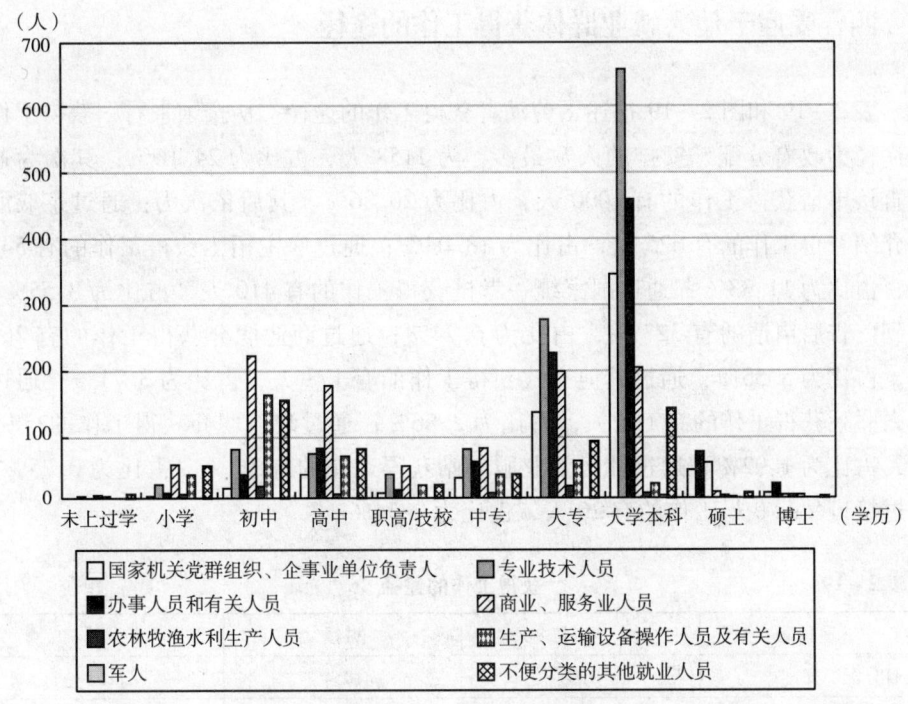

图2-18　学历与职业

由此可见，在所有的就业人员中，劳动者的职业类型与受教育水平之间存在着明显的一致性，而且不同受教育水平的劳动者出现了明显的职业分层现象。从图2-18可以看出，高中以下受教育水平的劳动者，多集中于从事商业、服务业和生产、运输设备操作行业等劳动密集型的职业类型，而大专及以上学历群体，多是国家机关群组织、企事业单位负责人、专业技术人员、办事人员和有关人员，这表明受教育程度较高者更趋向于从事专业的技术岗位或行政管理等事务性工作。从表2-18可以看出，博士和硕士学历群体大多从事的职业是国家机关群组织、企事业单位负责人、专业技术人员、办事人员和有关人员，尤其是大学本科生基本上集中在技术人员这一分类。在受教育程度较低的群体中，主要从事的职业是受教育门槛较低的通用岗位，例如商业、服务业以及生产、运输设备操作人员及相关岗位。

从这些统计数据可以看出，我国普通劳动者的受教育水平仍然偏低。为了改变这种现状，还要进一步通过各种教育和职业技能培训的投入，提高劳动者素质，改善职业分布结构，从而提高劳动者的收入水平。

四、受雇于他人就业群体获得工作的途径

表2-19和图2-19描述了劳动者获得工作的途径。从全国来看，获得工作的途径为政府分配、安排的人数最多，为1158人，占比为24.16%；其次为通过直接申请获得工作的有1000人，占比为20.86%。其后依次为：通过亲戚朋友介绍获得工作的有625人，占比为13.04%；通过雇主招工获得工作的有543人，占比为11.33%；通过国家统一考试获得工作的有410人，占比为8.55%；看到广告后申请的有323人，占比为6.74%；通过商业职介获得工作的有266人，占比为5.55%；通过其他方式获得工作的有178人，占比为3.71%；通过家人联系获得工作的有137人，占比为2.86%；通过政府职介获得工作的有92人，占比为1.92%；通过社区就业服务站获得工作的有36人，占比为0.75%；通过接班父辈获得工作的有26人，占比为0.54%。

表2-19　　　　　　　　　　　获得工作的途径　　　　　　　　　　单位：人

途径	农村	城镇	全国
政府分配、安排	104	1054	1158
政府职介	8	84	92

第二章 就 业

续表

途径	农村	城镇	全国
社区就业服务站	9	27	36
商业职介	13	253	266
看到广告后申请	26	297	323
直接申请	112	888	1000
家人联系	22	115	137
亲戚朋友介绍	108	517	625
国家统一考试	45	365	410
雇主招工	74	469	543
接班	2	24	26
其他	22	156	178

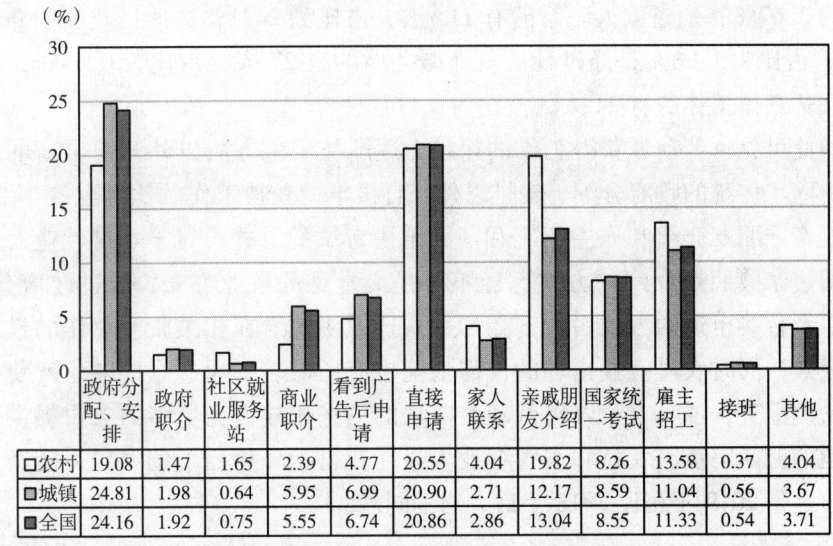

图2-19 农村与城镇获得工作的途径比重

对于农村就业群体来说，通过直接申请获得工作的人最多，有112人，占比为20.55%，首次超过了通过亲戚朋友介绍获得工作的类型。其次是通过亲戚朋友介绍获得工作的，有108人，占比为19.82%；然后是政府分配、安排而获得工作的，有104人，占比为19.08%。这两个方面说明，农民获得工作的途径更加多元化了，这里面既有近些年出现劳动力结构性短缺的因素，也有政府部门大力促进农业农村就业工作取得的成绩。在三种途径之后，依次为：通过雇主招工获得工作的有 74 人，占比为 13.58%；通过国家统一考试获得工作的有 45 人，占比为 8.26%；看到广告后直接申请的有 26 人，占比为 4.77%；通过其他方式获得工作的有 22 人，占比为 4.04%；通过家人联系获得工作的有 22 人，占比为 4.04%；通过商业职介获得工作的有 13 人，占比为 2.39%；通过社区就业服务站获得工作的有 9 人，占比为 1.65%；通过政府职介获得工作的有 8 人，占比为 1.47%；通过接班父辈获得工作的有 2 人，占比为 0.37%。

对于城市就业人员，通过政府分配、安排获得职位的人数最多，有 1054 人，占比为 24.81%；其次为通过直接申请获得职位，有 888 人，占比为 20.90%；再次为通过亲戚朋友介绍，有 517 人，占比为 12.17%。其后依次为：雇主招工的有 469 人，占比为 11.04%；通过国家统一考试获得工作的有 365 人，占比为 8.59%；看到广告后申请的有 297 人，占比为 6.99%；通过商业职介获得工作的有 253 人，占比为 5.95%；通过其他方式获得工作的有 156 人，占比为 3.67%；通过家人联系的有 115 人，占比为 2.71%；通过政府职介的有 84 人，占比为 1.98%；通过社区就业服务站的有 27 人，占比为 0.64%；通过接班父辈获得工作的有 24 人，占比为 0.56%。

由此可见，劳动者获得工作的途径，逐渐在传统方法以外开辟了新的就业渠道。除了传统的政府分配、安排以外，直接申请获得工作的比例也逐步上升，其次是亲戚朋友介绍和雇主招工和国家统一考试的方式。对于农村就业人员而言，通过亲戚朋友介绍的方式已经不再是最常见的就业方式，通过政府分配、安排以及直接申请的方式占比开始增大。这说明政府在相关就业工作的投入取得了成效，同时农村就业市场的供需情况也有所好转，通过直接申请就获得工作的比例上升，说明农业农村劳动力市场的信息化建设为更多的农户提供了更多元化的就业渠道。农村和城镇就业人员在获得工作途径上的差异，已经基本消失，这是 2019 年相比 2018 年最大的不同。

五、受雇于他人就业群体的福利待遇

1. 不同职业群体的福利待遇。表 2-20 和图 2-20 描述了我国不同职业就业群体的福利待遇状况。在国家机关党群组织、企事业单位负责人中，有 109 人没有福利，占比为 8.65%，其余 91.35% 的人员都有福利，主要是餐费补贴、交通补贴和住房补贴；专业技术人员中有 332 人没有福利，占比为 14.22%，其他人员享受的福利主要是餐费补贴、交通补贴、住房补贴以及其他补贴；办事

第二章 就 业

人员和有关人员中有 167 人没有福利，占比为 9.21%，其他人员享受的福利主要是餐费补贴、交通补贴和住房补贴；商业、服务业人员中有 351 人没有福利，占比为 24.01%，其他人员主要福利是餐费补贴、包吃和交通补贴；农林牧渔水利生产人员中有 26 人没有享受福利，占比为 26.8%，其他人员的福利主要是包吃、餐费补贴和交通补贴；生产、运输设备操作人员中有 114 人没有福利，占比为 16.76%，其他人员享受的福利主要为餐费补贴、包吃和交通补贴；军人全部都享有福利，主要福利集中在包吃、包住和餐费补贴；不便分类的其他就业人员没有福利的有 192 人，占比为 20.34%。

表 2-20　　　　　　　　　　　职业与福利待遇　　　　　　　　　　单位：人

工作职业	餐费补贴	交通补贴	住房补贴	包吃	包住	单位班车	其他补贴	无
国家机关党群组织、企事业单位负责人	298	313	258	60	33	65	124	109
专业技术人员	595	398	389	179	104	118	220	332
办事人员和有关人员	522	419	286	110	63	89	157	167
商业、服务业人员	288	200	114	208	107	56	138	351
农林牧渔水利生产人员	14	10	7	18	10	2	10	26
生产、运输设备操作人员及有关人员	129	87	54	106	62	68	60	114
军人	2	1	1	4	2	1	2	0
不便分类的其他就业人员	159	114	78	150	95	42	114	192

从上述对表 2-20 和图 2-20 的分析可以看出，除了军人以外，每个职业类型的就业人员，都包含没有享受福利待遇的群体。这说明我国目前就业福利制度覆盖并不全面，还有进一步完善的空间。总体而言，国家机关党群组织、企事业单位负责人、专业技术人员以及办事人员和有关人员的福利制度是最好的，有较大比例的职工获得餐费补贴、交通补贴和住房补贴。相比之下，商业、服务业人员以及农林牧渔水利生产人员的福利，主要集中在餐费补贴和交通补贴，获得住房补贴的比例要显著低于以上国家机关党群组织等单位。这说明就业单位的性质对从事行业的就业福利具有较大影响，逐渐缩小不同就业单位的各种福利差异，是实现减小收入差距的重要方面。具体而言，在餐费补贴、交通补贴方面，不同单位的差距不大，但是在住房补贴方面，不同单位的差距非常大。

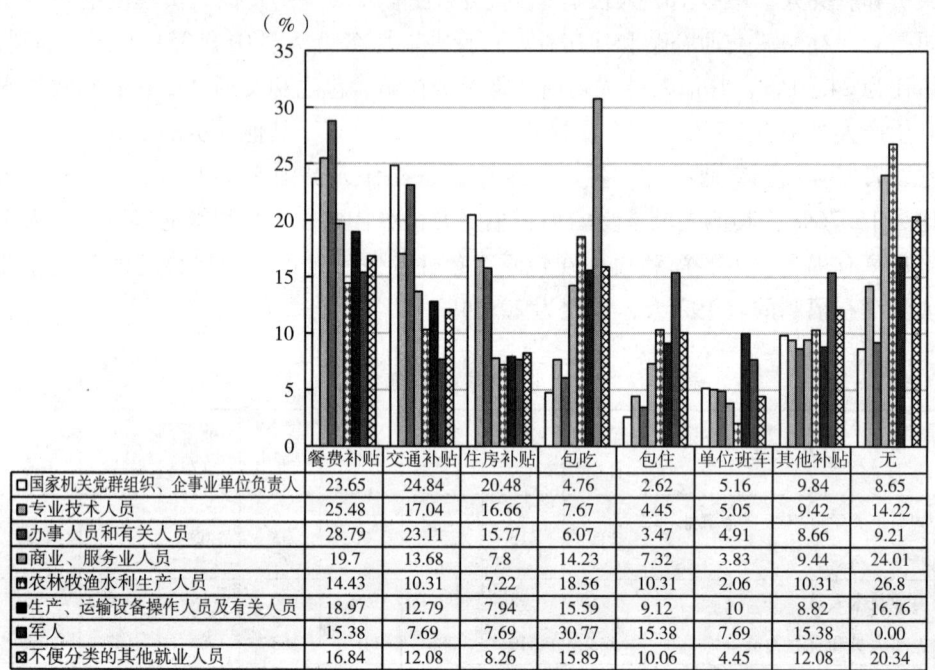

图 2-20 职业与福利待遇

在我国经济体制从计划经济向市场经济转轨的过程中,除了劳动者工资收入的差异以外,还存在着比较多的福利收入差异,这些主要表现为不同体制单位下职工非工资性福利待遇的差异。这些年来,福利收入中最重要的板块来自住房补贴,在一些重要的国家企事业单位,其职工的住房补贴,相比商业、服务业人员、农林牧渔水利业以及生产、运输设备操作人员及有关人员而言,其幅度要大得多。相反,商业、服务业人员、农林牧渔水利业以及生产、运输设备操作人员及有关人员获得包吃、包住等的福利补贴要高于国家企事业单位工作人员。这种福利水平的结构性差异最终通过福利收入,扩大了不同行业的总体收入差距和家庭财富的差距。在房产作为主要财富的条件下,不同行业、单位之间的福利差距进一步拉大。

2. 单位所有制与社会保险提供情况。表2-21和图2-21以及图2-22描述了我国不同所有制工作单位为其就业职工购买社会保险的情况。总体来看,就业人员中有881人没有享受社会保险,占比为5.62%。由图2-21可以看出,社会保险中以养老保险和医疗保险为主,分别占比22.55%和23.01%,其次为

第二章 就 业

工伤保险,占比为 17.86%,随后为失业保险,占比为 16.75%,最后为生育保险,占比为 14.11%。

表 2-21　　　　　　　工作单位所有制与购买的社会保险情况　　　　　　单位：人

工作单位所有制	养老保险	医疗保险	失业保险	工伤保险	生育保险	以上都没有
党政机关	445	441	237	288	241	17
国家集体事业单位	1307	1320	975	912	791	87
民办企事业单位	217	230	164	183	135	90
国有独资企业	171	175	154	159	137	14
国有控股企业	454	458	403	399	361	31
集体独资企业	14	16	8	8	6	11
集体控股企业	47	51	33	34	30	7
私营独资企业	337	333	249	291	193	186
私营控股企业	185	202	145	183	124	73
外资独资企业	39	39	35	35	24	1
外资控股的合资企业	28	30	25	25	20	3
国有控股的合资企业	45	47	38	39	36	4
集体控股的合资企业	12	14	9	11	7	1
私营控股的合资企业	38	38	24	37	19	15
个体	79	89	33	98	29	286
其他企业	119	125	95	99	76	55
合计	3537	3608	2627	2801	2229	881

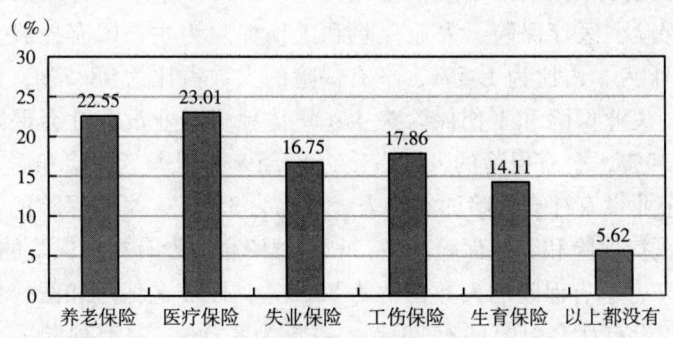

图 2-21　购买的保险比例

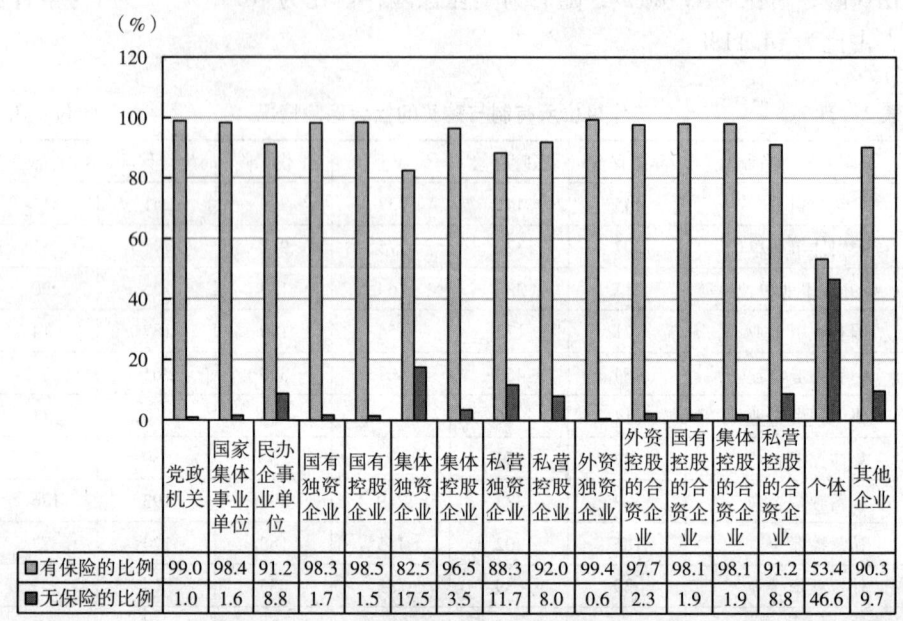

图 2-22 工作单位所有制与购买社会保险的比例

分别来看，党政机关没有社会保险的有 17 人，占比为 1.0%，享有保险的人数占比为 99.0%，主要保险是养老保险和医疗保险；国家集体事业单位没有社会保险的有 87 人，占比为 1.6%，享有保险的人数占比为 98.4%，主要保险是养老保险、医疗保险和失业保险；民办企事业单位没有社会保险的有 90 人，占比为 8.8%，享有保险的人数占比为 91.2%，以养老保险和医疗保险为主；国有独资企业没有社会保险的有 14 人，占比为 1.7%，享有保险的人数占比为 98.3%，以养老保险、医疗保险、失业保险和工伤保险为主；国有控股企业没有社会保险的有 31 人，占比为 1.5%，享有保险的人数占比为 98.5%，以养老保险、医疗保险、失业保险和工伤保险为主；集体独资企业没有社会保险的有 11 人，占比为 17.5%，享有保险的人数占比为 82.5%，以养老保险和医疗保险为主；集体控股企业没有社会保险的有 7 人，占比为 3.5%，享有保险的人数占比为 96.5%，以医疗保险和养老保险为主；私营独资企业没有社会保险的有 186 人，占比为 11.7%，享有保险的人数占比为 88.3%，以养老保险和医疗保险为主；私营控股企业没有社会保险的有 73 人，占比为 8.0%，享有保险的人数占比为 92.0%，以医疗保险、养老保险和工伤保险为主；外资独资企业没有社会保险的有 1 人，占比为 0.6%，享有保险的人数占比为 99.4%，以养老保险、医疗保险、失业保险和工伤保险为主；外资控股的合资企业没有社会保险的有3人，占比为2.3%，享有保险的人数占比为97.7%，以医疗保险和养老保险为主；国有控股的合资企业没有社会保险的有4人，占比为1.9%，享有保险的人数占比为98.1%，以医疗保险和养老保险为主；集体控股的合资企业没有社会保险的有1人，占比为1.9%，享有保险的人数占比为98.1%，以医疗保险、养老保险和工伤保险为主；私营控股的合资企业没有社会保险的有15人，占比为8.8%，享有保险的人数占比为91.2%，以养老保险、医疗保险和工伤保险为主；个体企业没有社会保险的有286人，占比为46.6%，享有保险的人数占比为53.4%，以工伤保险、医疗保险和养老保险为主；其他企业没有社会保险的有55人，占比为9.7%，享有保险的人数占比为90.3%，以医疗保险和养老保险为主。

由图2-22可知，我国社会保险在很大程度上覆盖于各种工作单位，大多数就业人员都能享受到一定的社会保险福利。个体和私营经营企业中社会保险的覆盖程度相对低一些，特别是个体经营企业。具体说来，党政机关、国家集体事业单位、国有独资企业、国有控股企业、外资独资企业国有控股的合资企业、集体控股的合资企业的社会保险福利最好，保险覆盖率达到98%以上；其次是外资控股的合资企业、集体控股企业，社会保险覆盖率达到95%以上；私营控股企业、民办企事业单位、私营控股的合资企业以及其他企业，社会保险覆盖率达到90%以上；私营独资企业的社会保险覆盖率更低，只有88.3%；集体独资企业的社会保险覆盖率只有82.5%。但是个体单位的社会保险覆盖率最低，只有53.4%。这说明，在我国的党政机关、国有企业、集体控股企业和外资企业，社会福利相对较好，而私营企业相对差一些。这说明，目前个体和私营企业经营处于相对弱势的地位，其社会保障覆盖范围与党政机关和国有企业的差距，是一种非工资性收入差距，也是造成贫富差距的重要原因。

3. 单位所有制与"五险一金"提供情况。表2-22和图2-23描述了我国不同单位所有制企业为其就业人员缴纳住房公积金的情况。2019年中国居民收入与财富调查样本中，我国住房公积金的总体覆盖率依然偏低，只有59.40%，而40.60%的就业人员没有住房公积金。从就业单位所有制来看，国有独资企业缴纳住房公积金的比例最高，167位就业人员享有住房公积金，占比为89.3%；其次为党政机关，有423位就业人员享有住房公积金，占比为88.68%。随后依次是：外资独资企业有36人，占比为87.8%；国家集体事业单位有1227人，占比为84.91%；国有控股企业有418人，占比为83.27%；国有控股的合资企业有37人，占比为69.81%；外资控股的合资企业有22人，占比为66.67%；集体控股企业有31人，占比为48.44%；集体控股的合资企业有7人，占比为43.75%；私营控股的合资企业有23人，占比为37.70%；民办企事业单位有126人，占比为36.63%；私营控股企业有100人，占比为32.36%；其他企业有62人，占比为31.31%；私营独资企业有140人，占比为24.18%。集体独资企业有7人，占比为22.58%；个体经营企业有15人，占比为3.39%。

表2-22　　　　　　单位所有制与住房公积金

工作单位所有制	已购买公积金（人）	比例（%）	未购买公积金（人）	比例（%）
党政机关	423	88.68	54	11.32
国家集体事业单位	1227	84.91	218	15.09
民办企事业单位	126	36.63	218	63.37
国有独资企业	167	89.30	20	10.70
国有控股企业	418	83.27	84	16.73
集体独资企业	7	22.58	24	77.42
集体控股企业	31	48.44	33	51.56
私营独资企业	140	24.18	439	75.82
私营控股企业	100	32.36	209	67.64
外资独资企业	36	87.80	5	12.20
外资控股的合资企业	22	66.67	11	33.33
国有控股的合资企业	37	69.81	16	30.19
集体控股的合资企业	7	43.75	9	56.25
私营控股的合资企业	23	37.70	38	62.30
个体	15	3.39	428	96.61
其他企业	62	31.31	136	68.69
合计	2841	59.40	1942	40.60

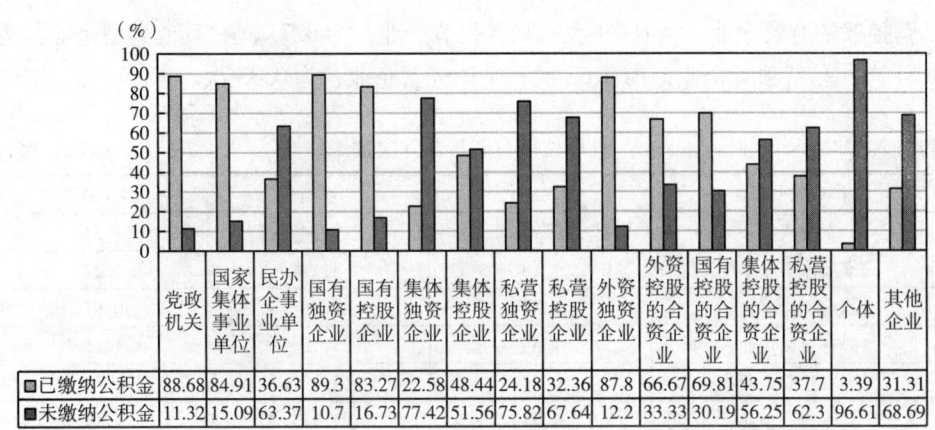

图 2-23 单位所有制与住房公积金

党政机关、国有集体事业单位、国有独资企业、国有控股企业等一些国家有关单位以及外资独资企业，为其就业人员缴纳住房公积金的比例比较大，都在80%以上。国有控股的合资企业、外资控股的合资企业缴纳住房公积金的比例也达到60%以上，但是个体和私营经营企业缴纳住房公积金的比例非常低，其中个体经营者享受住房公积金福利的比例仅有3%。

结合以上的内容，可以看出，国家企事业单位和外资企业的福利相对最好，其次是集体控股企业、私营控股的合资企业、民办企事业单位和其他企业，最差的类型是私营独资企业、集体独资企业和个体经营企业。由于住房公积金与早期的福利分房制度相关，所以住房公积金缴存比例上的差异，再一次扩大了以房地产资产为主体的社会财富不平等。因此，提高不同就业单位住房公积金的缴存覆盖率，消除住房福利分配的巨大差距，成为未来住房公积金改革的重要方向。

六、受雇于他人就业群体的平均晋升次数

1. 单位所有制与平均晋升次数。表2-23和图2-24描述了我国不同所有制单位就业群体的平均晋升次数。党政机关的平均晋升次数最多，为1.31次；其次为外资独资企业，为1.29次。随后依次为外资控股的合资企业，为1.25次；国家集体事业单位，为1.23次；国有控股企业，为1.18次；集体独资企业，为1.17次；国有独资企业，为1.11次；国有控股的合资企业，为1.04次；集体控股企业，为1.03次；集体控股的合资企业，为0.94次；民办企事业单位，为0.91次；

私营控股的合资企业,为0.79次;私营控股企业,为0.73次;其他类型企业,为0.64次;私营独资企业,为0.62次;个体经营企业,为0.35次。

表2-23　　　　　　　　　　单位所有制与晋升次数　　　　　　　单位:次

工作单位所有制	农村	城镇	全国
党政机关	0.97	1.34	1.31
国家集体事业单位	1.18	1.24	1.23
民办企事业单位	0.40	0.99	0.91
国有独资企业	1.5	1.10	1.11
国有控股企业	0.82	1.19	1.18
集体独资企业	0.5	1.28	1.17
集体控股企业	1.375	0.98	1.03
私营独资企业	0.57	0.63	0.62
私营控股企业	0.36	0.80	0.73
外资独资企业	3	1.25	1.29
外资控股的合资企业	0.4	1.41	1.25
国有控股的合资企业	3	0.96	1.04
集体控股的合资企业	0	1	0.94
私营控股的合资企业	0.2	0.84	0.79
个体	0.13	0.41	0.35
其他企业	0.21	0.73	0.64

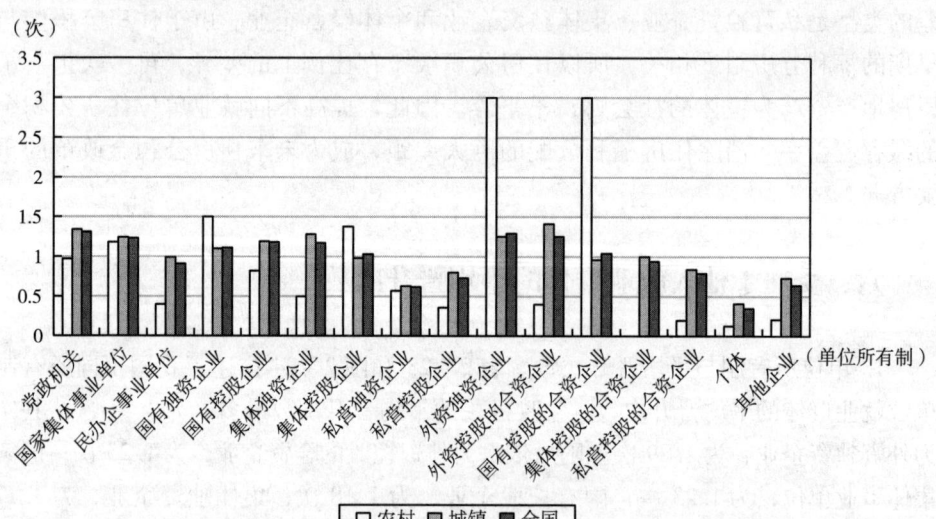

图2-24　单位所有制与晋升次数

第二章 就业

农村就业人员与城镇就业人员晋升情况存在显著差异，在多数类型的工作单位中，城镇就业人员的平均晋升次数要高于农村就业人员。其中差距最大的是外资控股的合资企业，城镇就业人员的平均晋升次数比农村就业人员高1.01次，其次是集体控股的合资企业，高1次；集体独资企业，高0.78次，私营控股的合资企业，高0.64次；民办企事业单位，高0.59次；其他依次是其他类型企业、私营控股企业、党政机关、国有控股企业和个体经营企业。

在国家集体事业单位和私营独资企业中，城镇就业人员与农村就业人员在晋升次数上的差异不显著。同时，在集体控股企业、国有独资企业、外资独资企业和国有控股的合资企业中，农村就业人员的平均晋升次数要高于城镇就业人员，当然这也可能是由农村就业人员本身的其他特征所引起的。比较之后发现，在集体类企业和国有类企业中，城乡就业人员平均晋升次数的差距相对较小，但私营企业和外商投资企业中的差距较大。尽管目前城乡就业人员平均晋升次数的差异仍然比较显著，但这种差距已经在逐步缩小。通过降低城乡就业人员平均晋升次数的差异，有助于发挥农村地区就业人员的积极性，提高劳动效率。

2. 学历与平均晋升次数。表2-24和图2-25描述了我国不同学历水平就业群体的平均晋升次数。博士学历的就业群体平均晋升次数最多，为1.50次；其次为硕士学历，平均晋升次数为1.32次；随后依次为大学本科，1.23次，大专1.08次，中专0.91次，高中0.85次，职高/技校0.70次，初中0.42次，小学0.30次，而未上过学的就业人员，无论是在农村还是城镇，平均晋升次数都是0。研究学历与晋升次数的关系可以发现，就业人员的晋升次数与受教育程度完全成正比，同时每一种学历水平上，城镇就业人员的平均晋升次数都要高于农村就业人员。

表2-24　　　　　　　　学历与晋升次数　　　　　　　　单位：次

学历	农村	城镇	全国
未上过学	0	0	0
小学	0.24	0.32	0.30
初中	0.33	0.44	0.42
高中	0.72	0.87	0.85
职高/技校	0.33	0.75	0.70
中专	0.63	0.94	0.91

续表

学历	农村	城镇	全国
大专	1.05	1.08	1.08
大学本科	1.18	1.23	1.23
硕士	1.00	1.32	1.32
博士	0	1.55	1.50

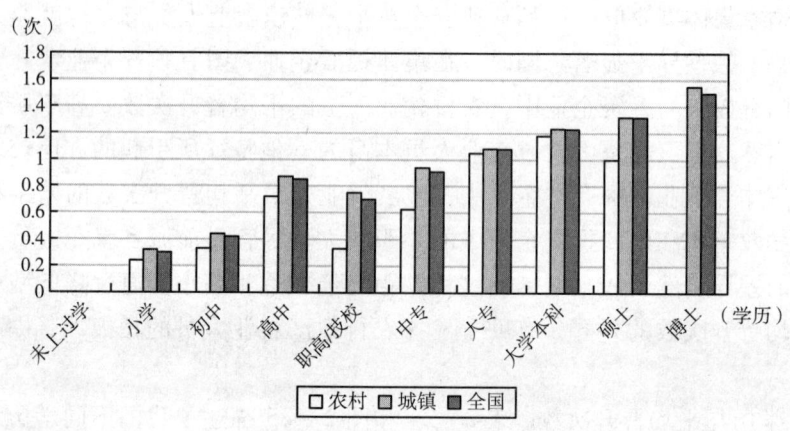

图 2-25 学历与晋升次数

由此可见，教育水平与晋升次数之间存在非常显著的正相关：就业人员受教育水平越高，平均晋升次数就越高，也就意味着工资收入水平也越高。不仅如此，除了未上过学的就业人员没有平均晋升次数都为 0，其他所有类型的就业人员，在同等受教育水平条件下，城镇就业群体的平均晋升次数都要高于农村就业群体。这种城乡差距，部分解释了农村地区就业人员平均月工资低于城镇就业人员的现象。因此，政府应该通过职业培训等方式，致力于农村地区就业人员的人力资源开发，改善职业晋升差距，缩小城乡就业人员工资收入差距。

七、受雇于他人就业群体签订的合同类型

表 2-25 和图 2-26 描述了我国 2019 年受雇于他人的就业群体所签订的合同类型结构。其中签订长期合同（一年以上）的就业人员最多，为 2923 人，其次为无固定期限合同的 1100 人，随后为其他合同 566 人，最少的为短期合同（一年以下）220 人。

表2-25　　　　　　　　　合同类型结构　　　　　　　　　单位：人

就业合同类型	农村	城镇	全国
长期合同（一年及以上）	296	2627	2923
短期合同（一年以下）	41	179	220
无固定期限合同	138	962	1100
其他合同	71	495	566

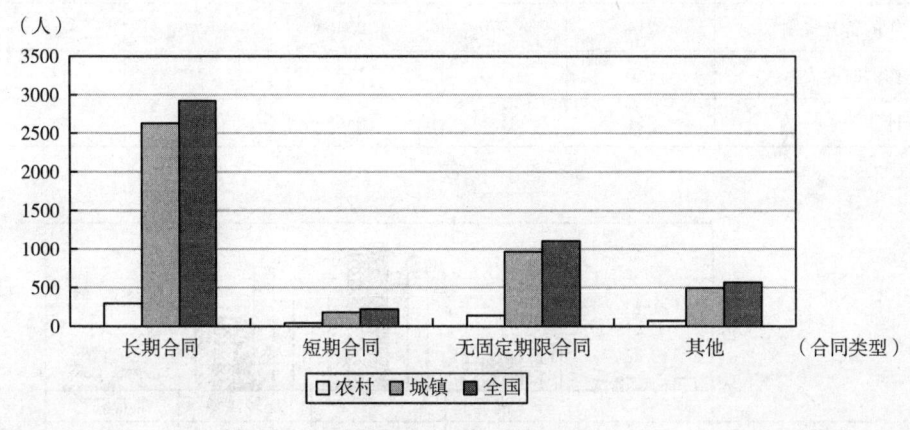

图2-26　合同类型结构

这说明，目前受雇于他人的就业群体签订的合同类型主要以长期合同和无固定期限合同为准，劳动者的权利得到基本的保障。其中，城镇受雇于他人的就业群体中签订长期合同（一年以上）的有2627人，无固定期限合同的有962人，随后为其他合同的有495人，短期合同（一年以下）有179人。农村就业群体中签订长期合同（一年以上）的就业人员有296人，无固定期限合同有138人，其他合同有71人，短期合同（一年以下）有41人。

八、受雇于他人就业群体的工作满意度评价

表2-26和图2-27描述了就业人员对目前个人工作的评价，我们使用的指标有工作收入、工作环境、工作创意性、工作的晋升机制和工作的时间安排。总体来看，大部分就业人员对个人目前的工作感到一般，占比为43.42%，其次是感到比较满意，占比为34.15%，随后是感到不太满意，占比为13.00%，非

常满意和非常不满意的两个极端评价所占比例很小,仅为6.15%和3.37%。总体来看,对于工作的总体满意程度与2018年基本持平。

表2-26　　　　　　　　　　工作评价　　　　　　　　　单位:人

评价	非常不满意	不太满意	一般	比较满意	非常满意
工作收入	210	800	2048	1538	223
工作环境	95	411	1834	2129	355
工作创意性	132	664	2537	1253	237
工作的晋升机制	214	779	2346	1246	236
工作的时间安排	160	479	1700	2044	432
合计	811	3133	10465	8210	1483

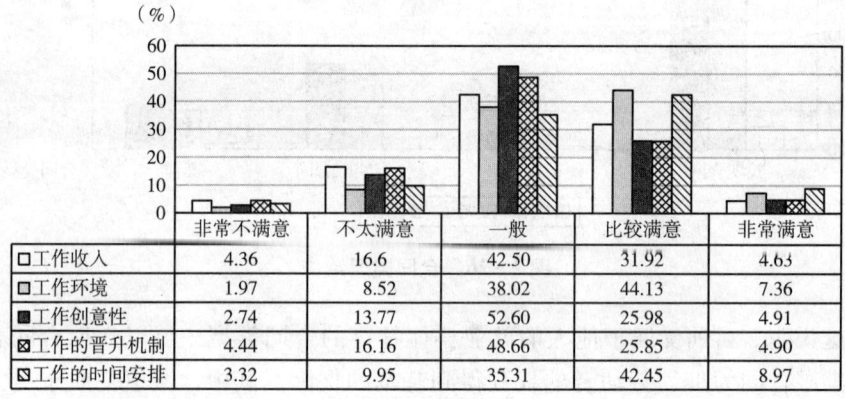

图2-27　工作评价

分别来看,对于工作收入,有2048人感到一般,占比为42.50%,有1538人感到比较满意,占比为31.92%,只有4.36%的人感到非常不满意和4.63%的人感到非常满意;对于工作环境来说,有2129人感到满意,占比为44.13%,有1834人感到一般,占比为38.02%,只有1.97%的人感觉非常不满意和7.36%的人感到非常满意;对于工作创意性,有2537人感到一般,占比为52.60%,感到比较满意和不太满意的占比分别为25.98%和13.77%,而非常满意和非常不满意的占比仅为4.91%和2.74%;对于工作的晋升机制,有2346人感到一般,占比为48.66%,感到比较满意和不太满意的占比分别为25.85%和16.16%,感到非常满意和非常不满意的占比只有4.90%和4.44%;对于工作时间安排，感到比较满意的人比较多，有 2044 人，占比为 42.45%，感到一般的有 1700 人，占比为 35.31%。

由上可知，目前我国企业在员工的就业满意度上基本上做得比较好，多数就业者没有表示非常不满意。但需要注意的就业满意度方面是工作收入、工作的创意性和工作的晋升机制。为了激发企业活力，首先要从工作收入上提高劳动者的积极性，激发市场主体潜能，形成积极向上又充满凝聚力的企业文化。政府要为企业建立完善的工资体系和晋升机制提供相应的政策扶持，从而促进劳动力创造潜能的释放，提高劳动者的生产积极性。

九、受雇于他人就业群体想辞职的原因

图 2-28 描述了就业人员的辞职原因。总体来看，职工辞职的大部分原因是不满意当前的工资待遇。在 2019 年中国居民收入与财富调查样本中，有 35 人辞职是因为不满意当前的工资待遇；其次是因为找到其他工作，有 14 人；随后是工作时间长、强度大，有 12 人；最后是不能融入当前的工作环境，有 10 人；因为其他原因辞职的，总计 54 人。

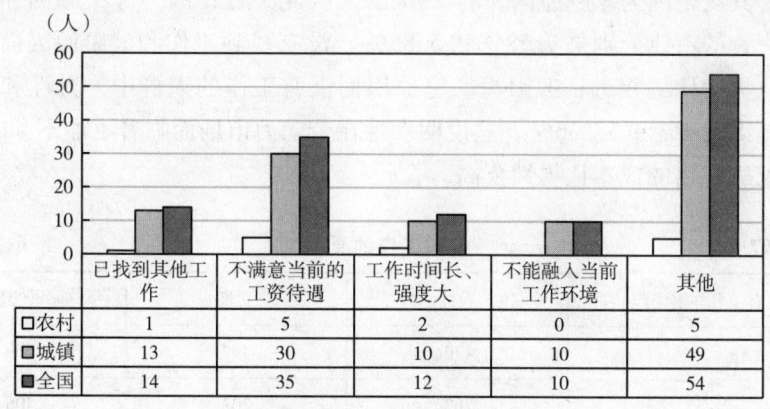

	已找到其他工作	不满意当前的工资待遇	工作时间长、强度大	不能融入当前工作环境	其他
农村	1	5	2	0	5
城镇	13	30	10	10	49
全国	14	35	12	10	54

图 2-28 辞职原因

分别来看，对于农村就业人员，因为不满意工作待遇而辞职的有 5 人，因为工作时间长、强度大辞职的有 2 人。对于城镇就业人员，不满意当前工作待遇辞职的有 30 人，因为已经找到其他工作的有 13 人，因为工作时间长、强度大以及不能融入当前工作环境的也分别各有 10 人。从这些数据来看，工资待遇不

理想，仍然是目前在职员工辞职的主要原因，另一个原因是已经找到了其他工作。这表明，相比2018年，2019年的劳动力市场流动性更强，在职劳动力的工资议价能力变强。

第五节 失 业

一、失业的原因

表2-27和图2-29描述了我国失业人员没有工作的原因。在2019年中国居民收入与财富调查样本中，没有工作的总共有2376人，其中全国有969人没有找到工作，其中男性472人，女性497人；有406人因为退休而没有工作，其中男性203人，女性也是203人；有173人因为健康原因没有工作，其中男性76人，女性97人；有689人因为家庭原因没有工作，其中男性172人，女性517人；有139人因为丧失劳动能力没有工作，其中男性69人，女性70人。由图2-29可以看出，没有工作的最主要原因是没有找到工作，有40.78%的人因此失业；其次是因为家庭原因，有29%的人因此失业；因为健康原因和丧失劳动原因失业的占比分别是7.28%和5.85%。没有找到工作和健康原因而失业的群体中，男女比例相近；但因为家庭原因而没有工作的人群中，男性和女性占比分别是17.34%和37.36%，这说明女性在劳动力市场面临着更加不利的地位，女性对家庭付出的成本比男性要高。

表2-27 没有工作的原因 单位：人

没有工作的原因	男性	女性	全国
没有找到工作	472	497	969
退休	203	203	406
健康原因	76	97	173
家庭原因	172	517	689
丧失劳动能力	69	70	139
总计	992	1384	2376

第二章 就 业

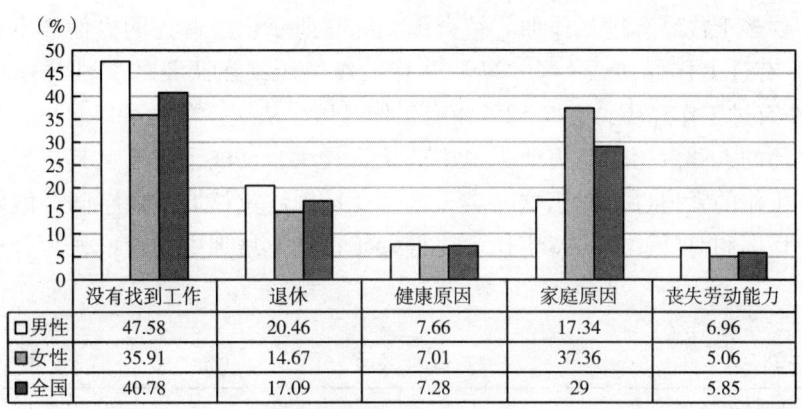

图 2-29 失业的原因

研究发现，2019 年的失业人口比例与 2018 年基本持平，但是失业原因开始发生结构性变化。因为退休原因而没有工作的人口占比下降，因为没有找到工作而失业的人口比例却陡然上升，因为家庭原因而失去工作的人口比例有些下降。这里可以反映两个现象：第一，劳动力市场上的弱势群体就业更加困难；第二，劳动力市场上因为家庭原因形成的就业歧视程度有所缓解。这一点说明，就业工作应该集中在扶持劳动技能、扶持劳动者就业自信心相结合，从而大幅度消除持续性失业现象。

就业是民生之本。2019 年 12 月全国就业工作座谈会在就业扶贫、农民工返乡创业等方面的工作展开了讨论。会议突出了要强化就业工作的组织领导，把准"稳岗、扩岗"这两个着力点，突出高校毕业生、农民工和就业困难人员就业工作，夯实政策、服务、培训、保障四项职称，要研究建立就业扶贫的长效机制，为就业工作的推进指明方向。为了应对外部经济环境的恶化，需要推动内部经济挖潜，开展职业技能培训，运用"互联网+"技术推广农村电商等就业形式，发展新型经济业态，促进多渠道实现就业。

二、失业群体的工作经历

表 2-28 和图 2-30 描述了我国失业群体是否有过工作经历的状况。在 2019 年中国居民收入与财富调查的样本中，失业群体有过工作经历的有 361 人，占比为 34.12%，其中男性 171 人，女性 190 人；没有工作过的有 697 人，占比为 65.88%，其中男性 336 人，女性 361 人。可以看出，失业人群中曾经没有工

作的,要多于曾经有过工作的。结合图 2-30 所示,在调查的男性样本中,有 33.73% 有过工作经历,有 66.27% 没有工作经历;在调查的女性样本中,有 34.48% 有过工作经历,有 6.52% 没有工作经历。从这一数据可以看出,没有过工作经历的人群占比在总失业人口中的比重较大,反映了青年尤其是大学生群体就业工作的紧迫性。对于这一类人群,要特别注重拓展就业空间,做好相关的就业培训和对口就业扶持工作,使得青年在就业培训中迅速成长为合格的劳动者。

表 2-28　　　　　　　　　　工作经历　　　　　　　　　　单位:人

是否有过工作经历	男	女	总计
有过	171	190	361
没有	336	361	697
总计	507	551	1058

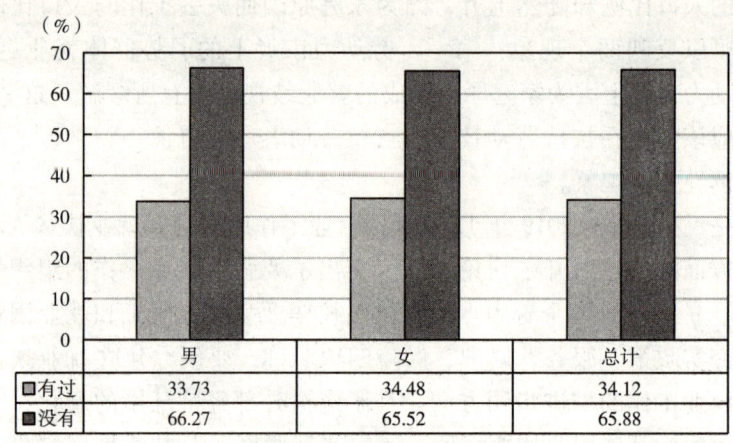

图 2-30　工作经历

三、失业群体的登记情况

1. 登记失业情况。表 2-29 和图 2-31 描述了我国事业登记的情况。在 2019 年中国居民收入与财富调查样本中,进行过失业登记的有 58 人,占比为 15.26%,其中男性 17 人,女性 41 人;未进行过失业登记的有 322 人,占比为 84.74%,其中男性 166 人,女性 156 人。

第二章　就　业

表2-29　　　　　　　　　　　失业登记情况　　　　　　　　　　单位：人

是否登记失业	男	女	全国
登记	17	41	58
未登记	166	156	322
总计	183	197	380

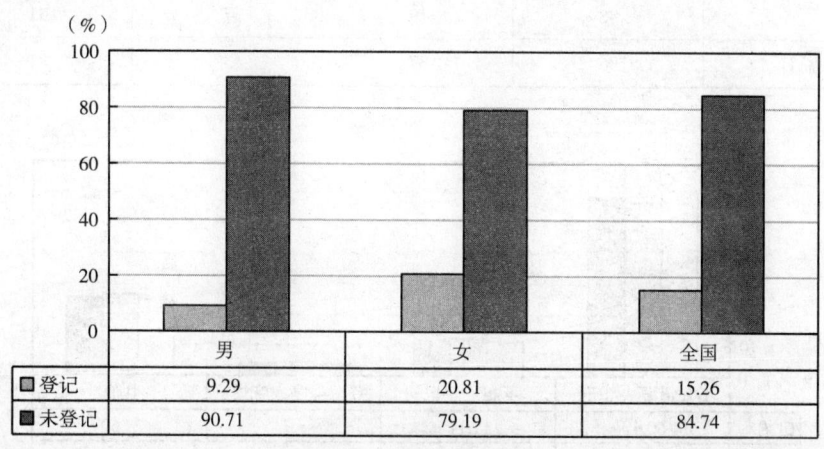

图2-31　失业登记情况

由此可以看出，大部分失业群体没有进行过失业登记，只有少部分人进行过登记。这说明失业登记政策的实施还需要加大宣传。完善失业登记制度，是提高公共服务水平和保障就业民生工作的重要支撑。2019年政府工作报告设定了城镇调查失业率在5.5%左右，城镇登记失业率在4.5%以内，并决定继续执行阶段性失业和工伤保险费率政策。对招用农村贫困人口、城镇登记失业半年以上人员的各类企业，三年内给予定额税费减免。同时还要实施职业技能提升行动，从失业保险基金结余中拿出1000亿元，用于1500万人次以上的职工技能提升和转岗专业培训。基于以上的工作，全力保障大学生和农民工群体的就业工作。

2. 未进行失业登记的原因。表2-30和图2-32描述了未进行失业登记的原因。在2019年中国居民收入与财富调查样本中，未进行失业登记的总人数为322人，其中男性162人，女性155人，有5人没有应答。在全部回答未进行失业登记原因的群体中，不知道要去登记的有186人，占比为58.68%，男性有98人，女性有88人；不想去登记的有37人，占比为11.67%，其中男性18人，女性19人；认为登记程序麻烦的有13人，占比为4.10%，其中男性6人，女性7人；其他原因有81人，其中男性40人，女性41人。

表2-30　　　　　　　　未进行失业登记的原因　　　　　　　　单位：人

性别	不知道要去登记	不想去登记	登记程序太麻烦	其他
男	98	18	6	40
女	88	19	7	41
总计	186	37	13	81

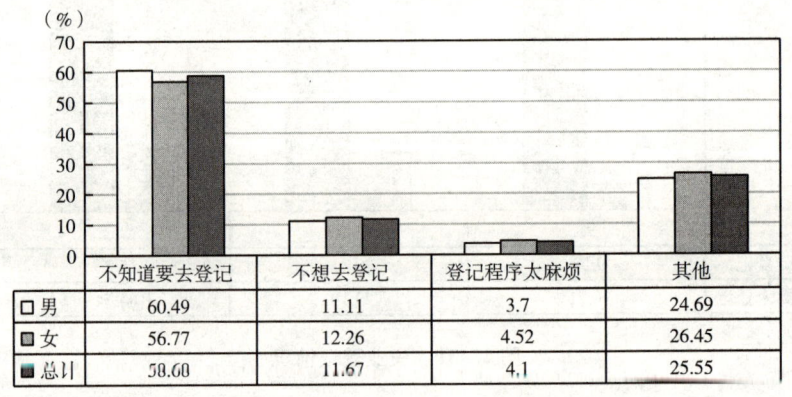

图2-32　未进行失业登记的原因

总体来看，不知道要去登记是没有进行失业登记的最主要原因。60.49%的男性失业者和56.77%的女性失业者都是不知道要去登记。因此，政府应该加强失业登记的宣传，尤其是适龄青年和农民工群体，让更多的人了解失业登记制度，提高居民的就业保障水平。这一点也再次印证了前面的分析结果。

四、失业群体找工作的途径

表2-31和图2-33描述了失业者找工作的途径。在2019年中国居民收入与财富调查的样本中，通过人才市场的招聘找工作的，有160人，占比为15.36%，其中男性74人，女性86人；通过网络媒体找工作的，有158人，占比为15.16%，其中男性68人，女性90人；通过熟人介绍找工作的有332人，占比为31.86%，其中男性162人，女性170人；通过职业中介找工作的有27

第二章 就业

人，占比为 2.59%，其中男性 10 人，女性 17 人；通过其他方式找工作的有 365 人，合计占比为 35.03%，其中男性 186 人，女性 179 人。

表 2-31　　　　　　　　　　　找工作的途径　　　　　　　　　　单位：人

性别	人才市场招聘	利用网络媒体	熟人介绍	职业中介	其他	总计
男	74	68	162	10	186	500
女	86	90	170	17	179	542
总计	160	158	332	27	365	1042

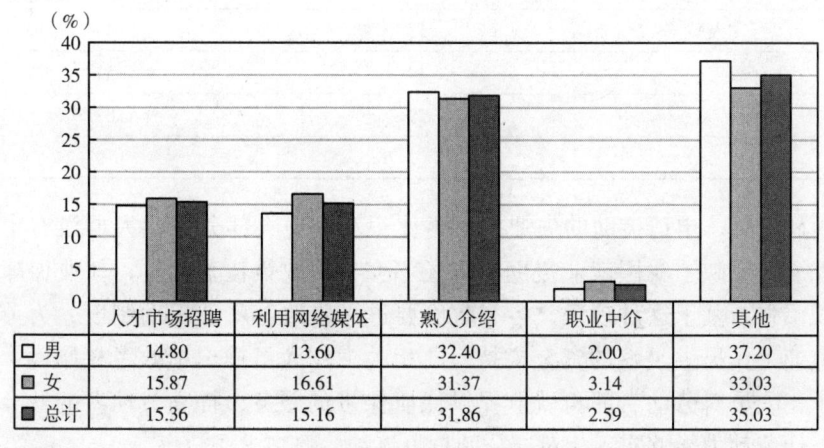

图 2-33　找工作的途径

从中可以看出，找工作的男性人数要少于女性。通过其他途径找工作的合计人数最多，占比也最大，其次是通过熟人找工作的，随后是通过人才市场招聘和利用网络媒体，这二者占比相差不大，最少的是通过职业中介找工作。随着大数据时代的到来，对于失业群体的再就业工作，政府应该搭建公开透明和便利化的信息发布平台，为用人单位和求职者之间搭建便捷沟通、精准匹配的桥梁，同时增强信息平台的监督管理，提高就业信息的透明度、时效性、匹配效率和提升服务功能，助力失业群体的再就业。由于信息基础设施的建设是公共物品，因此需要中央政府和各地方政府增加财政投入，以增加就业信息基础设施的供给。

五、就业援助

1. 申请就业援助的情况。表 2-32 描述了我国失业人群中申请就业援助的状况。失业人群中申请就业援助的有 29 人，占比为 2.76%，未申请就业援助的有 1022 人，占比为 97.24%。另外，在申请就业援助的人群中，男性 15 人，女性 14 人；未申请就业援助的人群中，男性 485 人，女性 537 人。

表 2-32　　　　　　　　　　申请就业援助状况

性别	申请	未申请
男（人）	15	485
女（人）	14	537
总数（人）	29	1022
比例（%）	2.76	97.24

由此可见，申请援助的失业人群占比很小，绝大部分失业人群没有申请就业援助。这反映了我国就业援助制度还不完善，政策覆盖面小，就业保障的服务意识不强。基于这种现象，各级政府要进一步改善就业援助制度，为劳动者的再就业工作提供足够的资金支持，向相关工作人员推出绩效考核制度，激励相关工作人员对劳动者的再就业提供保质保量的服务，提高劳动者的社会保障程度，让劳动力能够实现相对充分的自由流动，提高求职效率。

2. 没有申请就业援助的原因。表 2-33 和图 2-34 描述了没有申请就业援助的原因。在没有申请就业援助的群体中，不知道有就业援助的有 417 人，占比为 41.16%，其中男性 188 人，女性 229 人；感觉援助也没有什么帮助的有 145 人，占比为 14.31%，其中男性 70 人，女性 75 人；认为申请程序太麻烦的有 46 人，占比为 4.54%；其他原因有 405 人，其中男性 198 人，女性 207 人。

表 2-33　　　　　　　　　　没有申请援助的原因　　　　　　　　　　单位：人

性别	不知道有就业援助	感觉没什么帮助	申请程序太麻烦	其他
男	188	70	22	198
女	229	75	24	207
总计	417	145	46	405

第二章 就 业

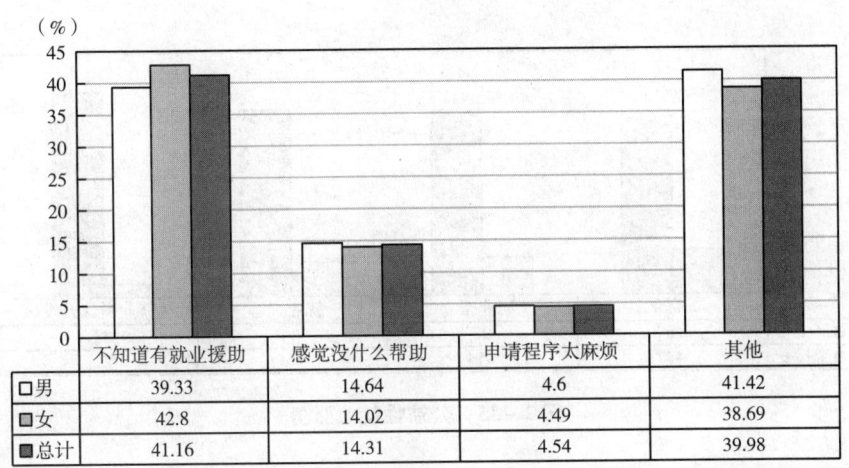

图 2-34 没有申请援助的原因

因此可见，没有申请援助最主要的原因是不知道有就业援助，这一占比为 41.16%，其次是其他原因，占比为 39.98%。研究发现，就业援助在劳动者就业工程中起到非常重要的作用。特别是在人口老龄化、人工智能革命到来的时代，经济结构剧烈转型，对求职者的技能和专业素质要求越来越高，越来越具有专业化和数字化特征。只有最大限度地提高就业人员的人力资本水平，才有可能实现失业人员大规模的再就业，使之与经济发展新业态相匹配，支撑整个老龄化人口的社会保障支出。为了实现这个目标，需要政府在合适的渠道，大力宣传就业援助政策，确保在岗职工的工作有创造力，确保失业人群能够接受再就业培训获得再发展的机会，消除就业保障缺失导致的收入差距进一步拉大。

六、公益性就业服务

图 2-35 描述了失业人员接受了我国公益性就业服务的状况。在 2019 年调查样本中，接受了公益性就业服务的人数累计有 318 人。其中，接受了职业介绍服务的有 109 人，未接受的有 437 人；接受了职业指导的有 93 人，未接受过职业指导的有 454 人；接受过就业训练的有 84 人，未接受过就业训练的有 460 人；接受过社区就业岗位开发服务的有 32 人，未接受过社区就业岗位开发服务的有 505 人。

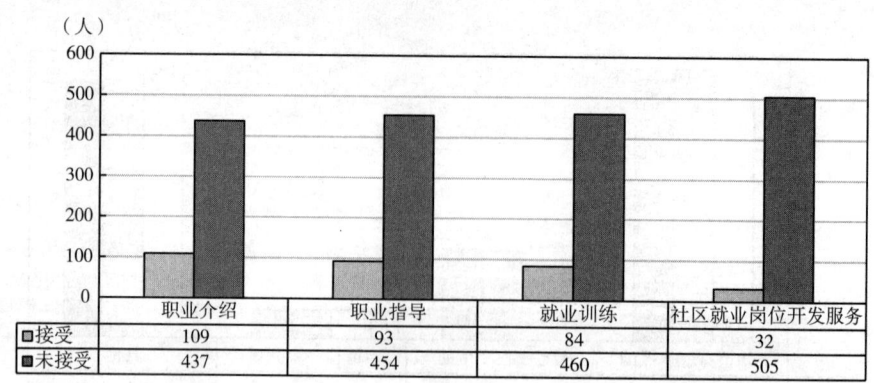

图 2-35　公益性就业服务

尽管参加过公益性就业服务的人数累计有 318 人,但是在每一种公益性就业服务类型中,没有接受相关服务的人数要远远多于接受过就业服务的人数。可以看出,接受职业介绍服务和职业指导服务的人数是最多的,其次是就业训练,但是社区就业岗位开发服务还是薄弱环节。基于这种调查结果,应该在持续推进前三种公益性就业服务的基础上,相关政府部门应该积极向社区倾斜,为社区就业岗位开发服务提供一定的财政支持,并对相关工作进行大力宣传,扩大公益性就业服务的受惠面。

七、对就业市场的看法

表 2-34 和图 2-36 描述了对就业市场的看法。在 2019 年中国居民收入与财富调查样本的失业群体中,对就业市场呈现乐观看法的有 371 人,其中男性 155 人,女性 216 人;对就业市场呈现一般看法的有 980 人,其中男性 367 人,女性 613 人;认为就业市场不理想的有 272 人,其中男性 102 人,女性 170 人。从中可以看出,对就业市场持有一般看法的人数最多,占比为 60.38%,其次是认为就业市场乐观,占比为 22.86%,认为就业市场不理想的人数最少,占比为 16.76%。由图 2-36 可以看出,认为市场就业情况乐观的男性多于女性,认为就业市场情况一般和不理想的男性少于女性。根据调查来看,认为就业市场环境不理想的人数相对较小,认为市场环境较好和一般的达到了 83% 以上,这一点虽然相比 2018 年的情况有所恶化,但仍然反映了近年来的就业市场重新具有了活力。再加上政府近期对就业市场连续出台的一系列政策,能够提振城乡失业人员重新就业的信心。

表 2-34　　　　　　　　　对就业市场的看法　　　　　　　　　单位：人

性别	乐观	一般	不理想
男	155	367	102
女	216	613	170
总计	371	980	272

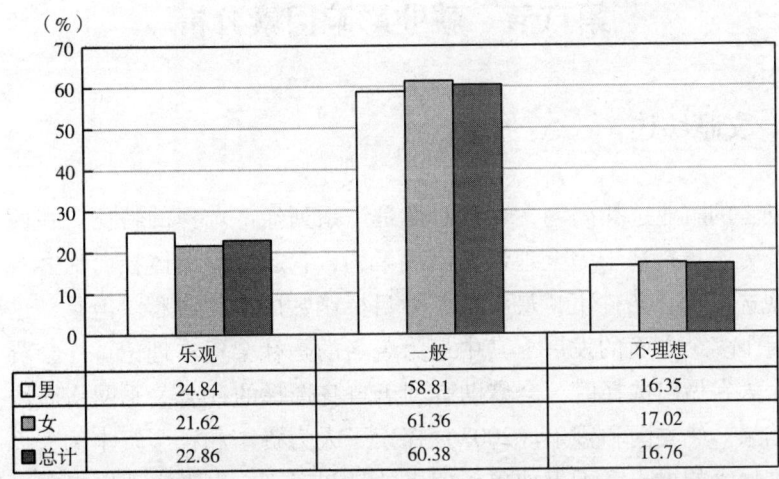

图 2-36　对就业市场的看法

八、父辈与子女的职业关系

表 2-35 描述了父辈与子女的职业关系。子女职业和父母一样的有 79 人，其中男性 46 人，女性 33 人；子女职业和父母不同的有 579 人，其中男性 275 人，女性 304 人。由此可见，87.99% 的子女职业与父母不同，只有 12.01% 的子女职业与父母相同，子女工作与父辈工作之间没有太大的相关性。

表 2-35　　　　　　　　　父辈与子女职业的关系

性别	与父辈职业相同（人）	比例（%）	与父辈职业不相同（人）	比例（%）
男	46	14.33	275	85.67
女	33	9.79	304	90.21
合计	79	12.01	579	87.99

这说明，职业的社会阶层流动假设并不成立，就业代际传递程度不高。分

别来看,男性与父辈职业相同的比例为14.33%,女性与父辈职业相同的比例为9.79%,可见男性职业与父辈相同的比例高于女性。这说明职业的阶层固化现象相比2018年有所缓和,因为子女的职业流动是缩小居民收入差距的一个重要因素。

第六节 就业影响因素分析

一、文献综述

劳动者的就业选择问题,可以看作是一系列经济选择的特例。在西方经济学中,个人选择是基于完全理性做出决策的,它起源于个体在面临客观约束条件和主观选择集合条件下,最大化某个目标函数的决策过程。但是,这种理论逐步获得了多个方面的发展。其中最为著名的是社会资本理论。社会资本理论认为,个人在做出选择时,会借助有利于自身选择的社会关系网络获取对自身有利的结果。姚先国和盛乐(2003)探索了人力资本和社会资本的关系,认为人力资本概念的提出,不仅抽象了资本的最初定义,也为实现资本向更广义形式的扩展创造了条件,更为社会资本的产生奠定了词源基础;并概括了社会资本形成的相关理论,包括格拉诺沃特的社会资源理论、林南的体制化关系网络资源理论、布迪厄的投资策略理论、科尔曼的社会结构资源理论、普特南的社会组织信任、规范和网络理论,以及波茨的社会结构中个人动员稀缺资源的能力理论。

基于社会资本理论,许多中国学者从劳动力市场分割的角度研究了城乡劳动力的就业选择。李芝倩(2007)将中国城乡劳动力市场分割概括为人力资本型分割与户籍型分割,发现劳动力市场分割、城乡人均占有土地差距和工资率都会影响农村劳动力流动。马莉萍和岳昌君(2011)研究发现,高校毕业生的就业流向在劳动力市场分割的影响下,存在就业部门、职业与工作起薪的相互隔离现象。宁光杰(2012)印证了劳动力市场双重分割假说,导致双重分割的主要原因是进入壁垒限制和融资约束。不仅如此,劳动力市场分割也存在内部的结构现象。宋锦和李实(2013)研究认为,户籍一元化改革会降低本地的就业户籍壁垒,却加剧了本地与外地之间的就业户籍壁垒。王维国和周闯(2014)发现了劳动力市场分割与就业歧视的交互作用,城镇劳动力市场存在显著的就

第二章 就 业

业性别歧视，家庭内部配偶就业概率低于户主，家庭内其他人的收入对男性就业概率有显著促进作用。张川川和赵耀辉（2014）发现年龄因素不会加剧劳动力市场分割，高年龄段人口就业的增加会提高年轻人就业，而且对青年工人的工资水平有显著正向影响。刘峰和魏先华（2015）利用 CHNS 数据研究了个人的健康状况、生活质量水平、教育程度、年龄、性别以及城乡户籍差异等因素对就业的影响，其中最显著因素在于受教育程度和性别的差异，是影响职业选择的最重要原因。孙婧芳（2017）研究发现，农民工的教育回报率从 2001～2010 年大幅度提高，教育回报率大幅度提高，工资决定机制正在趋同，但是农民工进入公有单位时依然受到歧视，就业隔离依然存在。王粲成和杨子强（2018）采用 2015 年中国城乡困难家庭入户调查数据和社会生态系统理论研究发现，我国城市贫困青年劳动力不仅存在严重的无业失业问题，而且还面临着较高的无业失业风险。陈斌开和陈思宇（2018）发现宗族文化只是显著提高了移民进入低端服务业的概率，构建现代契约社会下的信任文化是顺利推进新型城镇化的重要保障。

从这些研究来看，社会资本理论通过社会网络连接与社会资源动员能力，将人力资本作用的发挥归结为制度性因素、区域性因素、经济结构因素和家庭社会学因素。

除社会资本理论以外，基于经济结构变迁与就业系统转换等宏观环境的研究，也解释了劳动力的被动择业问题。陆铭、高虹和佐藤宏（2012）研究发现，城市发展的规模经济效应有利于高技能组和低技能组的劳动力概率，对中等技能水平劳动力就业没有影响。陈斌开和林毅夫（2013）认为，旨在鼓励资本密集型部门优先发展的政府战略，造成城市部门就业需求的相对下降，延缓了城市化进程，使得中国城乡差距在 1978～2008 年出现先下降后上升的 U 形规律。丁守海（2014）发现中心城市辐射带动地区的非自愿型失业明显减少，但脱离周边城市协同效应而孤立城镇化的地区，其非自愿型失业反而会加剧。欧阳博强和张广胜（2018）发现受教育水平高、家庭经济状况好、居住区域占优的农民工进入高层级工作岗位的可能性更大，但是农民工年龄与职业层晋升之间呈现 U 形关系。郭凯明（2019）认为，人工智能服务或人工智能扩展型技术提高，都会促使生产要素在产业部门间流动，但是生产要素流动方向取决于不同产业部门在人工智能产出弹性和人工智能与传统生产方式的替代弹性差别，这种结构变化最终导致了劳动就业结构和收入份额的变动。邵敏和武鹏（2019）研究发现，在出口导向经济发展模式下，我国农民工的就业稳定性差，且人力资本越高的农民工,主动转换工作的概率越大,导致我国无法形成足够规模的高技能产业工人,不利于产业结构升级。张鹏、张平和袁富华(2019)也认为,中国目前维持型的就业系统内生于中国低价工业化追赶模式,虽然具有历史合理性,但在就业系统转型过程中,大量劳动力漂移于低端部门,导致人力资本在漂移中的不断耗散,形成中国向高质量增长阶段的极大障碍,新的就业制度组织应该逐步建立分享型的就业系统,有利于人力资本的持续积累。

结合以上的论述以及2019年中国居民收入与财富调查的样本数据,本章选择了年龄、性别、受教育程度、工作地区、政治面貌、婚姻状况、民族状况和居民健康程度等因素,考察上述因素对人力资本积累的影响和劳动力的就业选择。

二、模型建立

基于以上文献和2019年调查数据,分别从社会资本因素以及经济结构因素来构造解释变量集合,在全国范围内考察了年龄、教育程度、工作地区、性别以及地域对人们择业方向的影响。在这里使用工作地区取代以往使用的户籍变量,是因为城乡人口频繁地流动,使得户籍因素逐步让位于工作地区对择业方向的影响。

建立多个二元选择的回归模型,分别对就业类型进行0~1的变量分类。根据表2-1所示的就业结构,我们将就业类型划分为5种:农业工作;个体或私人经营;受雇于他人;零、散工;自由职业者。然后分别就这几种职业进行选择分析。

建立一个多项选择的计量模型为:

$$y_i = \beta_0 + \beta_1 x_1 + \beta_2 x_2 + \beta_3 x_3 + \beta_4 x_4 + \beta_5 x_5 + \beta_6 X + \varepsilon_i; i = 1,2,3,4,5$$

其中,y_i表示不同的就业类型,将其按照不同的就业方向作0~1离散化处理;x_1表示年龄;x_2表示教育程度;x_3表示工作地区,其中城镇地区取1,农村地区取0;x_4表示性别,男性取1,女性取0;x_5表示地区分类,对其进行离散化处理,东部作为基准,中部地区和西部地区分别取虚拟变量;X为其他控制变量,包括政治面貌、婚姻状况、民族和居民健康程度等;ε_i为误差项。

三、实证结果

首先使用Stata做Logit回归,获得就业选择影响因素的回归结见表2-36。

第二章 就 业

表 2-36　　　　　　　　　　　就业选择的影响因素

变量	(1) 农业工作者	(2) 个体或私人经营	(3) 受雇于他人	(4) 零、散工	(5) 自由职业者
年龄	0.053 *** (0.007)	-0.015 *** (0.004)	-0.003 (0.004)	-0.018 *** (0.007)	-0.014 (0.009)
受教育程度	-0.272 *** (0.037)	-0.291 *** (0.017)	0.389 *** (0.015)	-0.524 *** (0.041)	-0.119 *** (0.035)
工作地区	-3.505 *** (0.163)	0.388 *** (0.076)	0.947 *** (0.068)	0.042 (0.126)	0.164 (0.170)
性别	-0.172 (0.115)	0.097 (0.062)	-0.235 *** (0.057)	0.901 *** (0.126)	0.101 (0.134)
中部地区	0.390 *** (0.127)	-0.152 ** (0.069)	-0.172 *** (0.063)	0.372 *** (0.136)	0.712 *** (0.145)
西部地区	0.148 (0.146)	-0.069 (0.084)	-0.268 *** (0.077)	0.807 *** (0.141)	0.232 (0.195)
个体数量	7512	7512	7512	7512	7446

注：* 表示 $P<0.10$，** 表示 $P<0.05$，*** 表示 $P<0.01$。回归控制了其他变量，括号中显示的是标准误。

1. 对农业工作选择的影响分析。表 2-36 中第（1）列为对农业工作选择影响因素的回归结果。首先分析年龄的影响，通过回归得到年龄的影响系数为 0.053，且在 1% 显著性水平上显著为正，这说明随着年龄的增长，从事农业工作的概率会大幅度增加，只是这是一种非线性的概率变化。然后是受教育程度的影响，受教育程度的影响系数为 -0.272 且在 1% 水平上显著为负，这说明从事农业工作与受教育程度显著负相关。再从工作地区来看，在城市地区工作的就业人员，其从事农业工作的概率会大幅度减小，影响系数为 -3.505，显著为负，这说明尽管户籍因素的影响减小了，但是城乡之间在职业上的地理分割还是非常严重的，政府仍然需要采用相应的财税政策调节人员流动和职业选择，让农民职业与身份地位象征相分离。从性别方面来看，性别因素对是否从事农业工作影响不显著。从地域因素来看，相比作为基准组的东部地区，中部省份劳动者从事农业工作的概率就要大非常多；但如果就业人员在西部省份，那么这种差异就不显著。这是因为我国中部地区（如河南、湖北、湖南、安徽、江西等省份）承担了主要粮食产区的责任，这既有地理原因，也是历史文化发展的结果。西部省份之所以与东部省份差别不大,可能与取样存在选择性偏误有关,即容易获取的样本更可能是来自西部地区城镇人口。总体来看:在农村地区工作的群体更容易选择农业工作;男性从事农业工作的概率与女性相差并不显著;中部地区的就业群体相比而言更容易选择农业工作;随着年龄增长,从事农业工作的概率会非线性增长;最后,从事农业工作的概率也会随受教育程度的提高下降。

2. 对个体或私人经营的分析。表2-36中第(2)列对个体和私人经营选择的影响因素。首先分析年龄的影响。年龄的影响系数为-0.015,显著为负,说明随着年龄增加,从事个体或私人经营的概率在下降。从受教育程度来看,受教育程度的影响系数为-0.291,显著为负,说明就业人员的学历越高,从事个体或私人经营的可能性也在下降。从工作地区来看,在城市地区从事个体或私人经营的影响系数为0.388,显著为正,说明在城镇地区就业的人群比农村地区工作更容易选择从事个体或私人经营,这可能是因为城镇地区人口集聚程度高,市场规模大,创业成功的可能性也更大。从性别来看,男性和女性从事个体或私人经营工作的概率相差不显著。从工作地域因素来看,中部地区参数显著为负,西部地区不显著,从这里可知中部地区人群从事个体和私人经营的可能性要显著低于东部地区,这或许得益于东部地区相对完善的创业体系和创业环境。总体来看,在城镇地区就业的人员更容易选择个体或私人经营,男性从事个体和私人经营的可能性与女性没有显著差异,在中部地区工作的就业人员选择个体或私人经营的概率要低于东部地区,个体或私人经营的可能性会随着年龄增长和受教育程度的提高而下降。

3. 对受雇于他人的分析。表2-36中第(3)列为就业人员选择受雇于他人的影响因素分析。首先分析年龄的影响,发现年龄因素并不显著,这说明各年龄段在选择受雇于他人方面并不存在显著差异。从受教育程度来看,教育程度的影响系数为0.389,并且显著为正,说明受教育程度与劳动者受雇于他人的概率正相关,受教育程度的提高有助于积累人力资本并在劳动力市场获得较高的工资溢价,从而获得高收入。从工作地区来看,在城镇地区工作的虚拟变量系数为0.947,显著为正,说明城镇地区由于市场规模大,相比农村地区具有更高的找工作机会。在性别方面,性别变量的影响系数为-0.235,显著为负,这说明男性相比女性更容易受雇于他人。从地域因素来看,取东部地区为基准组,中部地区和西部地区的影响系数都显著为负值,这说明,中部地区和西部地区劳动者受雇于他人的可能性都相较于东部地区要小。具体来看,中部地区的虚拟变量系数为-0.172，西部地区的虚拟变量影响系数为-0.268，这说明劳动者选择受雇于他人的概率在东部、中部和西部地区依次递减，因此地域因素可以看作市场规模和市场化程度的显性指标。总体来看，城镇地区群体更容易选择受雇于他人，处于东部地区的就业人口更容易选择受雇于他人，男性劳动者更容易选择受雇于他人，劳动者受雇于他人的可能性与年龄关系不大，但会随着教育程度的提高而上升。

4. 零、散工影响因素分析。表2-36中第（4）列为劳动者成为零、散工的选择影响因素分析。首先分析年龄的影响，年龄的影响系数为-0.018，显著为负，这说明随着年龄的增加劳动者成为零、散工的概率会下降。从受教育程度来看，受教育程度的影响系数为-0.524，显著为负，说明劳动者选择做零、散工的概率与受教育程度显著负相关。这表明受教育程度的提高，劳动者获得稳定工作的机会会变大。从工作地区来看，城镇地区的影响系数不具有统计显著性，说明城镇就业人员和农村就业人员在从事零、散工就业上的可能性不存在显著差异。从性别上看，男性虚拟变量显著为正，说明男性更容易选择从事零、散工。从地域因素来看，中部地区和西部地区的虚拟变量都显著为正，而且西部地区的虚拟变量系数高于中部地区，这说明西部地区获得全职工作的机会相比东部和中部地区都要少，同时东部地区也比中部地区的就业机会多。总体来看，农村地区就业人员从事零、散工的可能性要高于城镇地区就业人员，东部地区就业人员获得全职工作机会高于中部地区，中部地区又高于西部地区，男性劳动者从事零、散工的概率显著高于女性。最后，劳动者从事零、散工的可能性随着教育程度的提高而下降。

5. 自由职业者影响因素分析。表2-36中第（5）列为劳动者选择成为自由职业者的影响因素分析。可以看出，年龄、工作地区、性别因素都不够显著。从受教育程度来看，受教育程度的影响系数为-0.119，显著为负，说明教育程度与劳动者从事自由职业的概率负相关，随着教育程度的提高，劳动者成为自由职业者的可能性下降。从地域因素来看，中部地区虚拟变量影响系数为0.712，显著为正，说明中部地区劳动者成为自由职业者的概率高于东部地区，西部地区虚拟变量的影响系数不显著。总体来看，中部地区由于就业机会少于东部地区，劳动者选择自由职业的概率高于东部地区，西部地区本身社会不发达，劳动者选择自由职业的社会条件也不成熟。最后，劳动者从事自由职业的可能性随着教育程度的提高而下降。

其他的控制变量包括政治面貌、婚姻状况、民族状况和健康程度等。研究发现，政治面貌为共产党员的劳动者，更容易选择从事农业工作，或者为他人所雇用，更不容易选择从事个体或私人经营，或者是从事零散工、自由职业者。婚姻状况对职业选择并不具有显著影响，在民族状况方面，汉族同胞从事农业生产的概率低于少数民族同胞，但从事个体和私人经营的概率高于少数民族同胞。在受雇于他人，从事零、散工和自由职业方面，汉族同胞和少数民族同胞之间不存在显著差异。这说明，在部分职业中，缩小收入差距同时还要考虑缩小不同民族之间的收入差距。从汉族同胞和少数民族同胞从事的职业来看，加快民族地区经济结构转型，提升非农就业比重，是增加少数民族同胞收入的重要途径。从健康程度来看，健康程度不显著影响劳动者从事农业工作、受雇于他人或者自由职业的选择，但是健康程度越高，选择从事个体和私人经营的可能性就越高，选择从事零、散工的概率的可能性就越低。这说明，为了稳定从事个体和私人经营，对于就业人员的身体健康提出了更高的要求。

四、结论与建议

上述研究发现，劳动者的职业选择受到多种因素的影响，而且不同因素在影响不同职业选择时的统计显著性和经济显著性都存在较大差异。总体来看，受教育程度越高，受雇于他人并获得高收入的可能性越大。所以政府应该进一步促进教育事业发展，增加教育投入，尤其是增加对农村地区和少数民族地区的教育投入，实现教育公平。工作地区差异也会影响就业群体的择业方向，这要求在政策上要进一步消除城乡差距，消除户籍歧视，提供相对公平的社会保障与社会福利。从地域来看，我国东部、中部、西部社会发展状况不平衡，就业机会相差很大，为了优化就业结构，还要进一步促进区域协调和实现共同发展。

第七节 本章小结

2019年中国居民收入与财富调查涵盖了对中国居民就业状况的调查。本章从就业状况、农业生产者状况、个体或私人经营状况、受雇于他人的状况和失业的状况这五个方面反映中国居民的就业情况。从全国的就业分布来看，从事农业工作的就业群体占比为7.33%，个体或私营企业就业群体占比为20.69%，受雇于他人或单位的占比为63.73%，零、散工占比为4.92%，自由职业者占比

第二章 就 业

为3.33%。从就业结构来看,全国范围内,农村地区的平均就业年龄均高于城镇地区平均就业年龄,这种年龄差距在农业工作者中表现得最明显。与2018年明显不同的是,2019年农村地区所有就业人员平均年龄上升,但城镇地区所有就业人员的平均年龄却有所下降。这表明新生代劳动力已经逐步进入城镇的劳动力市场,全部劳动力的年龄结构反映到了城乡地区差异。

从就业人员的月收入情况来看,在2019年中国居民收入与财富调查样本中,全国就业人员平均月收入为8251.18元,城镇地区就业人员平均月收入为9268.19元,农村地区就业人员平均月收入为4436.92元。显而易见,尽管城镇地区和农村地区就业人员平均月收入相比2018年有了显著增加,但仍然存在较大的差距。这其中,受雇于他人的劳动者收入者的平均收入最高,但农业工作者的平均收入最低;一般而言,随着劳动者学历的提高,收入也在增加,但博士学历人群平均月收入略低于硕士学历人群。从户籍状况来看收入,发现居民户口的平均收入高于非农业户口,非农业户口平均收入和军籍户口的平均收入高于农业户口。

从失业群体的情况来看,2019年中国居民收入与财富调查的样本中,有2376人没有工作。在失业群体中,有84.74%的失业群体未登记失业,未登记的最重要原因是不知道要去登记。此外,有97.24%的失业人群没有申请就业援助,最重要的原因就是不知道有就业援助政策。

本章还依据样本数据对就业人员就业类型选择进行了简要的计量分析,考察了年龄、学历、工作地区、性别、地域因素、政治面貌、婚姻状况、民族状况和身体健康程度等对就业群体择业的影响分析。依据上述的研究结果,提出以下政策建议。

第一,着力构建良好的营商环境,营造良好的创新创业环境,促进企业发展,增加各种就业渠道。降低土地租金成本,优化优惠贷款结构,合理设计税收优惠和经营用地优惠的政策组合;推进"双创"示范基地建设,注重创业孵化器的引领作用,注重创业支持和创业保障的协调配合;推动省内经济开放和省际经济开放的同步运行,促进要素自由流动与高效合理配置,释放要素潜能;合理界定一般纳税人和小规模纳税人财税政策,精确实施减税降费政策,切实降低创业企业的经营负担。

第二,增加教育投入,提高劳动者的受教育水平,增加劳动者晋升发展的机会。积极开发人力资源,消除就业的性别歧视、地区歧视。做好职业技能培训,尤其注重青年就业人员和失业人员再就业工程的培训工作,提高劳动者素质，增强失业者就业信心，消除持续失业现象。加大失业登记制度和就业援助政策的宣传力度，运用互联网信息技术和电商平台等手段，建立就业信息服务大平台，拓展就业空间，改善职业分布结构，尤其注重开发经济新业态的就业潜能。增加财政投入，增加就业市场信息基础设施的供给，通过积极向社区倾斜，广泛持久深入地开展就业岗位开发服务，提高公益性就业服务的普惠程度。保障劳动者合法权益，扩大社会保险和住房公积金缴存覆盖面，降低社会保障和福利等非工资性收入差距引起的贫富分化。

第三，加快农村经济和县域经济发展，建立统一的城乡劳动力市场。加强对农业生产保险支出的扶持力度，增加对养殖业疫情防控支出，稳定肉类生产，增加适用性强、抗风险能力强的应用技术推广；在提升农业生产效率的同时，扩大农产品销售市场，积极培训农户，发展农产品电商销售，扩大绿色农产品市场销售规模；增加农业关键基础设施建设投入，建立与之配套的应急响应机制，调动农户参与的积极性；推动农村劳动力市场信息化建设，促进农业生产性服务业的发展，切实增加农民收入。

第三章

家庭收入

第一节 引 言

影响居民收入分配的原因是多方面的，个人收入不仅与个人禀赋特征有关，还与所有制结构、市场结构、地域环境、家庭资产配置、单位福利待遇等因素密切相关。对中国收入分配及不平等的研究文献甚多。收入分配制度作为中国经济转型的重要组成部分，在改革开放40年来发生了重大变化，收入分配制度的变化影响着收入分配差距，2008年以前，中国居民收入差距持续扩大，2008年后，缩小收入差距的新因素逐渐显现（李实和朱梦冰，2018）。

贺寨平（2015）利用2006年"中国社会总和调查"数据，通过改进的回归分解技术，发现人力资本会会随着城市的市场化程度的提高而增值，其中，市场化会加大教育对收入影响的作用，工龄的作用则会降低。刘生龙（2008）运用分位数回归方法估计了明瑟方程，发现教育回报率随着收入水平提高呈现出下降的趋势，而经验的回报率则相反，即教育收益率随着收入等级的提高而下降。而张车伟（2006）利用2004年7月在上海、浙江和福建三省份的调查数据的分析结果表明，教育收益率随收入分布状况而变化，表现为收入越高的人教育回报率越高，而收入越低的人教育回报率也越低，并呈现出明显的让"富有者更富有、贫穷者更贫穷"的"马太效应"。王春超和叶琴（2014）利用2000~2009年的"中国居民营养和健康调查"数据，发现城市劳动者在2000~2009年，教育对收入的回报率上升了1.074倍，农村劳动者的教育回报率较低。党员收入比非党员高，其收入优势从1988年的9.7%上升到1995年的12.9%；干部的收入在1988年比工人高9.1%，到1995年，提高到14%。严善平（2017）

利用"中国家庭收入调查"数据,发现党员身份和教育对于农村和城镇居民收入的均有显著的正向影响,其中,该正向效应在农村居民中趋向弱化,但在城镇居民中趋向强化。

有学者(Wu and Xie,2003)采用1996年的"当代中国的生活史和社会变迁"调查数据的研究结果表明,市场部门的教育的回报高于国有部门,市场部门劳动者的收入比国有部门高49%,教育的收入回报约为5%,党员的收入比非党员高11%。还有的学者(Zhou,2000)提出了一个政治和市场共同演化的概念模型,通过对中国20个城市1955~1994年收入的决定因素分析,针对面板数据的研究发现,在改革前(1955~1984年),受过大学教育或高中教育的收入分别比小学或文盲高出11%和8%,而在改革期间(1987~1994年),受过大学教育或高中教育的收入分别比小学或文盲高23%和17%;党员收入比非党员高6%;改革前高级干部的收入比非技术工人高7%;无论是改革前还是改革期间,相对集体企业,私营混合企业职工的收入高出近26%,中央直属企业高出15.3%。

崔友平(2015)从垄断行业在利润获取、价格制定、利益分配等方面出发,分析了行业行政垄断对收入分配的影响,认为行政垄断是导致我国收入差距的重要原因。于良春和菅敏杰(2013)应用费景汉-拉尼斯分解方法测算垄断对收入差距的贡献度,结果显示,2009年垄断对收入差距的贡献度达到了78.60%,2010年贡献度虽略有下降,但仍超过70%。

国内学者将居民家庭金融资产配置情况纳入影响收入差距因素的范畴,王书华和杨有振(2015)在有关学者关于(Lewis,1954;Galbis,1977)二元经济结构模型的基础上,构建了我国城乡居民家庭收入和金融资产配置的两部门模型,发现城乡居民金融资产配置与居民收入差距的动态影响呈倒U形动态轨迹,在金融资源发展初期,金融资产配置会扩大农村与城市之间的收入差距,而从长期来看,金融的发展会缩小该差距,作者利用1997~2010年来28个省份的城乡面板数据通过空间系统回归方法验证了该结论。鲁春义(2014)认为,金融化程度对收入差距影响显著,具体表现为适度的金融化对降低收入不平等有重要作用,而金融化过度发展则会加剧收入不平等。

为了研究不同因素对居民收入回报的影响,在本章的研究中,根据中南财经政法大学收入分配研究中心在2019年暑期完成的2018年中国居民收入与财富调查问卷数据分析了中国居民家庭的收入状况。本章余下内容安排为:第二节分析了中国居民收入概况,第三节至第六节分别分析了家庭工资薪金收入、经

第三章 家庭收入

营性收入、财产性收入、转移性净收入，第七节分析了居民收入的影响因素，第八节是本章小结。

第二节 中国居民收入概况

一、家庭总收入

根据最新的《堪培拉手册》（第二版），家庭总收入包括工资薪金收入、经营性收入、财产性收入和转移性净收入。如图3-1所示，我国家庭户均总收入为134970元，户均收入中位数为95720元。分城乡看，城镇家庭户均总收入为159633元，收入中位数为117000元；农村家庭户均总收入为101605元，收入中位数为73475元。

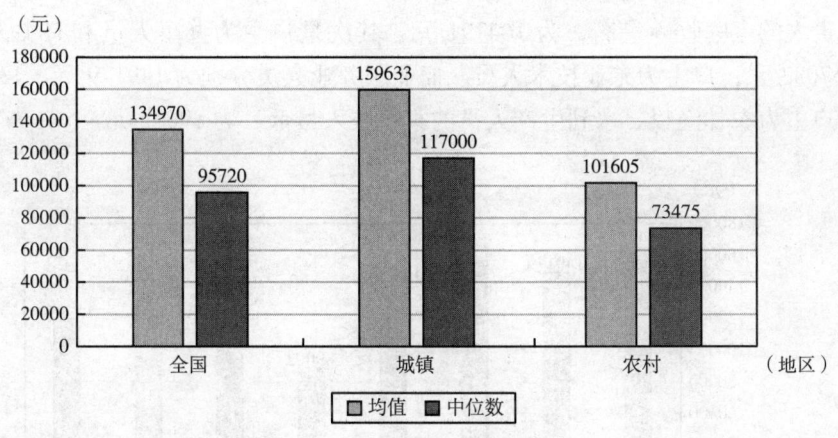

图3-1 家庭户均总收入

全国家庭人均收入38888元，中位数为26467元，其中，城镇家庭人均收入47756元，收入中位数为34917元；农村家庭人均收入26973元，收入中位数为18619元。

图3-2报告了户主不同受教育程度的家庭收入。从户主学历看，随着学历的提高，家庭户均收入呈上升趋势。户主未上过学的家庭户均收入最低，为62339元，户主学历为中专、大专、本科、研究生的家庭户均收入均多于前一组且增幅逐步扩大，户主学历为研究生的家庭户均收入最高，为230486元，是户主未上过学家庭的3.7倍。

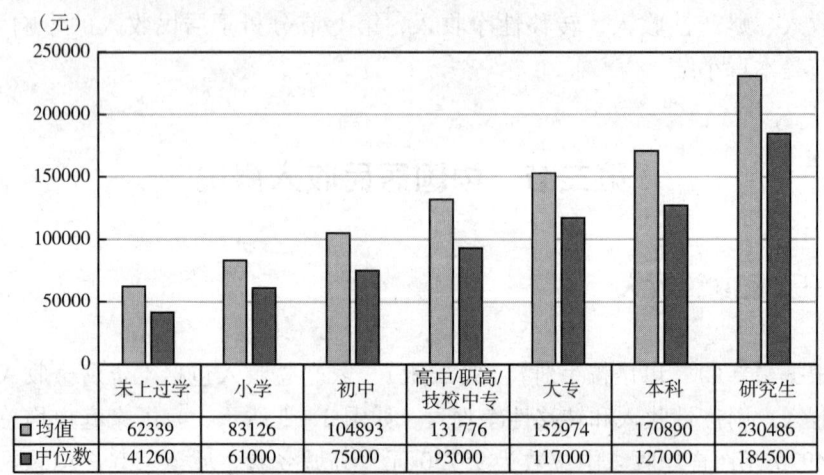

图3-2 户主学历与家庭户均收入

如图3-3所示,从户主从事职业看,户主为国家机关党群组织、企事业单位负责人的家庭收入最高,为164791元;其次是户主为办事人员和有关人员,为157033元;户主为专业技术人员、商业服务业人员分别为149179元、135379元;户主为农林渔牧、水利生产人员的家庭收入最低,为89002元。

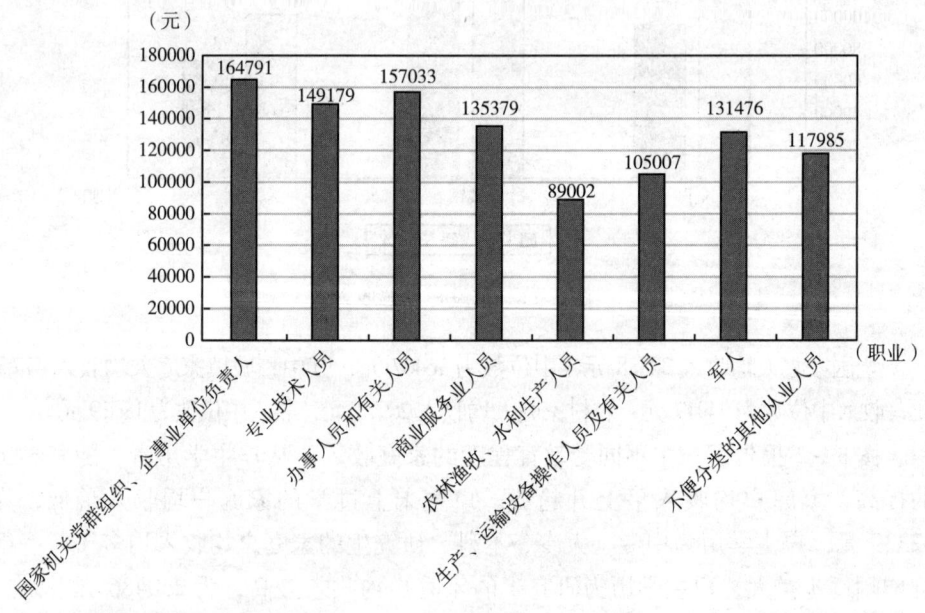

图3-3 户主职业与家庭户均收入

第三章 家庭收入

如图3-4所示,从行业看,不同行业的家庭户均收入差异较大。户主就职于金融业的家庭总收入最高,为204942元;其次为公共管理和社会组织、教育,分别为152360元和147668元,制造业,批发和零售业,卫生、社会保障和社会福利业、建筑业家庭户均收入均达到13万元以上,农林牧渔业家庭户均收入最低,为84410元,仅为金融业的41.19%。

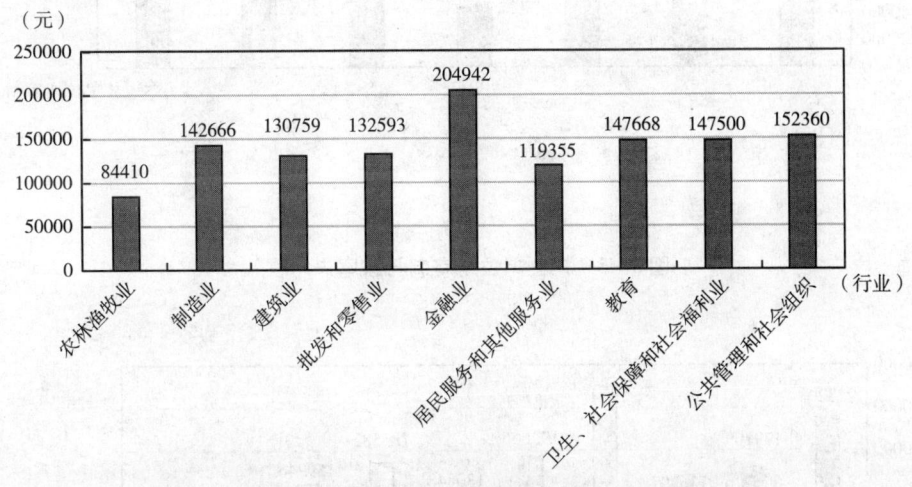

图3-4 户主行业与家庭户均收入

如图3-5所示,从户主所在单位所有制看,家庭户均收入由高到低依次为:国有控股或独资企业、党政机关、国家集体的事业单位、私营控股企业、私营独资企业、个人企业。国有控股企业家庭收入最高,为165403元,其次为国有独资的企业家庭,为159725元。党政机关、国家集体的事业单位家庭收入均达到150000元以上;户主为私营独资企业的家庭户均收入为116192元;户主为个人企业的家庭户均收入最低,为98737元。

如图3-6所示,从户主行政级别来看,处级及以上干部家庭收入最高,为238203元,其次为科级干部,为179109元,股级或科员较低,为136197元;从户主职务来看,企业高层及管理人员为274884元,显著高于企业中层管理人员和一般职员。从户主职称来看,户主为高级职称的家庭户均收入为185582元,随着职称的降低,家庭户均收入呈下降趋势,但各级之间的差距较户主级别和户主职务的差距小。

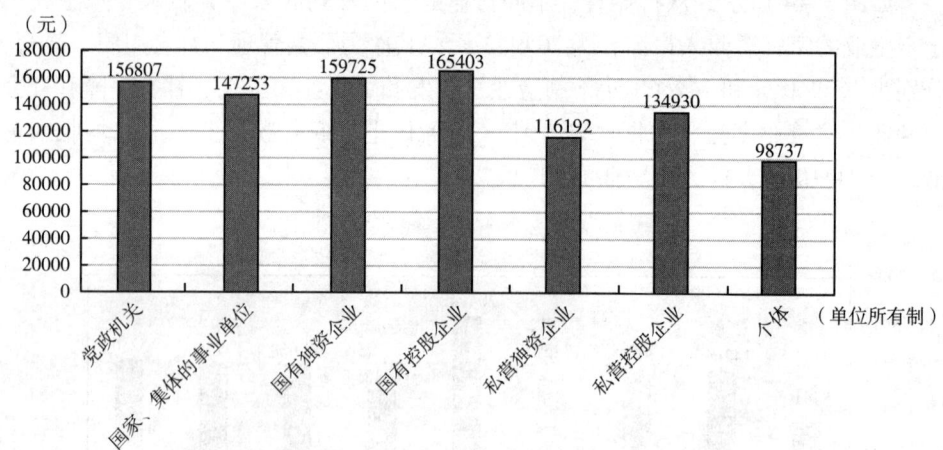

图3-5 户主单位所有制与家庭户均收入

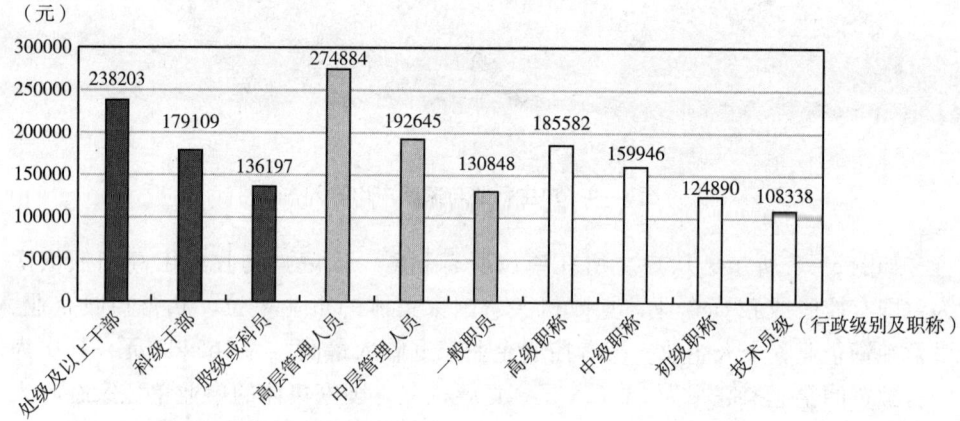

图3-6 户主级别与家庭户均收入

如图3-7所示,从政治面貌看,户主为民主党派人员的家庭户均收入最高,为180158元,其次是户主为中共党员的家庭户均收入为162047元,户主为共青团员的家庭户均收入为154370元。户主身份为群众的家庭户均收入最低,为123223元。总体而言,户主拥有政治身份的家庭收入明显高于户主为群众的家庭;在拥有政治身份的家庭中,不同政治身份家庭户均收入差别不大。

如图3-8所示,从民族看,户主为汉族的家庭户均收入为137234元,户主为少数民族的家庭户均收入为97205元。

第三章 家庭收入

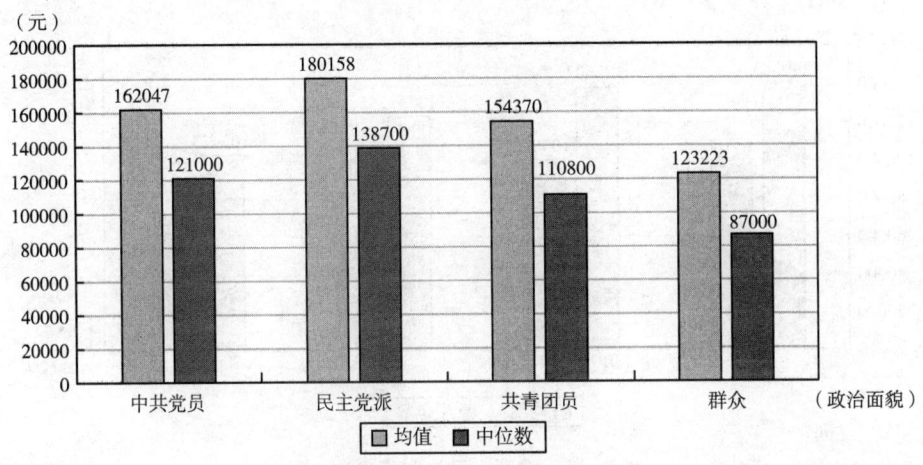

图 3-7 户主政治面貌与家庭户均收入

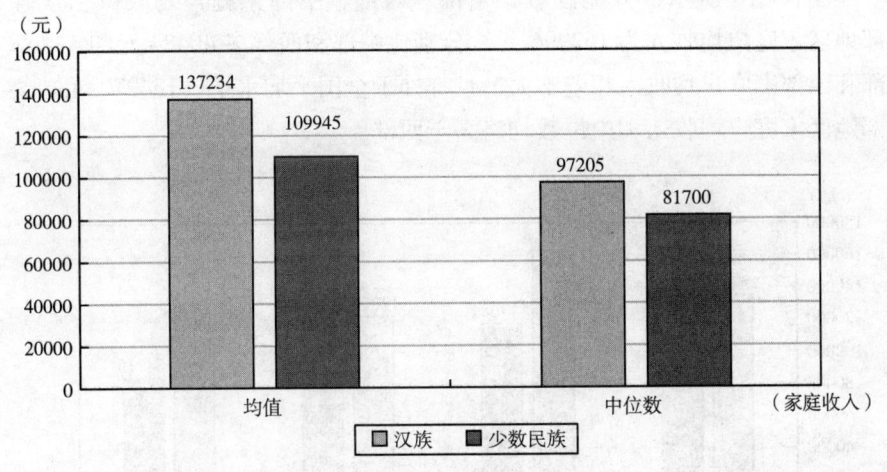

图 3-8 户主民族和家庭收入

问卷中有一项关于户主健康状况的调查，即 A401，与同龄人相比，您目前的健康状况：1 很健康，2 比较健康，3 一般，4 不健康，5 非常不健康。图 3-9 描述了户主为不同健康水平的家庭收入，户主为很健康的家庭户均收入最高，为 140383 元，随着健康水平的下降，家庭收入逐步递减，户主为不健康的家庭户均收入为 103423，为很健康家庭户均收入的 73.67%。健康作为一项重要的人力资本，与家庭收入存在明显的正向相关关系。

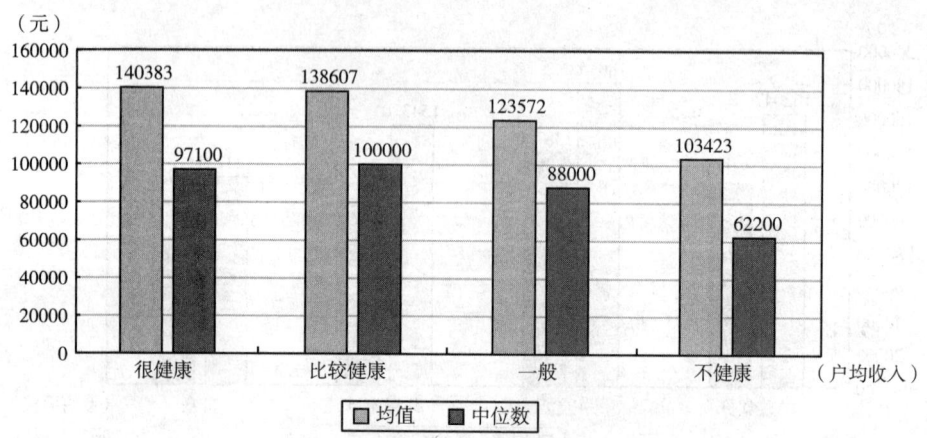

图 3-9 健康水平与家庭户均收入

如图 3-10 所示，分地区看，东部、西部、中部家庭户均收入依次递减，东部地区家庭户均收入为 162996 元，分别比中部和西部多 40484 元和 44897 元。中部和西部家庭户均收入相差不大，且都处于全国平均水平（134970 元）之下。中部地区家庭户均收入和中位数均略高于西部。

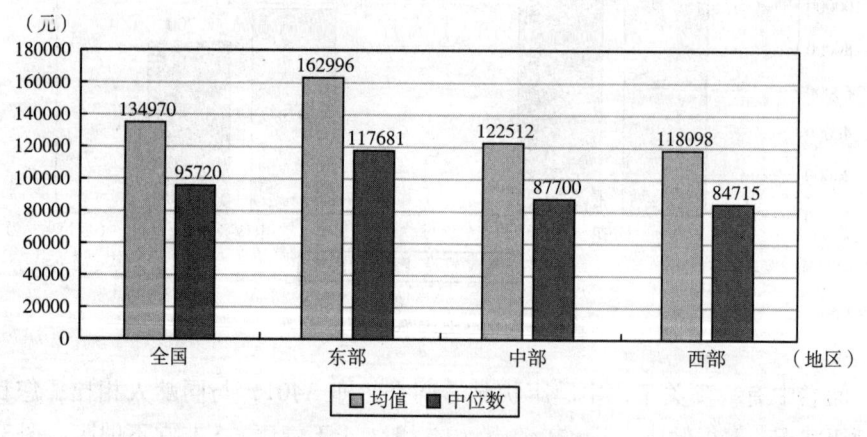

图 3-10 地区与家庭总收入

二、总收入结构

表 3-1 统计了家庭总收入的构成。全国家庭户均收入为 134970 元，其中：

第三章 家庭收入

工资薪金收入、经营性收入、财产性收入和转移性净收入分别为 92367 元、36132 元、12241 元和 -5770 元①，工资薪金收入、经营性收入和财产性收入占家庭总收入的比重分别为 68.44%、26.77% 和 9.07%。家庭总收入中贡献最大的是工资性薪金收入，占总收入的比重的 2/3 以上，城市、农村家庭的工资薪金收入都占主导地位。经营性收入方面，城镇、农村家庭分别为 36092 元和 36186 元，农村家庭经营性收入占总收入的比重高于城镇家庭 13 个百分点，相比城镇家庭，经营性收入对于农村家庭而言更为重要。财产性收入方面，城镇家庭为 15997 元，占比为 10.02%，明显高于农村家庭的 7160 元和 7.05%，财产性收入是城镇家庭收入的重要来源。转移性收入方面，城镇家庭为 -8379 元，农村家庭为 -2241 元。从后文可知，城镇家庭由于社会保险费、住房公积金、赡养等方面的转移性支出较高，且非财政转移性净收入为负，致使户均转移性净收入为负数。农村家庭由于非财政转移性净收入为负，致使户均转移性净收入为负。

表 3-1　　　　　　　　　　家庭总收入构成

收入构成	全国		城镇		农村	
	均值（元）	比例（%）	均值（元）	比例（%）	均值（元）	比例（%）
工资薪金收入	92367	68.44	115922	72.62	60500	59.54
经营性收入	36132	26.77	36092	22.61	36186	35.61
财产性收入	12241	9.07	15997	10.02	7160	7.05
转移性净收入	-5770		-8379		-2241	
家庭总收入	134970	100.00	159633	100.00	101605	100.00

分收入等级看，按照家庭总收入分位数 0~20%、21%~40%、41%~60%、61%~80%、81%~100% 将所有样本家庭分为五个样本组，分别代表低收入、较低收入、中等收入、较高收入、高收入五个收入等级。低收入组家庭户均收入为 25423 元，低收入组家庭收入仅占全部家庭收入的比重为 3.76%；较低收入组家庭户均收入为 59978 元，占比为 8.88%。收入最低的 40% 家庭占

---

① 这里的转移性净收入包括财政性转移性净收入与非财政性转移性净收入两部分。其中，财政转移性收入包括领取的养老金或离退休金、工伤补助、提取的住房公积金、其他财政性转移收入，财政转移性支出包括缴纳的养老保险费、医疗保险费、失业保险费、住房公积金、个人所得税、缴纳给政府的其他费用；非财政转移性收入包括捐赠收入、赡养收入、赔偿收入、非财政其他经常性转移收入，非财政转移性支出包括捐赠支出、赡养支出、赔偿支出、非财政其他经常性转移支出。

全部家庭收入的比重仅为12.64%。较高收入组家庭户均收入为151005元,占比为22.35%;高收入组家庭户均收入为342840元,是低收入组的13.5倍,占比为50.74%,收入最高的40%家庭收入占全部家庭收入的比重达到73.10%(如图3-11所示)。随着收入等级的提高,不同样本组之间家庭户均收入的差距越来越大,高收入组的户均收入是较高收入组的2.27倍。

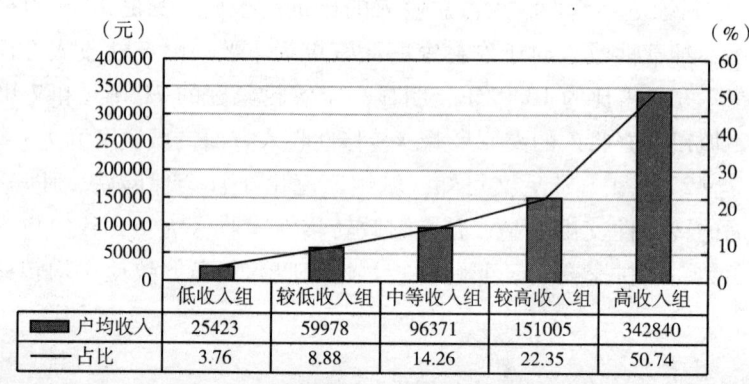

图3-11 不同收入等级家庭户均收入和总收入占比情况

表3-2和表3-3在按上述方法进行样本分组的基础上,统计了家庭各类收入总量和占比情况,高收入组工资薪金收入占总收入的比重为60.34%,低于低收入组7.29个百分点,低于较低收入组15.33个百分点,随着收入等级的提高,工资薪金收入占总收入的比重呈现先增加后下降的趋势。高收入组财产性收入为38006元,是低收入组的21.99倍,随着收入等级的提高,财产性收入在总收入中的比重大致呈逐步增加的趋势;转移性净收入也随收入等级的提高而逐步增加,低收入组、较低收入组、中等收入组、较高收入组的转移性净收入均为负数,表明当前转移性净收入更加集中于高收入群体。

表3-2　　　　　　　　　不同收入组的家庭户均收入　　　　　　　　单位:元

收入构成	低收入组	较低收入组	中等收入组	较高收入组	高收入组
家庭总收入	25423	59978	96371	151005	342840
工资薪金收入	24026	51172	75530	109989	201521
经营性收入	7362	13705	21297	37219	101317
财产性收入	1728	3525	6648	11395	38006
转移性净收入	-7693	-8423	-7104	-7598	1997

表3-3　　　　　　　不同收入组的家庭收入结构　　　　　　　单位：%

收入构成	低收入组	较低收入组	中等收入组	较高收入组	高收入组
家庭总收入	100	100	100	100	100
工资薪金收入	72.55	74.81	72.99	69.35	59.12
经营性收入	22.23	20.04	20.58	23.47	29.73
财产性收入	5.22	5.15	6.42	7.18	11.15
转移性净收入					0.59

三、收入差距

基尼系数是衡量一个国家或地区贫富差距、收入差距的重要指标，从0~1代表着物质财富分配的公平程度，各国的情形通常在0.2~0.8之间，其中0.4是国际公认的警戒线。图3-12报告了2018年全国、城乡以及东中西部地区的基尼系数。

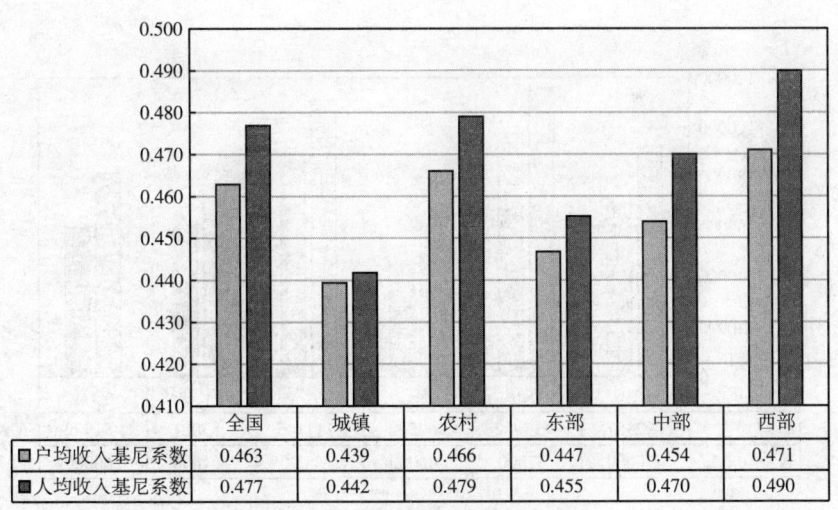

图3-12　全国居民收入基尼系数

经测算，全国家庭总收入基尼系数为0.463，家庭人均收入基尼系数为0.477，两者均已超过0.4的国际警戒线，表明我国居民收入差距较大。

分城乡看，农村家庭总收入基尼系数和人均收入基尼系数分别为0.466和0.479；城镇家庭总收入基尼系数和人均收入基尼系数分别为0.439和0.442。

分区域看,东部地区家庭收入基尼系数和人均收入基尼系数分别为0.447和0.455;中部地区家庭分别为0.454和0.470;西部地区分别为0.471和0.490。

第三节 工资薪金收入

工资薪金收入包括基本工资、奖金、津贴、过节费、购物卡等货币性收入,以及从雇佣单位取得的实物和服务价值。

一、城乡户均工薪收入

如图3-13所示,我国家庭户均工资薪金收入92367元,收入中位数为70000元。其中,城镇家庭户均115922元,收入中位数为97500元;农村家庭户均60500元,收入中位数为45000元。城市家庭户均工资薪金收入和中位数均达到农村家庭2倍以上。

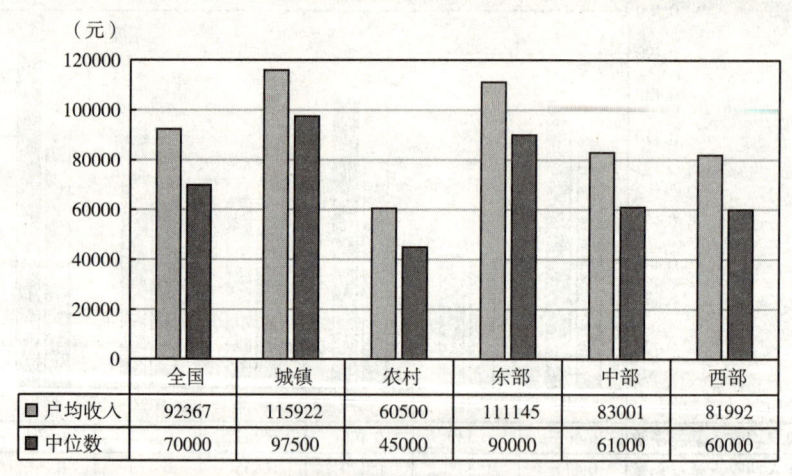

图3-13 全国城乡及各区域家庭工资薪金收入

二、东中西部地区户均工薪收入

分地区看,我国东部、中部、西部地区家庭户均工资薪金收入分别为

111145元、83001元和81992元，收入中位数分别为90000元、61000元和60000元，东部地区家庭工资薪金收入明显高于中部和西部，中部和西部家庭工资薪金收入基本持平。

三、教育与工薪收入

如图3–14所示，从户主学历看，随着户主学历的提高，家庭工资薪金收入总体逐步提升。户主没有上过学的家庭工资薪金最低，为40792元，随着学历的上升，家庭户均工资薪金收入逐步提高，户主为硕士研究生的家庭户均工资薪金收入最高，达到200899元。可以看出，学历与薪酬待遇呈正相关关系，并且学历提高带来的边际收益递增。

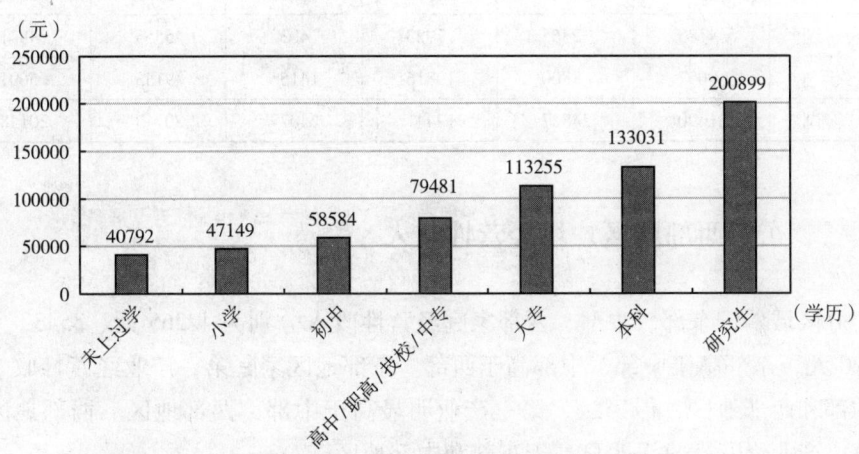

图3–14 户主学历与家庭工资薪金收入

第四节 经营性收入

经营性收入是指家庭通过经常性的生产经营活动取得的净收益，即生产经营毛收入扣除生产经营费用、生产性固定资产折旧、生产过程中所交的各种税费、所得税等成本及税费后的净收入。

一、城乡户均经营性收入

如表3-4所示,就全国而言,家庭户均第一、第二、第三产业经营性收入分别为4785元、9657元和21690元,分别占经营性收入的比重为13.24%、26.73%和60.03%。分城乡看,城镇家庭经营性收入为36092元,比农村低94元,其中,城镇家庭第三产业为24827元,比农村家庭多7380元,但城市家庭第一产业为2465元,比农村家庭低5458元。

表3-4 家庭户均经营性收入概况 单位:元

地区	全国	城镇	农村	东部	中部	西部
总计	36132	36092	36186	42265	35433	30590
第一产业	4785	2465	7923	4032	5555	4841
第二产业	9657	8800	10816	14156	9133	5601
第三产业	21690	24827	17447	24077	20745	20148

二、东中西部地区户均经营性收入

分区域看,东部、中部、西部家庭经营性收入分别为42265元、35433元和30590元,东部高于中部、中部高于西部。东部地区家庭第一产业经营性收入低于中部和西部地区,但第二、第三产业明显高于中部、西部地区。西部地区家庭第一产业经营性收入明显高于东部和中部地区。

第五节 财产性收入

财产性收入主要包括房屋租赁收入、利息净收入、有价证券红利和股息收入、土地经营权租金净收入、财产租赁收入等。

一、财产性收入水平

如图3-15所示,全国财产性收入户均为12241元。分城乡看,城镇、农村

第三章 家庭收入

家庭财产性收入均值分别为15997元、7160元,城镇为农村的2.23倍。分地区看,我国东部、中部、西部家庭财产性收入均值分别为17188元、9956元和9342元,东部地区远高于中部和西部,中部地区最低。从中位数来看,全国、城乡及各区域中位数远远低于均值,直观上表明财产性收入分配差距较大。

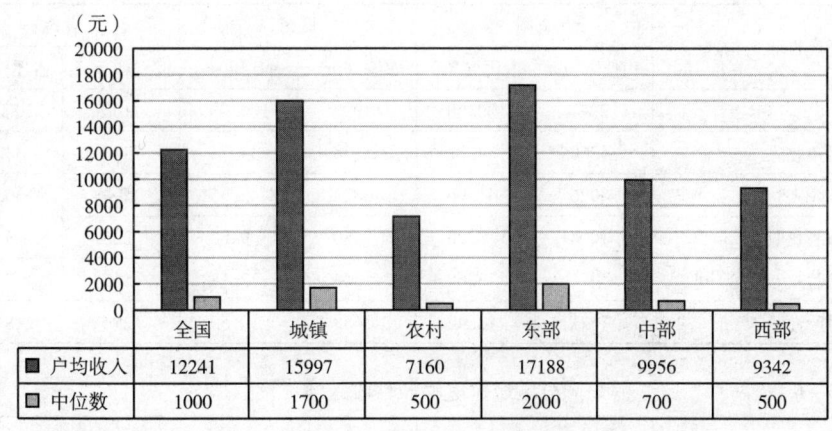

图3-15 家庭户均财产性收入概况

二、财产性收入结构

如表3-5所示,从全国来看,家庭户均利息净收入和房屋租赁收入分别为5026元和4250元,分别占家庭户均财产性收入的41.06%和34.72%。城镇家庭户均利息净收入、房屋租赁收入分别为6823元和5558元,分别是农村的2.63倍和2.24倍;城镇家庭户均红利和股息收入1580元,是农村的7.02倍,占比为9.88%,高于农村6.7个百分点;农村家庭户均土地经营权租金净收入为567元,高于城镇家庭219元,城镇家庭土地经营权租金净收入主要集中在户主拥有城市户口,但家庭成员仍为农村户口,并拥有集体土地经营权的少数家庭,因而户均收入较低。

如表3-6所示,分地区看,东部地区家庭户均房屋租赁收入为6225元,明显高于中部和西部地区,但占比为36.22%,与中部和西部地区相当;东部地区家庭户均利息净收入和红利股息收入分别为7040元和1398元,均远远高于中部和西部地区,占比分别为40.96%和8.13%,也高于中部和西部地区;土地经营权和租金净收入在各地区的财产性收入占比中最低,东部、中部和西部地区分别为3.21%、4.69%和3.27%。总体而言，虽然东部地区的各项财产性收入的绝对值要高于中部和西部地区，但是从构成比例来看，各地区相差不大，说明我国居民的财产投资渠道和投资行为基本相同。

表3-5　　　　　　　　　城乡家庭财产性收入情况

财产性收入构成	全国		城镇		农村	
	均值（元）	占比（%）	均值（元）	占比（%）	均值（元）	占比（%）
合计	12242	100.00	15997	100.00	7160	100.00
房屋租赁收入	4250	34.72	5558	34.74	2480	34.64
利息净收入	5026	41.06	6823	42.65	2594	36.23
红利和股息收入	1004	8.20	1580	9.88	225	3.14
土地经营权和租金净收入	441	3.60	348	2.18	567	7.92
其他财产性收入	1521	12.42	1688	10.55	1294	18.07

表3-6　　　　　　　　　分区域家庭财产性收入情况

财产性收入构成	东部		中部		西部	
	均值（元）	占比（%）	均值（元）	占比（%）	均值（元）	占比（%）
合计	17188	100.00	9956	100.00	9342	100.00
房屋租赁收入	6225	36.22	2705	27.17	3670	39.28
利息净收入	7040	40.96	4336	43.55	3625	38.81
红利和股息收入	1398	8.13	892	8.96	710	7.60
土地经营权和租金净收入	551	3.21	467	4.69	305	3.27
其他财产性收入	1974	11.48	1556	15.63	1031	11.04

第六节　转移性净收入

转移性收入是指国家、单位、社会团体对居民家庭的各种转移支付和居民家庭间的收入转移，分为财政转移性净收入和非财政转移性净收入。财政转移性净收入等于财政转移性收入减去财政转移性支出，财政转移性收入包括家庭领取的养老金和离退休金、社会救济和补助收入、政策性生活补贴、报销的医疗费、失业救济金、生育津贴、工伤补助、提取的住房公积金等，财政转移性支出包括缴纳的养老保险费、医疗保险费、失业保险费、住房公积金和个人所

第三章 家庭收入

得税等；非财政性转移性净收入等于非财政转移性收入减去非财政转移性支出，非财政转移性收入包括捐赠收入（含各类红、白、喜事的人情收入）、赡养收入（不含本家庭内部人员之间发生的赡养收入）、赔偿收入等，非财政转移性支出包括捐赠支出（含各类红、白、喜事的人情支出）、赡养支出（不含本家庭内部人员之间发生的赡养支出）和赔偿支出等。

一、转移性净收入总体情况

如表3-7所示，全国家庭户均转移性净收入为-5770元，其中：财政转移性净收入和非财政转移性净收入分别为-2317元和-3453元。从城乡看，城镇家庭转移性净收入为-8379元，其中：财政转移性净收入和非财政转移性净收入分别为-3955元和-4424元；农村家庭转移性净收入为-2241元，其中，财政转移性净收入和非财政转移性净收入分别为-101元和-2140元，转移性净收入特别是财政转移性净收入主要集中于农村。从区域看，东部、中部、西部家庭户均转移性净收入分别为-7602元、-5878元和-3825元。

表3-7　城乡家庭转移性收入情况　　　　　　单位：元

转移性收入构成	全国	城镇	农村	东部	中部	西部
转移性净收入	-5770	-8379	-2241	-7602	-5878	-3825
财政转移性净收入	-2317	-3955	-101	-4232	-2135	-552
财政转移性收入	12473	17058	6271	14618	9642	12897
财政转移性支出	14790	21012	6372	18850	11776	13449
非财政转移性净收入	-3453	-4424	-2140	-3370	-3744	-3273
非财政转移性收入	3058	3049	3071	2790	3219	3181
非财政转移性支出	6512	7472	5212	6160	6963	6454

二、财政转移性净收入

表3-8统计了城乡财政转移性收入的结构。从全国来看，家庭户均提取的公积金4418元，占财政转移性收入的比重为35.42%；养老金或离休金收入5514元，占比为44.21%；医疗费、其他财政转移性收入占比分别达到12.33%和3.89%。分城乡看，城镇家庭户均提取的住房公积金6970元，占比为

40.86%,远远高于农村的967元和15.42%,主要由于一方面农村家庭拥有宅基地和自有住房,到城市购买房屋较少;另一方面住房公积金未全部覆盖到进城务工农民。城镇家庭户均养老金或离休金7438元,占比为43.60%,高于农村的2915元和46.48%,可见虽然新农保已实现全覆盖,但待遇较城市明显偏低。城镇家庭报销医疗费1609元,高于农村168元。农村家庭社会救济和补助收入、政策性生活补贴高于城市,表明"精准扶贫"和支持"三农"发展的转移支付政策发挥了一定的作用。

表3-8 城乡财政转移性收入情况

收入类别	全国		城镇		农村	
	均值(元)	占比(%)	均值(元)	占比(%)	均值(元)	占比(%)
财政转移性收入	12473	100.00	17058	100.00	6271	100.00
养老金或离休金	5514	44.21	7438	43.60	2915	46.48
社会救济和补助	161	1.29	101	0.59	244	3.89
政策性生活补贴	174	1.40	158	0.93	196	3.13
报销的医疗费	1538	12.33	1609	9.43	1441	22.98
失业救济金	41	0.33	43	0.25	40	0.64
生育津贴	91	0.73	126	0.74	44	0.70
工伤补助	48	0.38	31	0.18	70	1.12
提取的住房公积金	4418	35.42	6970	40.86	967	15.42
其他财政转移性收入	485	3.89	582	3.41	355	5.66

表3-9统计了全国和城乡财政转移性支出情况,从全国来看,户均养老保险缴费支出为5504元,占财政转移性支出的比重为37.21%,在所有支出项目中占比最高。其次为住房公积金缴费支出,为3725元,占比为25.19%,个人所得税、医疗保险费用分别为2287元和2622元,占比分别为15.46%和17.73%。分城乡来看,城镇财政转移性支出合计21012元,是农村的3.3倍,其中,养老保险缴费支出为7596元,是农村家庭的2.84倍;住房公积金缴费支出5846元,是农村家庭的6.83倍;医疗保险缴费支出3420元,是农村家庭的2.22倍;失业保险缴费661元,是农村家庭的3.76倍。综合表3-8和表3-9可知,虽然城镇家庭享有较高的财政转移性收入,但由于社会保险缴费的负担偏重,城镇家庭的财政转移性净收入为负。

第三章　家庭收入

表3-9　　　　　　　　　城乡财政转移性支出情况

支出类别	全国		城镇		农村	
	均值（元）	占比（%）	均值（元）	占比（%）	均值（元）	占比（%）
财政转移性支出	14790	100.00	21012	100.00	6372	100.00
养老保险费用	5504	37.21	7596	36.15	2675	41.98
医疗保险费用	2622	17.73	3420	16.28	1543	24.22
失业保险费用	455	3.08	661	3.15	176	2.76
住房公积金费用	3725	25.19	5846	27.82	856	13.43
个人所得税	2287	15.46	3274	15.58	952	14.94
其他缴纳给政府的费用	196	1.33	215	1.02	170	2.67

三、非财政转移性净收入

表3-10统计了全国和城乡非财政转移性收入情况。从全国来看，户均非财政转移性收入为3058元，其中：捐赠收入为2125元，占比为69.49%，其次为赡养收入543元，占比为17.76%。分城乡看，城乡间各项收入的金额和占比差别不大，结构比较稳定。

表3-10　　　　　　　　　城乡非财政转移性收入情况

收入类别	全国		城镇		农村	
	均值（元）	占比（%）	均值（元）	占比（%）	均值（元）	占比（%）
非财政转移性收入	3058	100.00	3049	100.00	3071	100.00
捐赠收入	2125	69.49	2239	73.43	1972	64.21
赡养收入	543	17.76	491	16.10	614	19.99
赔偿收入	274	8.96	149	4.89	444	14.46
其他	115	3.76	169	5.54	42	1.37

表3-11统计了非财政转移性支出的情况，从全国来看，户均非财政转移性支出6512元，其中，捐赠支出为4025元，占比61.81%，比重最大，其次是赡养支出2175元，占比33.40%。与表3-10相比较，支出结构基本与非财政转移性收入的结构相对应，但户均赡养支出金额远高于赡养收入金额，可能的

原因：一方面随着人口老龄化程度的逐步加深，子女赡养老人的负担越来越重；另一方面受老龄人口认知水平和配合度的影响，老年家庭的有效样本偏少。从城乡来看，城镇户均捐赠支出 4401 元，略高于农村。城镇户均赡养支出 2408 元，比农村要高出 1400 元，虽然城镇职工养老保险待遇明显高于新型农村养老保险，但城镇的消费水平要高于农村，需要家庭赡养支出作为补充。

表 3-11　　　　　　　　城乡非财政转移性支出情况

支出类别	全国		城镇		农村	
	均值（元）	占比（%）	均值（元）	占比（%）	均值（元）	占比（%）
非财政转移性支出	6512	100.00	7472	100.00	5212	100.00
捐赠支出	4025	61.81	4287	57.37	3671	70.43
赡养支出	2175	33.40	2868	38.38	1238	23.75
赔偿支出	98	1.50	89	1.19	111	2.13
其他支出	213	3.27	228	3.05	192	3.68

第七节　居民收入的影响因素分析

一、全国居民收入回报的影响因素分析

（一）分析方法及变量的说明

影响收入分配的原因有很多，不仅与所有制结构、市场结构、地域环境等因素密切相关，还与人力资本、政治资本、职业、个人地位等因素紧密相关。为了分析这些因素对收入回报的影响，采用最小二乘法回归模型来进行考察，并建立如（3.1）式所示的对数线性回归方程：

$$\ln y = \beta_0 + \beta_1 age_i + \beta_2 age_i^2 + \beta_3 gender_i + \beta_4 party_i + \beta_5 nation_i \\ + \beta_6 urban_i + \beta_7 educ_i + \beta_8 coast_i + \beta_9 health_i + \varepsilon_i \quad (3.1)$$

在（3.1）式中，i 表示第 i 个调查样本；$\ln y$ 是被解释变量；表示家庭收入的自然对数；ε 为随机误差。

解释变量由表示个人特征的年龄（age）、年龄的平方（age^2）、性别（男性：

gender = 1)、教育年限①、政治身份(党员：party = 1)、民族(汉族：nation = 1)、健康状况(健康：health = 1)等变量组成。由于我们的调查数据中没有个人工作经验数据，在此，我们用年龄来代替工龄或工作经验。希望通过分析这些反映个人禀赋特征的因素对收入回报的影响。

解释变量还包括表示区域层面的城乡(城镇：urban = 1)虚拟变量和地区变量虚拟(沿海：coast = 1)。以此来分析个人收入在城乡之间和地区之间的收入差距。

年龄在一定程度上反映了人力资本的特征，随着年龄的增长，个人经验增加，体现在收入回报方面，表现为随着年龄的增长，收入先增加，当年龄增长到一定年限后，收入开始有所下降，即年龄的收入回报遵循倒 U 形曲线(或拱形曲线)。

性别差异所引起的收入差异在劳动力市场一直存在，在一定程度上反映了性别歧视，通常认为，男性的收入高于女性。

共产党员身份表示个人的政治归属，因此，用它来表示个人政治资本。

教育的收入回报一直是人们非常重视的问题，并认为，随着市场化程度的提高，教育的收入回报随之而提高。根据有关学者(Mincer,1974)的观点，教育程度表明生产性知识和技能水平，即教育回报的基础是生产者和管理者对企业生产力的促进作用，这种回报是企业对人力资本的报酬(边燕杰和张展新，2008)。因此，个人的人力资本用受教育年限或受教育程度来表示。

为了进一步分析不同教育层次对收入回报的影响，在我们的调查中，将调查对象的受教育程度分为：小学以下、小学毕业、初中毕业、高中毕业(含中专、职高、技校)、大专毕业、本科毕业、研究生及以上 7 个层次。并分别引入小学以下($educ1 = 1$)、小学毕业($educ2 = 1$)、初中毕业($educ3 = 1$)、高中毕业($educ4 = 1$)、大专毕业($educ5 = 1$)、本科毕业($educ6 = 1$)和研究生毕业($educ7 = 1$)7 个虚拟变量，并以高中毕业作为参照基准。在(3.1)式的基础上，建立如(3.2)式所示的回归方程。

$$\ln y = \beta_0 + \beta_1 age_i + \beta_2 age_i^2 + \beta_3 gender_i + \beta_4 party_i + \beta_5 nation_i$$
$$+ \beta_6 urban_i + \gamma \sum_{k=1}^{7} educ_i^k + \beta_7 coast_i + \beta_8 health_i + \varepsilon_i \qquad (3.2)$$

---

① 教育年限表示：小学以下为 3 年，小学毕业为 6 年，初中毕业为 9 年，高中毕业(包括中专和技校)为 12 年，大专毕业为 15 年，本科毕业为 16 年，研究生毕业为 19 年。

在 (3.2) 式中，$educ_{it}^{k}$（$k=1\sim7$，且 $k\neq4$）表示在 t 年第 i 个样本的受教育程度。其他变量的含义与 (3.1) 式相同。

分别从 2018 年城镇样本和农村样本中选取共同变量，形成全国居民收入样本并进行相应分析，各变量的含义及描述性统计结果如表 3-12 所示。

表 3-12　　　　　2018 年全国变量的含义及描述性统计结果

变量	观测值	均值	标准差	变量说明
lny	9792	11.42	1.04	家庭收入对数
age	9792	42.08	11.86	年龄
age^2	9792	19.11	10.25	年龄的平方/100
gender	9792	0.50	0.50	男性：gender = 1
party	9792	0.19	0.40	中共党员：party = 1
nation	9792	0.92	0.28	汉族：nation = 1
urban	9792	0.58	0.49	城镇：urban = 1
coast	9792	0.39	0.49	沿海：coast = 1
health	9792	0.78	0.42	健康：health = 1
educ	9792	12.04	3.64	受教育程度
educ1	9792	0.02	0.13	小学以下：educ1 = 1
educ2	9792	0.10	0.30	小学毕业：educ2 = 1
educ3	9792	0.24	0.43	初中毕业：educ3 = 1
educ4	9792	0.22	0.41	高中毕业：educ4 = 1
educ5	9792	0.14	0.35	大专毕业：educ5 = 1
educ6	9792	0.26	0.44	本科毕业：educ6 = 1
educ7	9792	0.03	0.16	研究生毕业：educ7 = 1

（二）实证结果及分析

在表 3-13 中，模型 1 是基本的回归模型，回归结果表明，所有变量的回归系数都有预期的符号，且具有统计显著性。在其他因素保持不变的情况下，年龄对收入的影响具有显著的非线性的正效应（年龄平方的回归系数显著为负），随着个人年龄的增加，其收入具有递减的边际效应。男性收入分别比女性高 5.47%①，这个结果表明，在市场化条件下，男女之间的收入差距较小。

表 3-13　　　　　　　2018 年全国居民收入的 OLS 回归结果

变量	模型 1		模型 2	
	回归系数	标准误	回归系数	标准误
age	0.0264***	(0.004)	0.0252***	(0.004)
age^2	-0.0329***	(0.005)	-0.0316***	(0.005)
gender	0.0533***	(0.020)	0.0521***	(0.020)
party	0.0446	(0.028)	0.0436	(0.028)
nation	0.0968***	(0.036)	0.0967***	(0.036)
urban	0.258***	(0.023)	0.263***	(0.023)
coast	0.229***	(0.020)	0.228***	(0.020)
health	0.119***	(0.024)	0.120***	(0.024)
educ	0.0646***	(0.004)		
educ1			-0.671***	(0.084)
educ2			-0.345***	(0.041)
educ3			-0.172***	(0.030)
educ5			0.146***	(0.034)
educ6			0.261***	(0.031)
educ7			0.533***	(0.068)
常数项	9.705***	(0.113)	10.49***	(0.104)
观测值	9792		9792	
R^2	0.132		0.131	

注：*、** 和 *** 分别为 10%、5% 和 1% 统计显著性水平。

在其他因素保持不变的情况下，受教育年限对个人收入具有显著的正效应，每当多接受一年的教育，收入增加 6.67%。这个结果表明，人力资本的投资回报较高。

为了比较城乡收入差距，在模型 1 中引入城镇虚拟变量，以农村作为参照基准，回归的结果显示，在 2018 年，城镇收入比农村高 29.43%。这个结果表明，城乡收入差距有所下降，但城乡差距对收入的影响仍然较大。

---

① 设回归系数为 β，对于对数线性模型，解释变量对被解释变量的影响程度为 $(e^\beta - 1) \times 100\%$。

将中国各省市区分为沿海和内陆两个地区，模型 1 的回归结果表明，沿海地区收入比内陆地区收入高 25.73%，地区间收入差距较大。

个人健康也是一种非常重要的人力资本，在模型 1 中，拥有健康的身体所获得的收入回报较身体状况欠佳人高出 12.64%。

我国是一个多民族的国家，而少数民族群体多分布在偏远地区或落后地区，相对于汉族，少数民族群体的收入应该比较低。我们的回归结果表明，汉族的收入比少数民族高出 10.16%。

最后，为了比较不同教育层次的收入差异，我们以高中毕业作为参照基准，用受教育程度虚拟变量代替受教育年限，在模型 1 的基础上进行回归，其结果如表 3-13 中模型 2 所示。结果表明，受教育程度越高，其收入也越高，且都具有统计显著性。我们以高中毕业作为参照基准，小学以下、小学毕业以及初中毕业的收入分别比高中毕业的收入低 95.62%、41.20% 和 18.77%；而大专毕业、本科毕业以研究生及以上毕业的收入要比高中毕业的收入分别高出 15.72%、29.82% 和 70.40%。

（三）教育对全国居民不同收入阶层的影响

前面采用 OLS 回归方法，分析了不同因素对收入的影响。但是，对于某些因素来说，其收入回报率在不同收入阶层可能是不一样的。为此，我们采用有关学者（Koenker & Bassett, 1978）[①] 所提出的分位回归方法来分析相关因素对不同收入阶层的影响。

由于以往的研究得到的结果并不一致，在此仅采用全国居民 2019 年的调查问卷数据，运用分位数回归技术，以明瑟收入方程为基础，重点分析教育对不同收入阶层的影响，估计结果如表 3-14 所示。

表 3-14　　　　　　2018 年全国居民收入分位回归结果

变量	q10	q20	q30	q40	q50	q60	q70	q80	q90
educ	0.0880 *** (0.007)	0.0727 *** (0.006)	0.0687 *** (0.005)	0.0664 *** (0.005)	0.0618 *** (0.004)	0.0592 *** (0.005)	0.0577 *** (0.005)	0.0594 *** (0.004)	0.0626 *** (0.006)
age	0.0440 *** (0.011)	0.0341 *** (0.009)	0.0306 *** (0.008)	0.0237 *** (0.008)	0.0171 ** (0.007)	0.0145 ** (0.007)	0.0125 ** (0.006)	0.0166 ** (0.007)	0.0195 ** (0.010)

[①] Koenker R. and Bassett G., 1978, "Regression Quantiles", Econometrica, Vol. 46, No. 1, pp. 33-50.

续表

变量	q10	q20	q30	q40	q50	q60	q70	q80	q90
age^2	-0.0548*** (0.013)	-0.0444*** (0.010)	-0.0403*** (0.008)	-0.0300*** (0.009)	-0.0214*** (0.007)	-0.0179*** (0.006)	-0.0158** (0.007)	-0.0182** (0.008)	-0.0198** (0.010)
gender	0.0761** (0.036)	0.046 (0.033)	0.029 (0.023)	0.019 (0.023)	0.017 (0.022)	0.022 (0.022)	0.034 (0.022)	0.0565** (0.024)	0.0637** (0.031)
party	0.030 (0.051)	0.041 (0.043)	0.045 (0.028)	0.038 (0.032)	0.038 (0.029)	0.0487* (0.029)	0.008 (0.033)	0.012 (0.036)	-0.033 (0.045)
nation	0.214*** (0.066)	0.156** (0.073)	0.118*** (0.046)	0.139*** (0.041)	0.127*** (0.047)	0.113*** (0.039)	0.0924** (0.039)	0.115*** (0.041)	0.150** (0.062)
urban	0.265*** (0.041)	0.258*** (0.035)	0.241*** (0.027)	0.244*** (0.027)	0.237*** (0.025)	0.260*** (0.026)	0.275*** (0.026)	0.272*** (0.027)	0.275*** (0.037)
health	0.122** (0.053)	0.144*** (0.037)	0.119*** (0.028)	0.129*** (0.027)	0.121*** (0.025)	0.120*** (0.025)	0.0796** (0.031)	0.0592* (0.031)	0.0839** (0.035)
marry	0.173** (0.068)	0.130* (0.067)	0.069 (0.057)	0.060 (0.053)	0.044 (0.052)	-0.003 (0.054)	-0.007 (0.052)	-0.049 (0.054)	-0.097 (0.081)
常数项	7.788*** (0.236)	8.719*** (0.192)	9.254*** (0.169)	9.587*** (0.169)	10.02*** (0.135)	10.32*** (0.142)	10.65*** (0.144)	10.79*** (0.139)	11.02*** (0.212)

注：*、**和***分别为10%、5%和1%统计显著性水平，括号中的数字为标准误。

表3-14的结果表明，教育年限（educ）的估计系数随着分位点的上升呈现出先降后升的趋势，收入最低的10%人口教育收益率为9.20%，收入最高的10%人口的教育收益率为6.46%。这个结果具有的政策含义也非常显著，即提高教育水平，将更加有利于低收入阶层的收入增长，有利于缩小居民收入差距。

此外，对于不同的收入阶层，年龄的收入回报显著为正，且随着年龄的增长（年龄平方的估计系数显著为负），其收入具有递减的边际效应。民族、健康状况对不同收入阶层的收入回报具有显著的正效应；性别对收入最低的10%和最高的20%人群影响显著；而城镇各收入阶层比农村相应收入阶层的收入优势依然非常明显。

二、城镇居民收入回报的影响因素分析

（一）分析方法与变量说明

在城镇居民收入调查问卷中，不仅考虑了关于个人特征的一般因素，还考

虑了城镇居民的就业行业、单位所有制、担任领导职务、单位福利待遇以及家庭金融资产配置等情况。城镇居民收入回报的基本回归方程如（3.3）式所示：

$$\ln y = \beta_0 + \beta_1 age_i + \beta_2 age_i^2 + \beta_3 gender_i + \beta_4 cadre_i + \beta_5 coast_i \\ + \beta_6 asset_i + \beta_7 educ_i + \varepsilon_i \tag{3.3}$$

在（3.3）式中，除 $cadre$ 和 $asset$ 两个变量外，其他变量的含义同（3.1）式。

由于领导职务表明在经济组织中参与或影响分配决策的能力，因此，为了分析在经济组织中领导职务对收入回报的影响，我们将具有科级及以上职务的调查对象以及在企业中担任中高层管理者的调查对象认为是担任了领导职务。为了说明领导与一般职员的收入差异，我们定义了相应的虚拟变量（领导：$cadre = 1$）。

家庭金融资产配置反映家庭理财观念，用变量 $asset$ 表示，其中包含定期存款、股票、债券和银行理财产品；$asset$ 的数值大小取决于家庭持有上述四种金融资产的数量（$asset = \{0, 1, 2, 3, 4\}$）。

进一步，考虑不同教育水平对城镇居民收入回报的影响，其回归模型如（3.4）式所示，各变量的含义如前所述。

$$\ln y = \beta_0 + \beta_1 age_i + \beta_2 age_i^2 + \beta_3 gender_i + \beta_4 cadre_i + \beta_5 coast_i \\ + \beta_6 asset_i + \gamma \sum_{k=1}^{7} educ_i^k + \varepsilon_i \tag{3.4}$$

不同的工作单位给职工提供的福利待遇差距较大，主要的福利待遇有：餐费补贴、交通补贴、住房补贴、包吃包住、单位班车等其他补贴，这些补贴渗透职工衣、食、住、行等多方面，对职工的家庭收入产生重要影响，因此引入新变量（$welfare$），该变量描述了居民享有单位福利的种数。同时，引入新的虚拟变量（$housefund = 1$）表示雇主为雇员购买住房公积金。

大量实证研究的结果表明，个人职业地位以及其他个人变量的收入回报在垄断和非垄断部门存在明显的差异。我国绝大部分的国有垄断部门分布在银行、保险、证券、电力、电信、铁路、航空、石油、石化、烟草等行业中。由于不同行业存在产业分割，因此，参考相关文献，将产业集中度[①]CR4≥30 作为判断是否属于垄断行业的临界点，我们设置了一个行业虚拟变量（垄断行业：$monopoly = 1$）。通常，垄断行业的收入高于非垄断行业，垄断程度越高，收入越高。

---

① 资料来源：《中国统计年鉴》（2014），《中国大型工业企业年鉴》（2008）。

第三章 家庭收入

在城镇,居民工作单位所有制可能会对居民收入产生影响,将工作单位所有制作为控制变量引入模型($industry = \{1, 2, \cdots, 15, 16\}$)。在(3.4)式的基础上,建立如(3.5)式所示的回归方程。

$$\ln y = \beta_0 + \beta_1 age_i + \beta_2 age_i^2 + \beta_3 gender_i + \beta_4 cadre_i + \beta_5 coast_i$$
$$+ \beta_6 asset_i + \beta_7 housefund_i + \beta_8 welfare_i + \beta_9 monopoly_i$$
$$+ \beta_{10} educ_i + \varepsilon_i + \beta_{10} industry_i \tag{3.5}$$

各变量的含义及描述性统计结果如表3-15所示。

表3-15   2018年城镇变量的含义及描述性统计结果

变量	样本数	均值	标准差	变量说明
lny	5637	11.64	0.98	家庭收入对数
age	5637	41.13	11.02	年龄
age^2	5637	18.14	9.18	年龄的平方/100
gender	5637	0.47	0.50	男性:$gender = 1$
cadre	5637	0.15	0.36	干部:$cadre = 1$
coast	5637	0.40	0.49	沿海:$coast = 1$
asset	5637	0.86	0.80	持有金融资产种类数
housefund	5637	0.43	0.50	有住房公积金:$housefund = 1$
welfare	5637	0.98	1.31	享有单位福利种类数
monopoly	5637	0.20	0.40	垄断行业:$monopoly = 1$
health	5637	0.80	0.40	健康:$health = 1$
educ	5637	13.49	3.08	受教育程度
educ1	5637	0.00	0.06	小学以下:$educ1 = 1$
educ2	5637	0.03	0.17	小学毕业:$educ2 = 1$
educ3	5637	0.14	0.35	初中毕业:$educ3 = 1$
educ4	5637	0.22	0.41	高中毕业:$educ4 = 1$
educ5	5637	0.18	0.39	大专毕业:$educ5 = 1$
educ6	5637	0.38	0.48	本科毕业:$educ6 = 1$
educ7	5637	0.04	0.20	研究生毕业:$educ7 = 1$

(二) 实证结果及分析

在表3-16中,模型1是(3.3)式所表示的基本回归模型,回归结果表明，所有变量的回归系数都有预期的符号，且具有统计显著性。保持其他条件不变的情况下，年龄对收入的影响具有显著的非线性的正效应（年龄平方的回归系数显著为负），随着个人年龄的增加，其收入具有递减的边际效应。城镇居民性别收入差距较小，男性的收入比女性收入仅高出 3.52%。

表 3-16　　　　　　2018 年城镇居民收入的 OLS 回归结果

变量	模型 1		模型 2		模型 3	
	回归系数	标准误	回归系数	标准误	回归系数	标准误
age	0.0267***	-0.005	0.0245***	-0.005	0.004	-0.011
age^2	-0.0338***	-0.005	-0.0313***	-0.005	0.001	-0.014
$gender$	0.0346*	-0.02	0.031	-0.02	-0.002	-0.029
$cadre$	0.217***	-0.03	0.222***	-0.03	0.242***	-0.035
$coast$	0.213***	-0.02	0.211***	-0.02	0.157***	-0.03
$asset$	0.233***	-0.013	0.233***	-0.013	0.149***	-0.018
$educ$	0.0715***	-0.003			0.0619***	-0.007
$educ1$			-0.794***	-0.106		
$educ2$			-0.436***	-0.042		
$educ3$			-0.213***	-0.029		
$educ5$			0.140***	-0.033		
$educ6$			0.254***	-0.029		
$educ7$			0.525***	-0.062		
$housefund$					0.0787*	-0.043
$welfare$					0.0848***	-0.012
$monopoly$					0.107***	-0.036
常数项	9.788***	-0.11	10.70***	-0.101	9.954***	-0.267
观测值	9792		9792		3420	
R^2	0.148		0.147		0.133	

注：*、**、*** 分别为 10%、5% 和 1% 统计显著性水平。

将城镇各省市区分为沿海和内陆两个地区，模型 1 的回归结果表明，沿海地区相对内陆地区的收入优势较大，沿海地区家庭收入比内陆地区高 23.74%。

在其他因素保持不变的情况下，受教育年限对个人收入具有显著的正效应，每当多接受一年的教育，收入增加 7.41%。2018 年担任领导干部的收入回报比一般职员高出 24.23%。此外，持有金融资产与家庭收入显著正相关。

表 3-16 中模型 2 是（3.4）式的估计结果。为了比较不同教育层次的收入差异，我们以高中毕业作为参照基准，用受教育程度虚拟变量代替受教育年限，回归结果表明，受教育程度越高，其收入也越高。小学以下、小学毕业以及初中毕业的收入均低于高中毕业的收入，大专毕业、本科毕业以及研究生毕业的收入则显著比高中毕业的收入高。大专毕业、本科毕业、研究生及以上毕业的收入要比高中毕业的收入分别高出 15.03%、28.92% 和 69.05%。

表 3-16 中模型 3 是（3.5）式的估计结果。回归结果表明，在垄断行业工作的职工较非垄断行业，家庭收入要高 11.29%，此外，拥有住房公积金的居民比其他居民的家庭收入高 8.19%，居民在单位享有的福利待遇与其家庭收入显著正相关。

（三）教育对城镇居民不同收入层次的影响

进一步采用分位回归方法，分析了不同因素对城镇居民不同收入阶层的影响，分位回归的结果如表 3-17 所示。

表 3-17　　　　　2018 年城市居民收入的分位回归结果

变量	q10	q20	q30	q40	q50	q60	q70	q80	q90
age	-0.006 (0.012)	-0.007 (0.009)	-0.010 (0.009)	-0.009 (0.008)	-0.011 (0.009)	-0.009 (0.009)	-0.010 (0.008)	-0.005 (0.011)	-0.003 (0.014)
age^2	0.012 (0.014)	0.012 (0.011)	0.012 (0.010)	0.012 (0.010)	0.013 (0.009)	0.012 (0.009)	0.008 (0.009)	0.002 (0.013)	0.003 (0.017)
$gender$	0.160*** (0.052)	0.0678** (0.034)	0.0514* (0.031)	0.0546* (0.029)	0.042 (0.030)	0.0517* (0.029)	0.038 (0.026)	0.0649** (0.032)	0.0808** (0.039)
$cadre$	0.146** (0.066)	0.177*** (0.048)	0.152*** (0.036)	0.161*** (0.043)	0.159*** (0.037)	0.185*** (0.041)	0.194*** (0.043)	0.186*** (0.053)	0.133*** (0.050)
$coast$	0.201*** (0.048)	0.217*** (0.032)	0.224*** (0.029)	0.232*** (0.028)	0.214*** (0.030)	0.227*** (0.029)	0.234*** (0.026)	0.221*** (0.033)	0.263*** (0.041)
$educ$	0.0738*** (0.011)	0.0623*** (0.007)	0.0575*** (0.006)	0.0564*** (0.005)	0.0554*** (0.006)	0.0497*** (0.006)	0.0496*** (0.005)	0.0470*** (0.006)	0.0517*** (0.007)
$asset$	0.200*** (0.028)	0.186*** (0.022)	0.175*** (0.019)	0.176*** (0.019)	0.178*** (0.017)	0.177*** (0.016)	0.176*** (0.017)	0.177*** (0.020)	0.179*** (0.030)

续表

变量	q10	q20	q30	q40	q50	q60	q70	q80	q90
welfare	0.0567 *** (0.019)	0.0506 *** (0.013)	0.0428 *** (0.011)	0.0275 ** (0.011)	0.014 (0.012)	0.005 (0.013)	-0.010 (0.011)	-0.0247 ** (0.012)	-0.0454 *** (0.015)
monopoly	-0.050 (0.055)	-0.016 (0.049)	-0.005 (0.033)	-0.018 (0.037)	-0.002 (0.038)	0.027 (0.041)	0.021 (0.036)	0.011 (0.037)	-0.055 (0.054)
marry	0.194 ** (0.084)	0.205 *** (0.053)	0.168 *** (0.056)	0.0939 ** (0.046)	0.0895 * (0.051)	0.076 (0.051)	0.087 (0.056)	0.024 (0.074)	-0.042 (0.070)
常数项	9.118 *** (0.298)	9.774 *** (0.226)	10.20 *** (0.225)	10.46 *** (0.206)	10.77 *** (0.210)	11.02 *** (0.203)	11.28 *** (0.197)	11.54 *** (0.225)	11.83 *** (0.281)

注：*、**和***分别为10%、5%和1%统计显著性水平，括号中的数值为标准误。

在表3-17的估计结果中，我们感兴趣的是教育对城镇居民不同收入阶层的回报率，可以发现，教育年限的估计系数随着分位点的上升呈现出逐渐下降后反弹的趋势，最低收入10%的人教育收益率为7.66%，较高收入的10%（q80）的人的教育收益率为4.81%，收入最高的10%的居民教育收益率为5.31%。

表3-17的估计结果还表明，福利待遇和性别差异对较低收入群体和较高收入群体的影响较为显著；担任领导在各收入阶层对收入的影响均显著；而沿海各收入阶层比内陆相应收入阶层的收入优势依然非常明显。

三、农村居民收入回报的影响因素分析

（一）分析方法及变量说明

在农村收入调查问卷中，针对农村家庭的特殊情况，我们不仅考虑了关于个人特征的一般因素，还考虑了农村家庭是否有外出务工人员、农村家庭是否从事农业活动等情况。基本的回归方程如（3.6）式所示：

$$\ln y = \beta_0 + \beta_1 age_i + \beta_2 age_i^2 + \beta_3 coast_i + \beta_4 health_i + \beta_5 marry_i + egress_i \\ + \beta_7 farm_i + \beta_8 educ_i + \varepsilon_i \tag{3.6}$$

式中，加入了新的虚拟变量 $egress$ 和 $farm$，以此来分析外出务工（$egress=1$）与从事农业（$farm=1$）对于农村家庭收入的影响。

为了分析不同教育程度对农民收入的影响，将农民受教育的程度分为小学以下、小学毕业、初中毕业、高中毕业、大专毕业和本科毕业六个层次，在

(3.6) 式的基础上,引入相应的虚拟变量来表示不同的教育程度,其回归方程如 (3.7) 式所示:

$$\ln y = \beta_0 + \beta_1 age_i + \beta_2 age_i^2 + \beta_3 coast_i + \beta_4 health_i + \beta_5 marry_i$$
$$+ \beta_6 egress_i + \beta_7 farm_i + \gamma \sum_{k=2}^{7} educ_i^k + \varepsilon_i \quad (3.7)$$

在 (3.7) 式中,$educ_i^k$ ($k=2,3,4,5,6$) 表示不同教育水平相应的虚拟变量,这里我们以小学以下作为参照依据。

各变量的含义及描述性统计结果如表 3-18 所示。

表 3-18　　　　2018 年农村变量的含义及描述性统计结果

变量	样本数	均值	标准差	变量说明
lny	4155	11.13	1.04	家庭收入对数
age	4155	43.35	12.79	年龄
age^2	4155	20.43	11.41	年龄的平方/100
coast	4155	0.39	0.49	沿海:$coast=1$
health	4155	0.75	0.43	健康:$health=1$
marry	4155	0.83	0.37	婚姻情况:$marry=1$
egress	4155	0.16	0.37	是否外出工作:$egress=1$
farm	4155	0.12	0.32	是否从事农业工作:$farm=1$
educ	4155	10.07	3.41	受教育程度
educ1	4155	0.03	0.18	小学以下:$educ1=1$
educ2	4155	0.19	0.39	小学毕业:$educ2=1$
educ3	4155	0.37	0.48	初中毕业:$educ3=1$
educ4	4155	0.21	0.41	高中毕业:$educ4=1$
educ5	4155	0.08	0.28	大专毕业:$educ5=1$
educ6	4155	0.11	0.31	本科毕业:$educ6=1$
educ7	4155	0.00	0.06	研究生毕业:$educ7=1$

(二) 实证结果及分析

在表 3-19 中,模型 1 是 (3.6) 式所表示的基本回归模型,回归结果表明，农村劳动力外出务工对收入有着显著的影响，家庭有外出务工人员家庭的家庭收入要比没有外出人员的家庭高出29.18%，从事非农业活动的家庭相较从事农业活动的家庭，前者家庭收入高于后者35.12%。

表3-19　　　　　　　2018年农村家庭人均收入的OLS回归结果

变量名	模型1		模型2	
	回归系数	标准误	回归系数	标准误
age	0.0250***	(0.008)	0.0277***	(0.008)
age^2	-0.0350***	(0.009)	-0.0377***	(0.009)
coast	0.202***	(0.031)	0.204***	(0.031)
health	0.132***	(0.036)	0.136***	(0.036)
egress	0.256***	(0.040)	0.257***	(0.040)
farm	-0.301***	(0.045)	-0.306***	(0.045)
marry	0.180***	(0.054)	0.189***	(0.054)
educ	0.0623***	(0.006)		
educ2			0.230**	(0.114)
educ3			0.359***	(0.114)
educ4			0.555***	(0.116)
educ5			0.700***	(0.123)
educ6			0.875***	(0.125)
educ7			0.839***	(0.261)
常数项	9.795***	(0.189)	9.903***	(0.198)
观测值	4155		4155	
R^2	0.115		0.116	

注：*、**和***分别为10%、5%和1%统计显著性水平。

模型1的估计结果还表明，保持其他条件不变的情况下，沿海和内陆之间的收入差距显著。年龄对收入的影响具有显著的非线性的正效应（年龄平方的回归系数显著为负），随着个人年龄的增加，其收入具有递减的边际效应。

在农村，受教育年限对个人收入具有显著的正效应，每当多接受一年的教育，收入增加6.43%，教育的收入回报较高。

此外，在农村，农民的婚姻状况、健康状况对家庭人均收入均有正向的影响。其中，拥有良好的健康状况，其收入比健康状况较差的个人的家庭收入高出 14.11%。

表 3-19 模型 2 的回归结果表明，在农村，随着受教育程度的提高，其家庭收入也随之提高，且呈现出教育的回报呈上升的趋势。具体表现为，小学毕业、初中毕业、高中毕业、大专毕业、本科毕业和研究生毕业家庭的家庭收入比小学以下家庭的家庭收入高出 25.86%、43.19%、74.19%、101.38%、139.89% 和 131.41%。

第八节 本章小结

本章通过对 2019 年中国居民收入与财富调查数据的分析，得到的主要结论如下：

1. 居民收入调查结论。

（1）我国居民收入差距较大，全国家庭总收入和家庭人均收入基尼系数分别为 0.496 和 0.509，两者均已超过 0.4 的国际警戒线。

（2）我国居民家庭收入在城乡、不同学历、不同健康程度、不同行业、不同所有制、不同政治面貌、不同职称、不同民族和不同地区之间存在显著差异，如城镇家庭收入高于农村；户主学历越高，家庭收入越高；户主职称越高，家庭收入越高；户主为国家机关党群组织工作人员和专业技术人员的家庭收入高于其他职业家庭；户主为国有独资或控股企业员工的家庭收入高于其他所有制企业员工家庭；户主拥有政治身份的家庭收入高于群众家庭；汉族家庭收入高于少数民族家庭；户主自评健康状况越好，家庭收入越高；东部地区家庭收入高于中部和西部地区。

（3）收入两极分化比较严重。收入最低的 20% 家庭占全部家庭收入的比重为 3.09%，收入最高的 20% 家庭占全部家庭收入的比重为 53.52%。

（4）在家庭总收入的构成中，工资薪金收入是家庭收入的最主要来源，其次为经营性收入和财产性收入。家庭总收入越高的阶层，工资薪金收入占家庭总收入的比重越低，财产性收入比重越高。

（5）就工资薪金收入而言，城镇家庭高于农村家庭，东部地区家庭高于中部和西部地区家庭，中部和西部地区家庭工资薪金收入基本持平；户主学历越高，工资薪金收入越高。

（6）就经营性收入而言，城镇家庭第三产业经营收入最高，第一产业经营性收入最低；农村家庭与城镇类似，第三产业经营性收入最高，第一产业经营收入最低，但第一产业所占比例高于城镇家庭。

（7）就财产性收入而言，城镇家庭财产性收入高于农村，东部地区家庭财产性收入高于中部和西部地区家庭；利息净收入和房屋租赁收入是主要组成部分，城镇家庭房屋租赁收入占财产性收入比重比高于农村家庭；东部地区家庭利息净收入、股息和红利收入总量和占比均高于中部和西部地区，但是从构成比例来看，各地区相差不大，说明我国居民的财产投资渠道和投资行为基本相同。

（8）就转移性净收入而言，从调查样本来看，不管是城乡，还是东中西部地区，家庭转移性净收入均为负值，但农村家庭和西部家庭的转移性净支出较少，主要由于一方面财政转移性净收入主要集中于农村家庭和西部地区家庭，而城镇家庭和东部、中部地区家庭由于社会保险缴费等财政转移性支出较大，其财政转移性净支出较大。

（9）城乡收入差距分解结果表明：城乡内部的收入差距远远大于城乡之间的收入差距；在城乡内部，农村内部的收入差距大于城镇内部的收入差距；城镇内部差距对收入不平等的贡献率高于农村内部差距贡献率。

（10）地区收入差距分解结果表明：西部地区家庭的不平等程度高于中部、中部高于东部；区域内部的收入差距对总收入不平等的贡献率远远大于区域之间的收入差距。

（11）按收入来源分解结果表明：工资薪金收入对家庭收入不平等的贡献最大，其次是经营性收入和财产性收入。财产性收入中，利息净收入对收入不平等的贡献最大。转移性净收入对城镇家庭收入不平等有微弱的扩大作用，拉大了家庭收入不平等。从地区来看，家庭收入结构中各项收入对收入不平等的贡献率大体相同，仍是工资薪金收入对家庭收入不平等的贡献最大，但中部和西部的贡献率要高于东部地区。

（12）基于回归的分解结果表明：户主受教育年限和年龄的提高显著增加了家庭收入；户主为干部的家庭收入大幅高于群众家庭，城镇家庭收入明显高于农村家庭，户主为中高层管理人员的家庭收入显著高于户主为一般职员的家庭；东部地区家庭收入高于西部地区家庭。户主健康程度、职称对收入不平等的影响在统计上不显著。相比其他影响因素，受教育年限、城乡、区域、干群差异对收入对数不平等的贡献较大。

2. 居民收入的影响因素。影响收入分配格局的原因是多方面的，收入不仅

第三章 家庭收入

与所有制结构、市场结构、地域环境等因素密切相关,还与人力资本、家庭资产配置,单位福利等紧密相关。

在本章的研究中,利用2019年居民收入调查问卷数据,以明瑟方程为基础,通过建立个人收入对数线性方程,在回归方程中引入性别、年龄、受教育程度、健康状况、民族、干部身份、行业、地区、福利等解释变量,研究了不同因素对全国居民、城镇居民以及农村居民家庭收入的影响,得到的结论如下:

(1) 全国样本的分析结果表明,2018年,城镇居民家庭收入比农村家庭收入高29.43%。这个结果表明,城乡收入差距较小,但与其他因素相比较,城市因素对收入回报的影响较大。

教育在家庭收入决定中的作用非常重要,随着教育收益率的不断提高,不同文化程度人群组之间的收入差距也变得越来越明显。我们的分析发现,受教育年限对个人收入具有显著的正效应,每当多接受一年的教育,收入增加6.67%,人力资本的投资回报较高。通过比较不同教育水平对收入的影响,我们发现,受教育越多,收入越高,反之,则越低。

其他因素对收入回报的估计结果表明,在2018年,沿海地区的家庭收入高比内陆地区高出25.73%,地区间收入差距较大。居民身体健康状况与收入正相关,身体健康的居民较身体状况欠佳的居民,前者家庭收入比后者高12.64%。除此之外,男性收入显著高于女性,汉族收入显著高于少数民族。

(2) 城市居民收入的回归结果表明,领导干部相对于一般员工,具有明显的收入优势,担任领导干部的收入回报分别比一般职员高出24.23%;垄断行业的收入高于非垄断行业。员工在单位享受的餐费补贴、交通补贴、住房补贴等福利待遇与其家庭收入显著相关,享受的福利待遇越多,家庭收入越高,居民的家庭收入还与其金融资产配置情况正相关。

教育对居民家庭收入具有显著的正效应,每当多接受一年的教育,收入增加7.41%,其中小学未毕业的居民相比高中学历的居民,家庭收入低54.80%,而研究生学历比高中学历的高69.01%。

(3) 农村居民人均收入的回归结果表明,2018年,从事农业工作的居民家庭收入较低,比从事非农业工作的居民低26.00%。农村居民每当多接受一年的教育,其收入增加6.43%。此外,农村劳动力外出务工对提高家庭人均收入具有非常重要的积极作用,外出务工的农村居民比其他农村居民家庭收入高29.18%,沿海地区与内陆地区的收入差距显著。

(4) 对全国样本和城镇样本的分位回归结果表明,教育年限的估计系数随着分位点的上升表现出明显的下降趋势，并且这一趋势并不随着控制变量的变化而改变。这个结果具有非常有意义的政策含义，即提高教育水平，将更加有利于低收入阶层的收入增长，有利于缩小居民收入差距。

分析结果表明，教育对个人收入具有显著的正效应，且随着受教育程度的提高，其人力资本所获得的收入回报显著提高，这也充分说明了人力资本投资的重要性。此外，在劳动力市场，由于存在性别差异或性别歧视，男性收入比女性收入高。由于我国长期的二元经济结构、地域环境差别以及地区发展不平衡所导致的地区差距，从而使得城乡收入差距和地区收入差距非常明显。担任一定职位的行政职务，不仅是个人能力的体现，同时也体现了个人的进取心，他们的收入回报明显高于普通劳动者和一般群众。且随着职位的提高，在经济组织中参与或影响收入分配的能力越强，其收入也就越高。由于行业垄断，国有垄断行业拥有丰富的资源，有着得天独厚的优势，体现在收入分配方面，则表现为垄断行业职工收入比竞争性行业职工收入高。

第四章

家庭财富

第一节 引 言

改革开放40多年来,在国民收入总量快速增长的同时,居民财富完成了至少一代人的积累,并通过代际传递,形成了明显的财富差距。特别是21世纪以来,我国的家庭财富开始出现了"滚雪球"效应。瑞信财富报告显示,2014年我国最富10%人口所拥有的财富占全国财富比重达64%,14年间增加15.4个百分点。基于CFPS数据的《中国民生发展报告2014》显示2012年顶端1%的家庭占有全国约1/3的财产,底端25%的家庭拥有的财产总量仅在1%左右,居民财富差距过大已成为学术界的共识。

一般而言,由于居民财富差距主要是由非人力资本差异形成(Atkinson and Bourguignon,2014),且资本报酬增速高于劳动报酬(皮凯蒂,2014),财富差距比收入差距更加固化、更为不公平,民众对财富差距的容忍度更低。党的十九大提出我国社会的主要矛盾已转变为人民日益增长的美好生活需要和不平衡不充分的发展之间的矛盾。并指出要"拓宽居民劳动收入和财产性收入渠道"。财产性收入是居民财富的衍生品,要提高居民财产性收入,首先要缓解财富差距过大的局面。如果财富的分布高度集中,不但不能有效提高居民财产性收入,还会加剧收入不平等。

此外,推动供给侧结构性改革,实现经济高质量发展,离不开居民消费水平的提高,党的十九大提出"完善促进消费的体制机制,增强消费对经济发展的基础性作用"。而居民财富作为居民收入的存量,起到蓄水池的作用,能够在收入下降或面临意外冲击的时候,保持消费不出现大的滑坡。同时扩大财富的储蓄行为能增加社会投资，促进经济增长。准确测度、分解财富差距成为推动经济社会健康发展的重要基础性课题。

国家统计局虽然每年通过住户调查发布居民收入差距基尼系数，但未进行财富差距的度量。为此，一些学者从采用不同数据和方法对财富差距进行测度和分解，例如，李实等（2005）采用社科院经济研究所收入分配课题组调查数据，测算出1995年个人财产净值基尼系数为0.52，2002年下降到0.48；陈彦斌等（2009）利用奥尔多投资研究中心的家庭资产调查数据，测算出城镇居民2005年和2007年财富分布基尼系数分别为0.56和0.58。孙楚仁和田国强（2012）采用胡润财富榜数据估算出全国财富差距基尼系数，从2000年的0.826下降到2004年的0.349，再逐步上升到2010年的0.628；谢宇（2014）根据2012年CFPS数据测算我国居民财富基尼系数达0.727；李实等（2017）使用CHIP数据，测算得到2002年和2013年全国居民财富基尼系数分别为0.494和0.617。

虽然上述研究为认识财富差距的走势和影响因素提供了重要参考，但财富差距的度量和分解仍缺乏系统的、公认的研究结论。为此，本章利用2019年中国居民收入与财富调查（WISH）数据，对财富差距进行了测度和分解，以期为居民财富分配研究提供最新证据。本章余下内容安排如下：第二节分析了中国居民家庭财富分配现状，第二节分析了非金融资产现状，第四节分析了金融资产现状，第五节分析了家庭非住房负债，第六节采用要素分解方法，分别分析城乡居民财富构成对总财富差距的贡献（Shorrocks, 1982）；采用广义熵指数（GE）分解方法，研究城乡之间和城乡内部、地区之间和地区内部的财富差距及其对总财富不平等的贡献（Shorrocks, 1980, 1984）；并进一步分析了财富的决定因素，采用基于回归方程的夏普里值（Shapley）分解方法，测算了各影响因素对财富差距的贡献度（Shorrocks, 2013）。最后是本章的结论。

第二节　中国居民家庭财富

一、家庭总财富概况

家庭财富是家庭持有的总资产与总负债之差，即家庭净资产；是一个家庭十分重要的经济资源。家庭总财富等于非金融资产加上金融资产减去非住房负

第四章 家庭财富

债。其中,非金融资产包括生产经营性资产、房产净值和交通工具及耐用消费品的价值;金融资产包括家庭储蓄和投资理财资本;非住房负债包括信用卡和其他负债。

1.家庭财富及城乡分布。如图4-1所示,全国家庭户均财富值为1272109元,户均财富中位数为704000元。从户主户口所在地看,城镇家庭户均总财富为1671927元,户均财富中位数为1018000元;农村家庭户均总财富为731846元,户均财富中位数为405000元。

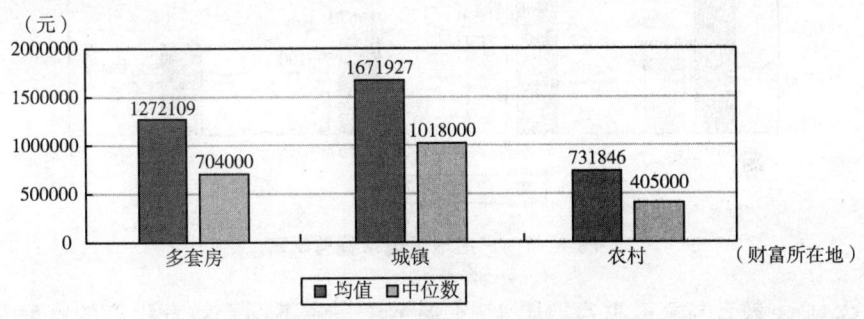

图4-1 家庭户均总财富

如图4-2所示,全国家庭人均财富值为374327元,人均财富中位数为195000元。从户主户口所在地看,城镇家庭人均总财富为510739元,人均财富中位数为298000元;农村家庭人均总财富为189998元,人均财富中位数为103000元,城镇家庭人均财富是农村家庭的2.69倍。

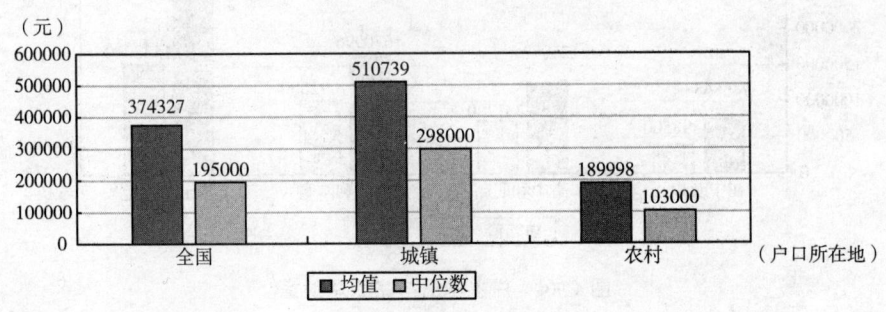

图4-2 家庭人均总财富

2.家庭财富及地区分布。如图4-3所示,分地区看,全国户均家庭总财富1272109元,东部、中部、西部地区户均家庭总财富依次递减,分别为1693095

· 113 ·

元、916670元和869204元。东部地区家庭户均总财富最多,比中部地区多776425元,比西部地区多823891元。中部西部家庭户均总财富相差不大,且都处于全国平均水平以下。中部地区的户均家庭总财富和中位数都略高于西部地区。

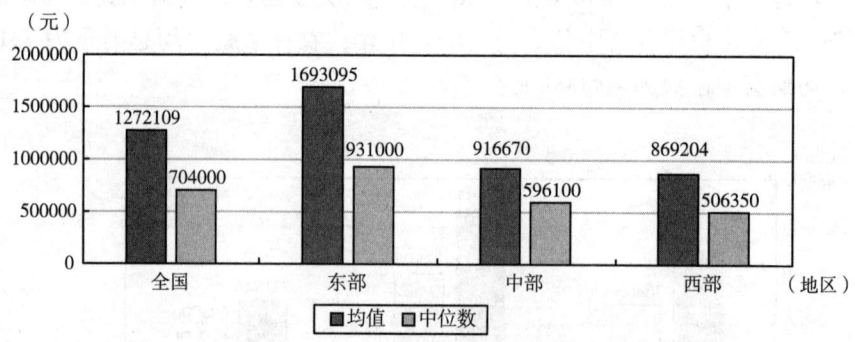

图4-3　户主地区与家庭总财富

3. 户主教育与家庭财富。图4-4揭示了户主不同受教育程度的家庭总财富。从户主学历看,随着学历的提高,家庭户均总财富呈上升的趋势。户主是初中及以下学历的家庭户均总财富最低,为746565元。户主为硕士及以上学历的家庭户均总财富最高,为2459290元,是户主为初中及以下家庭3.29倍。

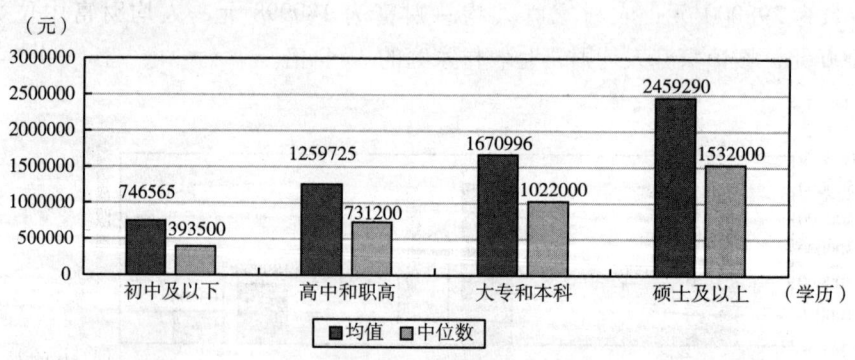

图4-4　户主学历与家庭总财富

4. 户主年龄与家庭财富。图4-5报告了处于不同年龄阶段的户主拥有家庭总财富的情况,总体来看,户主家庭拥有的总财富随着年龄的增加呈现出先上升后下降的趋势。年龄处于46~60岁的户主拥有的家庭总财富最多,为1344410元;

其次是 31～45 岁的户主拥有的财富为 1307503 元，61 岁及以上的户主拥有的家庭总财富最少，为 717237 元。

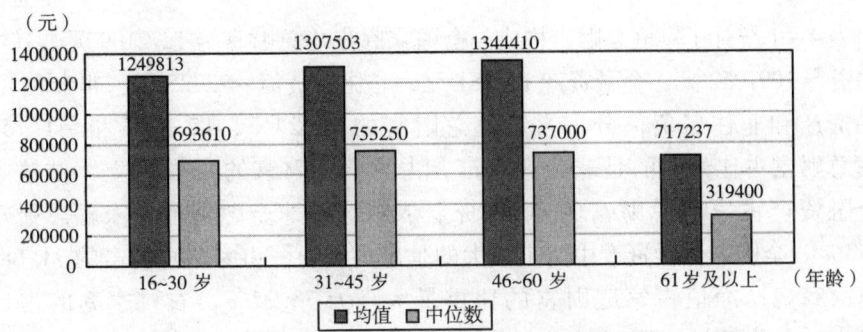

图 4-5　户主年龄与家庭总财富

5. 户主行业与家庭总财富。如图 4-6 所示，从行业看，不同行业的家庭户均总财富差异较大。户主就职于金融业和房地产业的家庭总财富最高，分别为 2074663 元和 2047435 元；其次为科学研究、技术服务和地质勘察业，文化、体育娱乐业，分别为 1905246 元和 1805286 元。农林牧渔业家庭总财富最低，为 474763 元，金融业家庭财富是农林牧渔业的 4.37 倍。

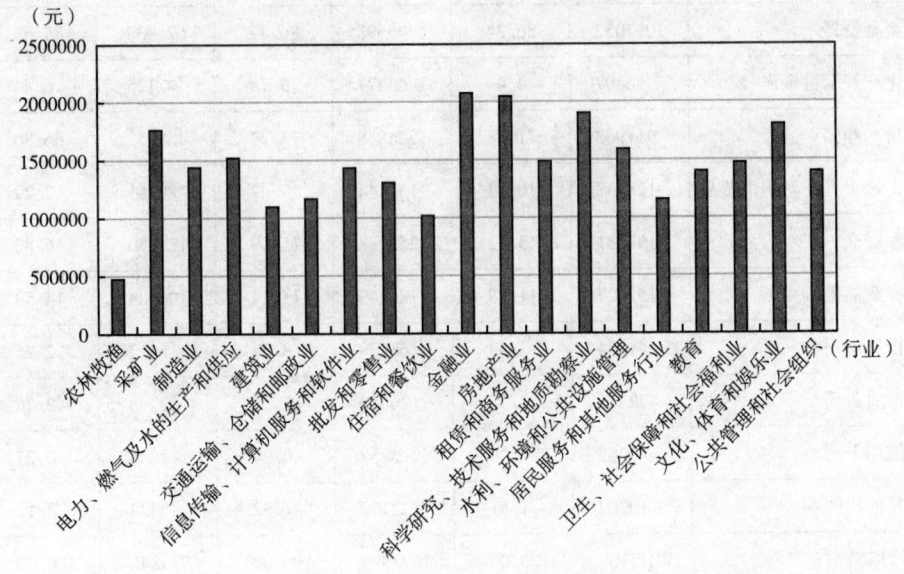

图 4-6　户主行业与家庭总财富

二、家庭总财富结构

表 4-1 统计了家庭总财富构成。全国家庭户均总财富为 1272109 元。其中非金融资产 1097052 元,金融资产 197381 元,非住房负债 -22325 元。非金融资产、金融资产和非住房负债分别占家庭总财富的 86.24%、15.52% 和 -1.75%。家庭总财富占比最大的是非金融资产,占家庭总财富的 85% 以上,城镇家庭非金融资产占家庭总财富的 86.47%,农村家庭非金融资产占家庭总财富的 85.53%。全国非金融资产中贡献最大的是房产净值,占家庭总财富的 71.68%,城镇家庭房产净值占家庭财富的比重最大,为 73.27%,农村家庭的占比为 66.8%。金融资产方面,城镇、农村家庭分别为 252288 元和 123186 元,占总财富的比重农村略高于城镇。非住房负债方面,城镇、农村家庭的非住房负债占比相对较小,分别为 -1.56% 和 -2.36%,农村家庭的非住房负债率略高于城镇家庭。

表 4-1　　　　　　　　　家庭总财富构成

家庭总财富构成	全国		城镇		农村	
	均值(元)	比例(%)	均值(元)	比例(%)	均值(元)	比例(%)
非金融资产	1097052	86.24	1445698	86.47	625938	85.53
生产经营性资产	56407	4.43	63277	3.78	47125	6.44
房产净值	911902	71.68	1224978	73.27	488852	66.80
交通工具及耐用消费品	128743	10.12	157444	9.42	89961	12.29
金融资产	197381	15.52	252288	15.09	123186	16.83
家庭储蓄	152427	11.98	186249	11.14	106724	14.58
投资理财	44954	3.53	66039	3.95	16462	2.25
非住房负债	-22325	-1.75	-26059	-1.56	-17278	-2.36
信用卡	-3063	-0.24	-3957	-0.24	-1854	-0.25
其他负债	-19262	-1.51	-22102	-1.32	-15424	-2.11
家庭总财富	1272109	100.00	1671927	100.00	731846	100.00

第四章 家庭财富

图4-7统计了家庭总财富的分布。分财富等级看,将家庭财富由小到大进行排序,按家庭数量5等分进行分组,将所有样本分为0~20%、21%~40%、41%~60%、61%~80%、81%~100%五个样本组,分别代表低财富、较低财富、中等财富、较高财富、高财富五个财富等级。低财富组家庭户均财富为100698元,低财富组家庭财富仅占全部家庭财富总和的1.58%;较低财富组家庭户均家庭财富为376985元,占比为5.92%。财富最低的40%家庭占全部家庭财富的比重仅为7.5%。较高财富组家庭户均财富为1255850元,占比为19.74%;高财富组家庭户均财富为3919933元,是低财富组的38.93倍,占比为61.61%,财富最高的40%家庭财富占全部家庭财富的比重达到81.35%。随着财富等级的提高,不同样本组之间家庭户均财富的差距越来越大,高财富组户均财富比较高财富组高2664083元,是较高财富组的3.12倍。

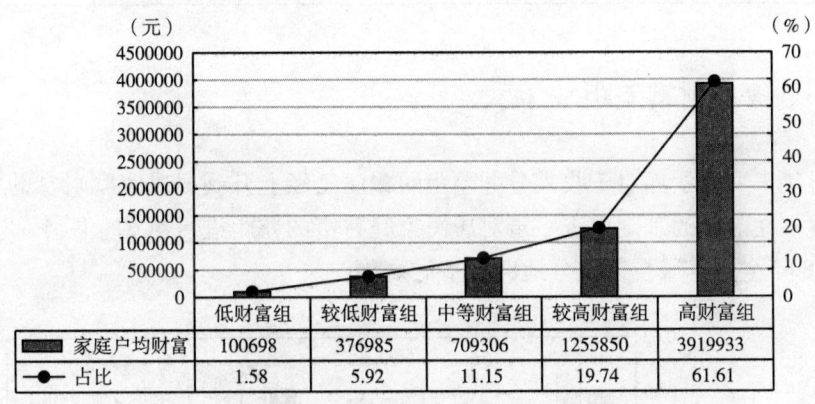

图4-7 不同财富等级家庭户均财富和总财富占比情况

表4-2和表4-3在按上述方法进行样本分组的基础上,统计了家庭各类资产和非住房负债总量和占比情况,低财富组家庭非金融资产占家庭总财富的比重为91.87%,金融资产占比为34.46%,非金融资产与金融资产的比值小于3,而非住房负债占比却最高,远远高于其他分组数据,占家庭总财富的-29.70%,高财富组家庭非金融资产占家庭总财富的比重为82.24%,金融资产占比为19.01%,而非住房负债占比最小,占家庭总财富的-1.25%,说明对于低财富家庭来说,家庭总财富的积累更倚重非金融资产,而对于金融类工具和金融类产品的使用远远低于其他财富等级的家庭。

表 4-2　　　　　　　　不同财富组的家庭户均财富　　　　　　　　单位：元

财富构成	低财富组	较低财富组	中等财富组	较高财富组	高财富组
家庭总财富	100698	376985	709306	1255850	3919933
非金融资产	92508	321412	610489	1083018	3379751
金融资产	34701	70519	113623	188791	579591
非住房负债	-26511	-14946	-14807	-15959	-39408

表 4-3　　　　　　　　不同财富组的家庭财富结构　　　　　　　　单位：%

财富构成	低财富组	较低财富组	中等财富组	较高财富组	高财富组
家庭总财富	100.00	100.00	100.00	100.00	100.00
非金融资产	91.87	85.26	86.07	86.24	86.22
金融资产	34.46	18.71	16.02	15.03	14.79
非住房负债	-26.33	-3.96	-2.09	-1.27	-1.01

三、家庭财富差距

近年来财政学界对于收入分配差距的关注已经上升到居民家庭财富的层面，因此本书在前文的基础上进一步对居民家庭财富的差距进行测算。图 4-8 报告了 2018 年全国、城乡以及分地区的基尼系数。

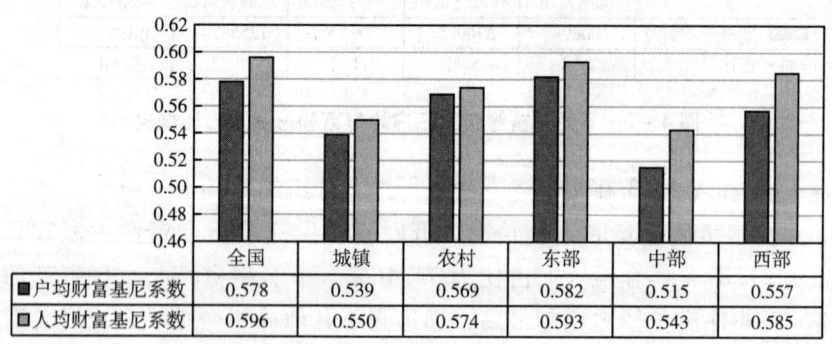

图 4-8　全国居民财富基尼系数

经测算，全国家庭户均财富差距的基尼系数为 0.578，家庭人均财富差距的基尼系数为 0.596，如果大家都认可 0.4 为贫富差距的国际警戒线，那么从家庭财富层面上来看，我国的居民财富差距已经很大。

第四章 家庭财富

分城乡看,农村家庭户均财富基尼系数和人均财富基尼系数分别为 0.569 和 0.574,远远大于城镇家庭的 0.539 和 0.550,说明农村家庭的财富分配差距远远大于城镇家庭。

分区域看,东部地区家庭户均财富基尼系数和人均财富基尼系数分别为 0.582 和 0.593,均高于全国水平;中部地区家庭分别为 0.515 和 0.543;西部地区分别为 0.557 和 0.585,均低于全国水平。

第三节 非金融资产

非金融资产包括生产经营性资产、房产净值和交通工具及耐用消费品的价值;交通工具及耐用消费品包括交通工具、农用机械、耐用消费物品和贵重物品。

一、非金融资产概况

如图 4-9 所示,全国家庭非金融资产为 1097052 元,户均中位数为 604500 元。从户主户口所在地看,城镇家庭非金融资产为 1445698 元,户均中位数为 870000 元;农村家庭非金融资产为 625938 元,户均中位数为 324000 元,城镇家庭非金融资产是农村家庭的 2.31 倍;从地区看,东部地区家庭非金融资产为 1468960 元,户均中位数为 800000 元;中部地区、西部地区家庭非金融资产相当,分别为 771154 元和 762540 元,均低于全国平均水平。

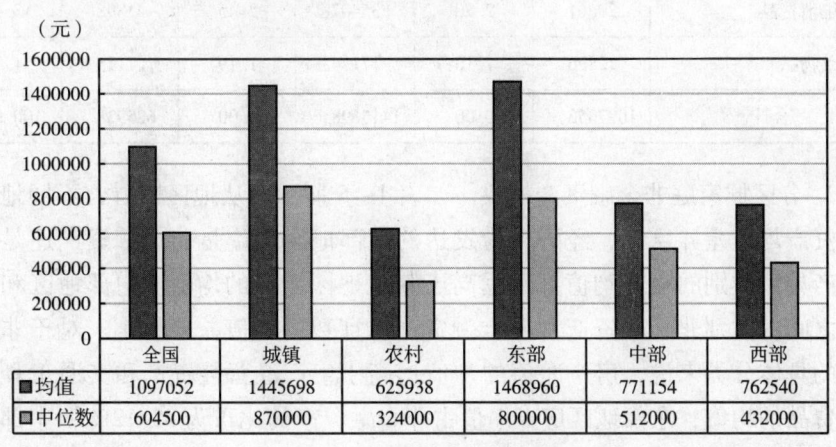

图 4-9 家庭非金融资产情况

二、非金融资产结构

1. 城乡家庭非金融资产构成。如表4-4所示,从全国来看,户均房产净值为911902元,占家庭非金融资产的83.12%。城镇家庭房产净值为1224978元,是农村家庭的2.51倍;占比为84.73%,高出农村6.63个百分点;城镇家庭交通工具及耐用消费品为157444元,是农村家庭的1.75倍;农村家庭生产经营性资产占比为7.53%,高于城镇的占比4.38%。

表4-4 城乡家庭非金融资产构成

非金融资产构成	全国		城镇		农村	
	均值(元)	比例(%)	均值(元)	比例(%)	均值(元)	比例(%)
生产经营性资产	56407	5.14	63277	4.38	47125	7.53
户均房产净值	911902	83.12	1224978	84.73	488852	78.10
房屋现值	979558	89.29	1316617	91.07	524099	83.73
房屋未还贷款	-67656	-6.17	-91640	-6.34	-35247	-5.63
交通工具及耐用消费品	128743	11.74	157444	10.89	89961	14.37
交通工具	84819	7.73	104402	7.22	58356	9.32
农用机械	1368	0.12	461	0.03	2592	0.41
耐用消费品	29661	2.70	35407	2.45	21898	3.50
贵重物品	12896	1.18	17174	1.19	7115	1.14
合计	1097052	100.00	1445698	100.00	625938	100.00

2. 分区域家庭非金融资产构成。如表4-5所示,从地区来看,不同地区非金融资产均值差异巨大,经济较为发达的东部地区无论是非金融资产还是非金融资产具体类别的资产均值都远远高于其他地区相应的均值。中部地区和西部地区之间各类别非金融资产和非金融资产合计数的均值差异较小。对于非金融资产的具体分类来说,房产净值的均值远高于生产经营性资产和交通工具及耐用消费品的均值,东部地区房产净值占非金融资产的比重为83.12%,中部地区占比为85.22%,西部地区占比为79.15%。

表 4-5　　　　　　　　　　　分区域家庭非金融资产构成

非金融资产构成	东部		中部		西部	
	均值（元）	比例（%）	均值（元）	比例（%）	均值（元）	比例（%）
生产经营性资产	56407	5.14	62878	4.28	53685	6.96
户均房产净值	911902	83.12	1251811	85.22	610333	79.15
房屋现值	979558	89.29	1332797	90.73	663087	85.99
房屋未还贷款	-67656	-6.17	-80986	-5.51	-52753	-6.84
交通工具及耐用消费品	128743	11.74	154271	10.50	107136	13.89
交通工具	84819	7.73	100896	6.87	71965	9.33
农用机械	1368	0.12	1269	0.09	1763	0.23
耐用消费品	29661	2.70	34127	2.32	26543	3.44
贵重物品	12896	1.18	17979	1.22	6865	0.89
合计	1097052	100.00	1468960	100.00	771154	100.00

三、家庭房产情况

1. 家庭房产净值概况。图 4-10 呈现了家庭房产净值情况，从全国看，家庭户均房产净值为 911902 元，城镇家庭房产净值为 1224978 元，是农村家庭的 2.51 倍；从地区角度看，东部地区家庭房产净值最高，为 1251811 元，中部和西部地区家庭房产净值相差不大，但均低于全国平均水平，分别为 610333 元和 612851 元。

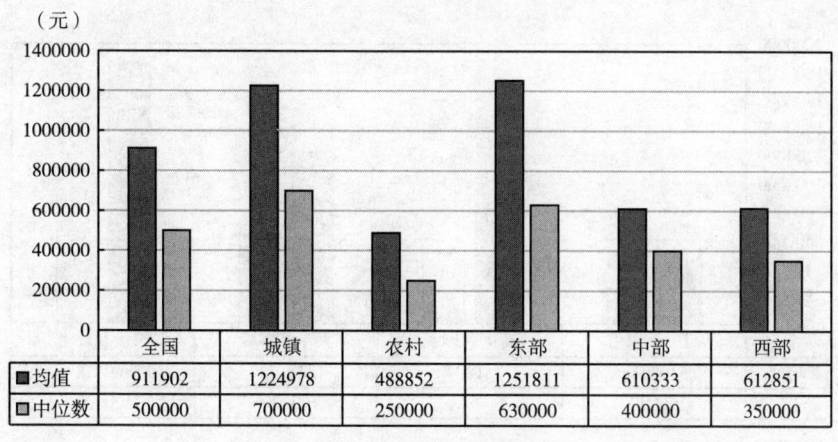

图 4-10　家庭户均房产净值情况

2. 家庭房产（建筑物）面积情况。如图4-11所示，全国家庭房产（建筑物）的面积均值为174平方米，从城乡来看，农村家庭居住房产面积是188平方米，是城镇家庭的1.15倍。相对于城镇紧张的土地资源，农村土地资源较广阔，人口分布相对松散，因此，农村家庭居住房产面积平均值略高于城镇家庭。分地区来看，东部地区家庭居住房产面积最低，为172平方米，而中部地区家庭居住房产面积略高于东部地区，西部地区家庭居住房产面积最高，为181平方米。

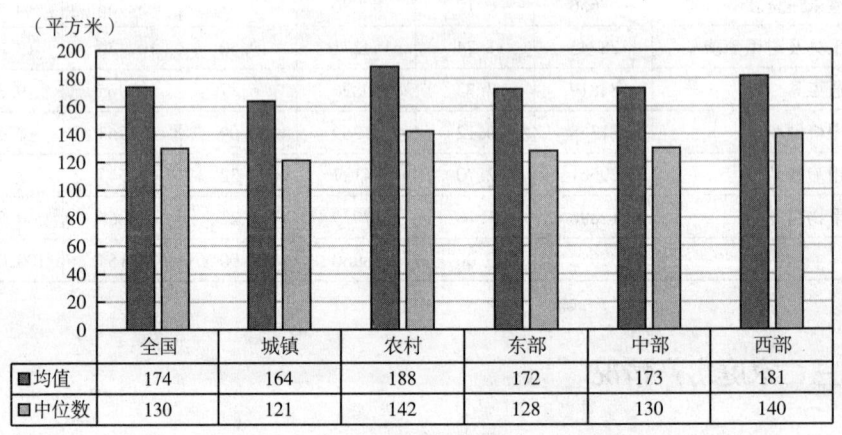

图4-11 家庭户均房产（建筑物）面积情况

3. 户主学历与家庭房产净值。由图4-12可知，从户主学历来看，硕士及以上学历的户主家庭居住房产净值最大，为1860158元，是初中及以下学历家庭房产净值的3.58倍。高中和职高学历家庭房产净值比全国平均水平低50098元。

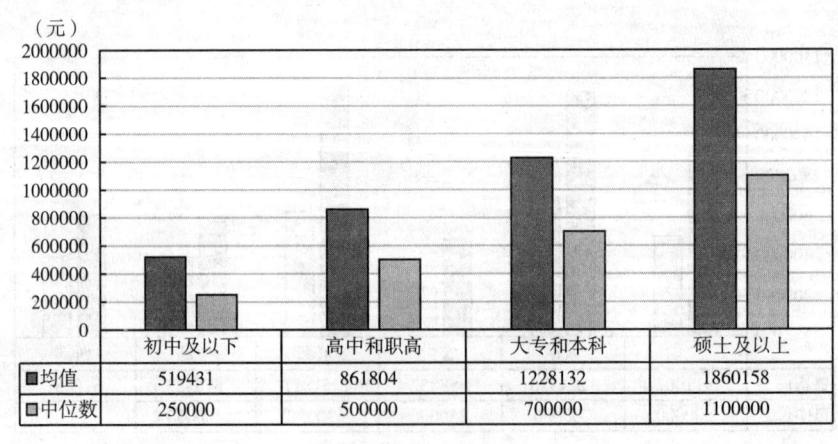

图4-12 户主学历与家庭房产净值

大专和本科学历房产净值为1228132元,这表明,随着学历的提高,户主拥有的房产净值也在逐渐增加。

4. 户主年龄与家庭房产净值。由图4-13可以看出,总的来说,户主的房产净值随着年龄的增长先增加而后减少。31~45岁的户主家庭房产净值最高为958873元,61岁及以上年龄的户主家庭房产净值最低,为543753元。

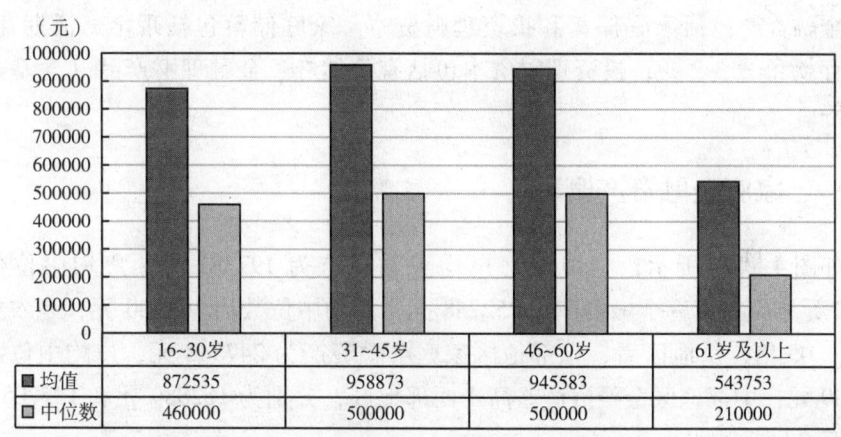

图4-13 户主年龄与家庭房产净值

5. 户主行业与家庭房产净值。图4-14揭示了不同行业户主的房产净值均值的差异,户主的工作行业不同,其拥有的房产净值之间差异较大。其中,金融业房产净值产均值最高,为1518078元,拥有房产净值第二高的户主家庭是科学研

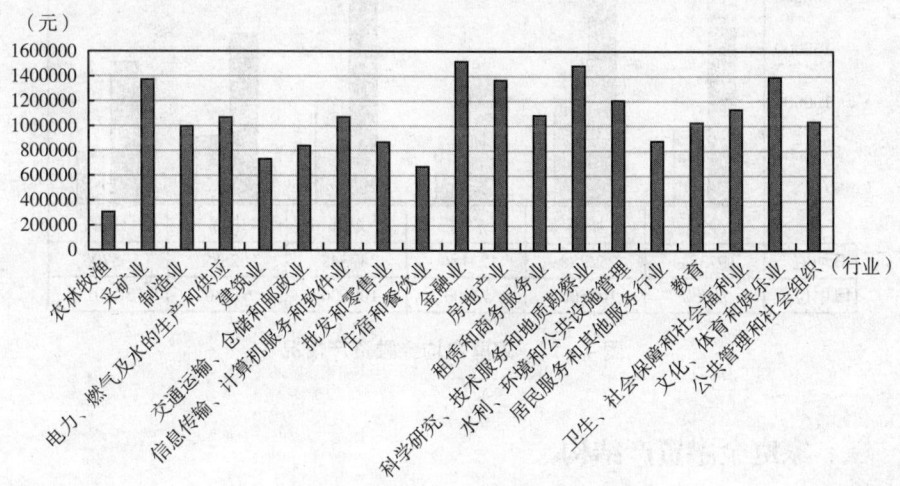

图4-14 户主行业与家庭房产净值

究、技术服务和地质勘察业,为1483718元,从事农林牧渔业的户主所拥有的房产净值最少,仅为307422元。金融业工作家庭房产净值是农林牧渔业的4.94倍。

第四节 金融资产

金融资产包括家庭储蓄和投资理财资本。家庭储蓄包括现金、活期存款、定期存款和网络金融;投资理财资本包括有价债券、金融理财产品(含基金)、黄金等。

一、家庭金融资产概况

如图4-15所示,全国家庭户均金融资产为197381元,户均中位数为71000元。城镇家庭金融资产为252288元,户均中位数为101500元,是农村家庭的2.05倍;从地区看,东部地区家庭金融资产为247348元,户均中位数为100000元;中部地区金融资产略高于西部地区,分别为162889元和135705元,均低于全国平均水平。

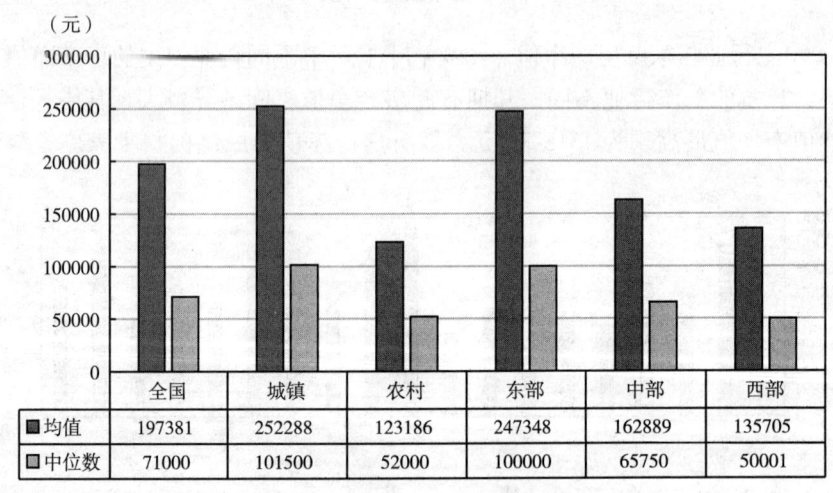

(元)	全国	城镇	农村	东部	中部	西部
■均值	197381	252288	123186	247348	162889	135705
□中位数	71000	101500	52000	100000	65750	50001

图4-15 家庭户均金融资产情况

二、家庭金融资产结构

1. 城乡家庭金融资产构成。如表4-6所示,从全国来看,户均家庭储蓄为

第四章 家庭财富

152427 元,占家庭金融资产的 77.22%;其中户均活期存款和定期存款分别为 60798 元和 71891 元,分别占家庭金融资产的 30.80% 和 36.42%。城镇家庭活期存款 73615 元,是农村家庭活期存款的 1.69 倍;城镇家庭定期存款 88271 元,是农村家庭的 1.77 倍。家庭户均投资理财为 44954 元,城镇家庭户均投资理财为 66040 元,是农村家庭的 4.01 倍。

表 4-6　　　　　　　　　　城乡家庭金融资产构成

金融资产构成	全国		城镇		农村	
	均值（元）	比例（%）	均值（元）	比例（%）	均值（元）	比例（%）
家庭储蓄	152427	77.22	186249	73.82	106724	86.64
现金	6306	3.19	7455	2.96	4754	3.86
活期存款	60798	30.80	73615	29.18	43479	35.30
定期存款	71891	36.42	88271	34.99	49757	40.39
网络金融	13432	6.80	16908	6.70	8735	7.09
投资理财	44954	22.78	66040	26.18	16462	13.36
有价证券	13010	6.59	21161	8.39	1995	1.62
金融理财产品（含基金）	14909	7.55	22761	9.02	4298	3.49
其他金融资产	17036	8.63	22117	8.77	10169	8.25
合计	197381	100.00	252288	100.00	123186	100.00

2. 分区域家庭金融资产构成。如表 4-7 所示,从地区来看,不同地区金融资产均值差距较大,东部地区无论是金融资产还是金融资产具体类别的资产均值都远远高于其他地区相应的均值。中部地区和西部地区之间家庭储蓄的均值差异较小,分别为 123449 元和 113541 元。对于金融资产的具体分类来说,家庭储蓄的均值远高于投资理财的均值,东部地区家庭储蓄占金融资产的比重为 76.49%,中部地区占比为 75.79%,西部地区占比为 83.67%。

表 4-7　　　　　　　　　　分区域家庭金融资产构成

金融资产构成	东部		中部		西部	
	均值（元）	比例（%）	均值（元）	比例（%）	均值（元）	比例（%）
家庭储蓄	189186	76.49	123449	75.79	113541	83.67
现金	6770	2.74	5421	3.33	6752	4.98
活期存款	72919	29.48	47943	29.43	53917	39.73

续表

金融资产构成	东部		中部		西部	
	均值（元）	比例（%）	均值（元）	比例（%）	均值（元）	比例（%）
定期存款	93229	37.69	57462	35.28	45010	33.17
网络金融	16267	6.58	12624	7.75	7862	5.79
投资理财	58162	23.51	39440	24.21	22163	16.33
有价证券	18013	7.28	10493	6.44	5148	3.79
金融理财产品（含基金）	21870	8.84	10332	6.34	5905	4.35
其他金融资产	18279	7.39	18616	11.43	11110	8.19
合计	247348	100.00	162889	100.00	135705	100.00

三、家庭存款（含活期、定期）

1. 家庭存款（含活期、定期）概况。如图4-16所示，从全国看，家庭户均存款为132689元，中位数为50000元；城镇家庭户均存款161886元，是农村家庭的1.74倍；从地区角度看，东部地区家庭存款最高，为166149元，中部和西部地区家庭房产净值相差不大，但均低于全国平均水平，分别为105405元和98927元。

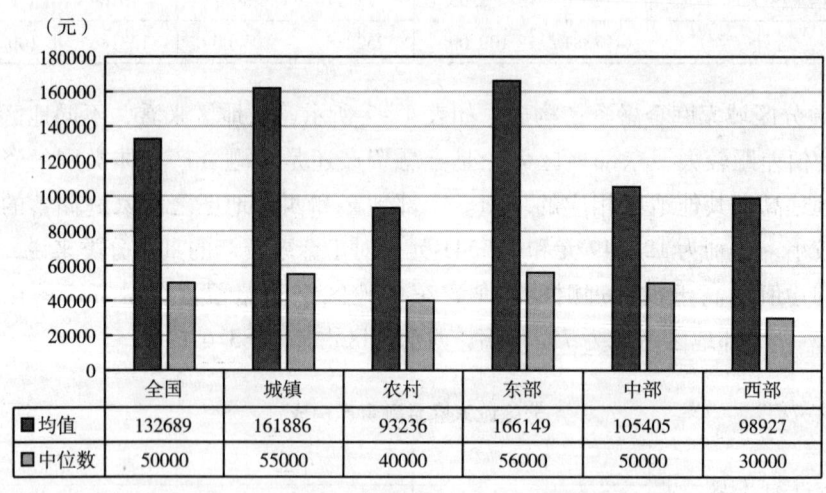

图4-16 家庭户均存款（含活期、定期）情况

2. 户主学历与家庭存款（含活期、定期）。由图4-17可知，从户主学历来看，硕士及以上学历的户主家庭存款最多，为180099元，是初中及以下学历家

第四章 家庭财富

庭存款的 2.01 倍。高中和职高学历及大专和本科学历家庭存款相差不大,均大于全国平均水平,分别为 154441 元和 156182 元。这表明,随着学历的提高,户主拥有的家庭存款在逐渐增加。

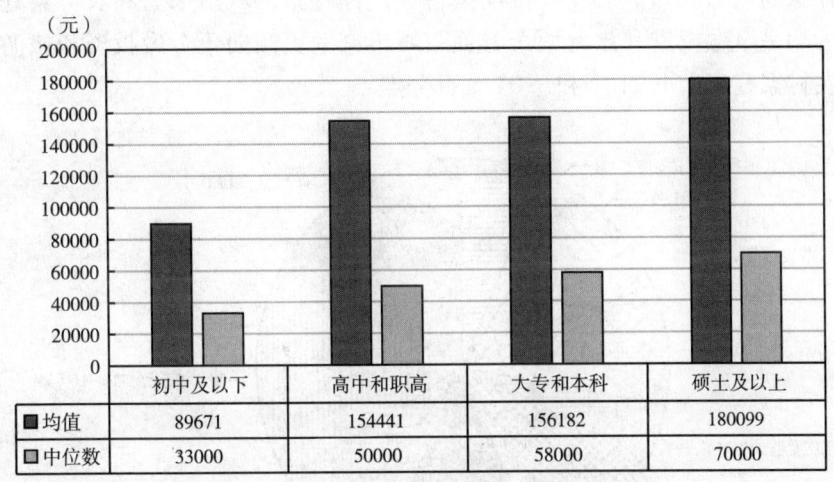

图 4-17 户主学历与家庭存款(含活期、定期)

3. 户主年龄与家庭存款(含活期、定期)。如图 4-18 所示,从户主年龄来看,户主年龄在 61 岁及以上家庭中存款最少,为 74625 元,户主年龄在 16~30 岁和 46~60 岁的家庭存款较多,其余两个年龄段差距不大,分别为 145942 元和 147714 元。

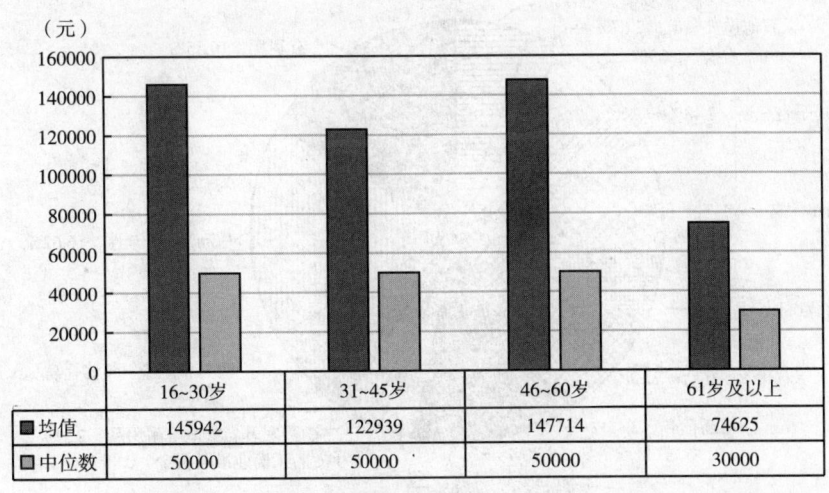

图 4-18 户主年龄与家庭存款(含活期、定期)

4. 家庭定期存款的目的。从图4-19、图4-20和图4-21来看，全国家庭定期存款口的大多是因为定期存款有利息和资产的安全性，排在第三位和第四位分别是为养老做准备和教育。而从城乡来看，城镇和农村家庭也大部分源于定期存款的利息高和资产安全性而去持有定期存款。城镇家庭和农村家庭相差比较大的是金融投资和旅游两个方面，城市家庭更倾向于金融投资和旅游，分别比农村家庭高出1.71个和3.04个百分点。

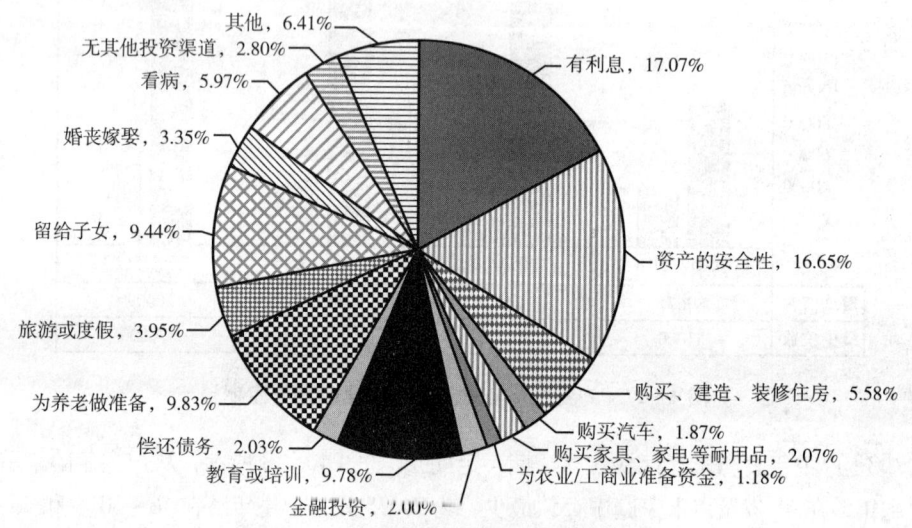

图4-19 全国家庭定期存款的主要目的

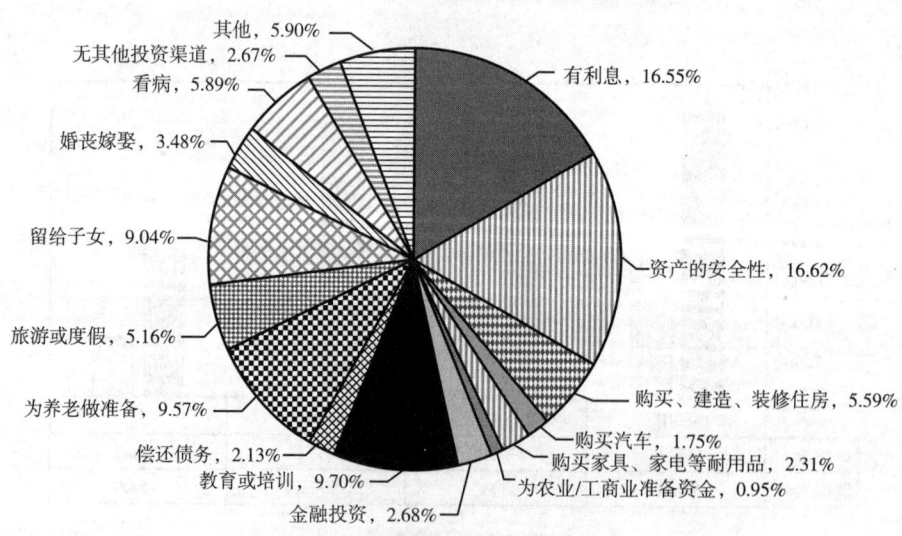

图4-20 城镇家庭定期存款的主要目的

第四章 家庭财富

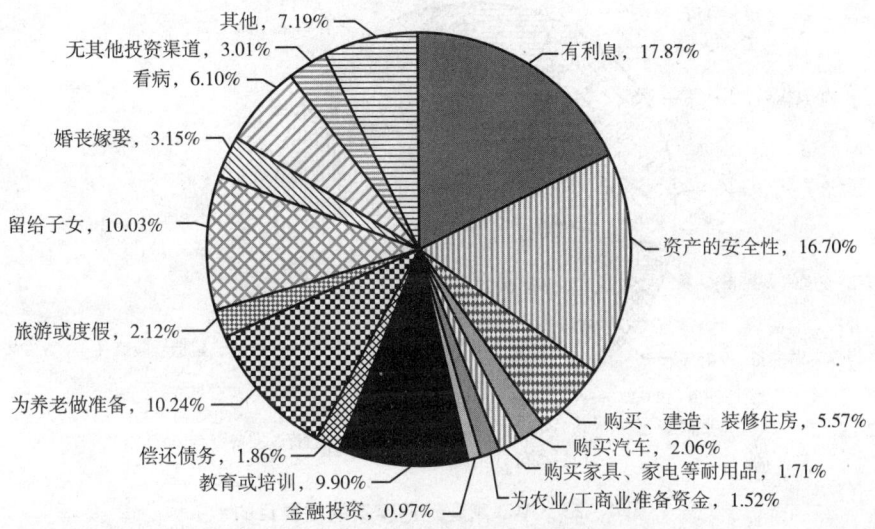

图 4–21　农村家庭定期存款的主要目的

从图 4–22、图 4–23 和图 4–24 来看，全国各地区家庭定期存款口的大多是因为定期存款有利息和资产的安全性，排在第三位、第四位和第五位的分别是为养老做准备、教育和留给子女。而从其他存款目的看，各类投资原因占比大致相当。

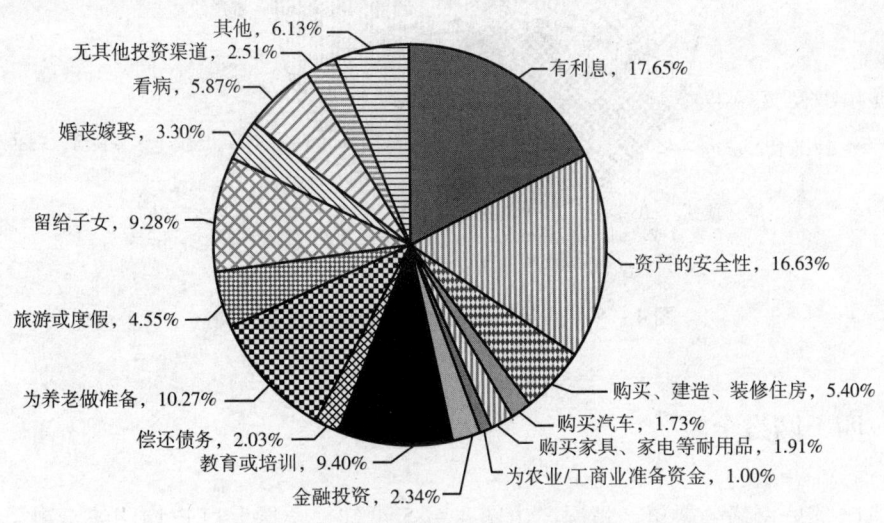

图 4–22　东部家庭定期存款的主要目的

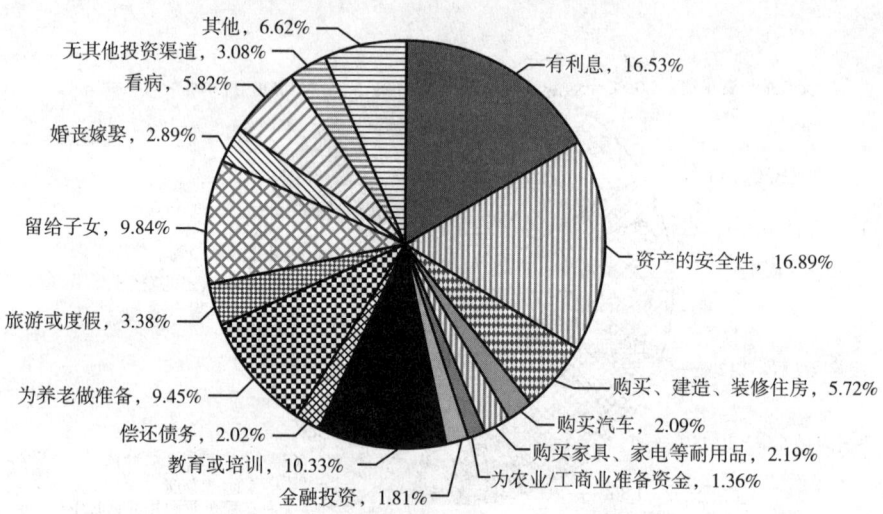

图4-23 中部家庭定期存款的主要目的

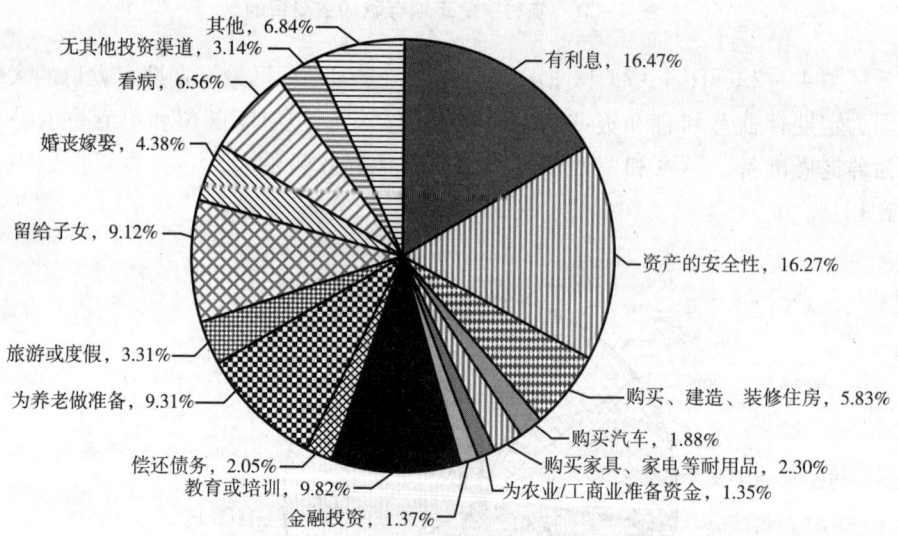

图4-24 西部地区家庭定期存款的主要目的

四、网络金融

1. 家庭网络金融资产情况。由图4-25可知，全国家庭户均网络金融资产为13432元，中位数为2000元，城镇家庭户均网络金融资产为16908元，是农

第四章 家庭财富

村家庭的 1.94 倍。从地区看,东部地区家庭户均金融资产为 16267 元,是西部地区的 2.07 倍,中部地区家庭户均网络金融资产略低于全国平均水平,为 12624 元。

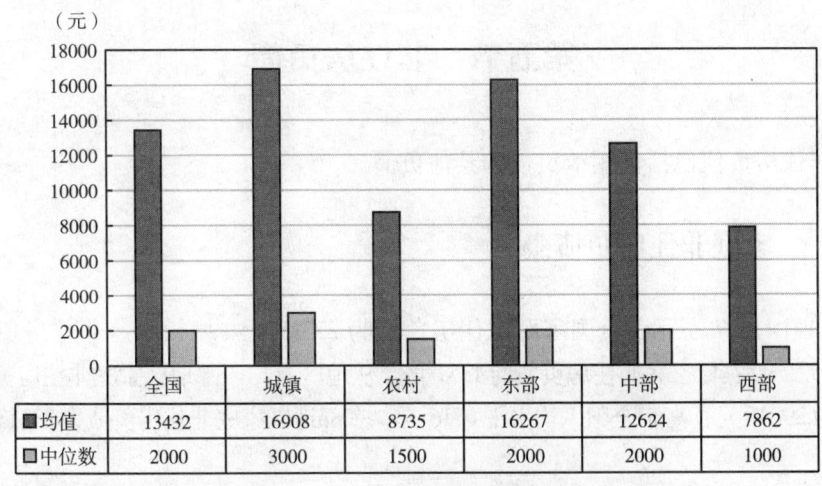

图 4-25 家庭网络金融资产情况

2. 家庭网络金融工具使用情况。调查数据显示,大约有 87% 的家庭使用网络金融工具。如图 4-26 所示,全国使用频率前三位的网络金融工具分别为微信、支付宝和余额宝。从城乡之间来看,城镇家庭使用网络理财工具比农村家

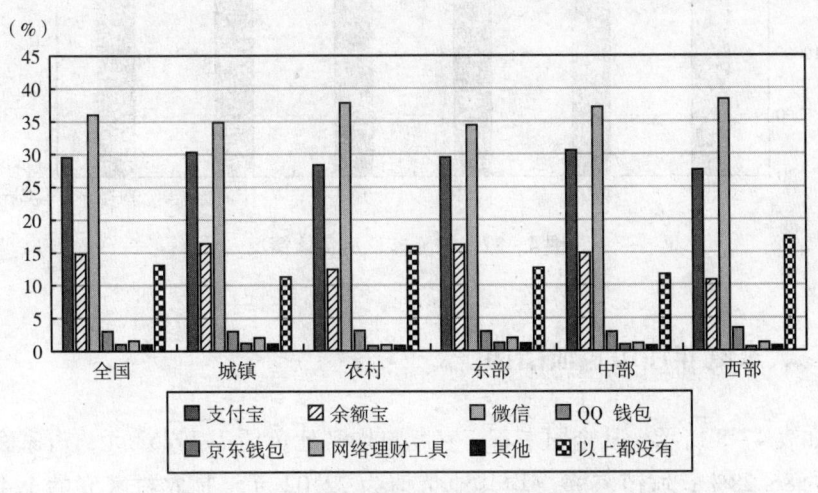

图 4-26 家庭网络金融工具使用情况

庭多约4%。东部家庭和中部家庭使用网络理财工具的比率相当，西部地区使用频率相对较低，未使用金融理财工具的占比为17.4%，各个地区使用微信的频率都在35%左右。

第五节 非住房负债

非住房负债包括信用卡负债和其他负债。

一、家庭非住房负债概况

如图4-27所示，全国家庭非住房负债为22325元。城镇家庭非住房负债为26060元，是农村家庭非住房负债的1.51倍。从地区看，西部地区家庭非住房负债最高，为29041元，高于全国平均水平6716元；东部地区家庭非住房负债为23213元。

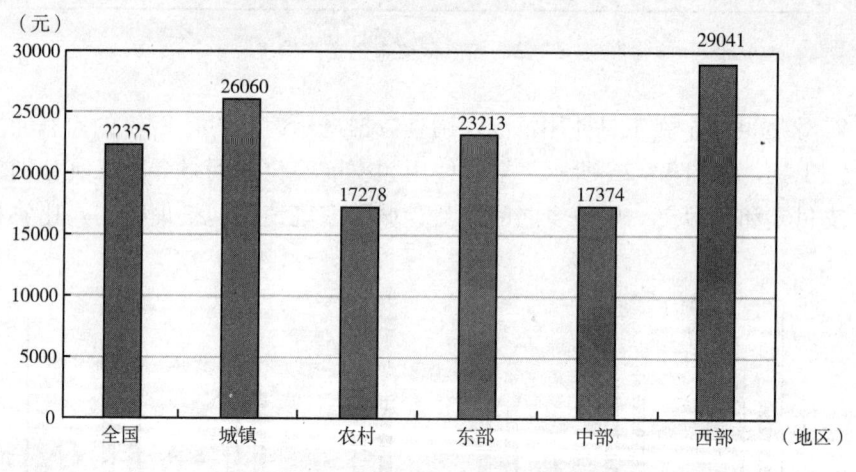

图4-27 家庭非住房负债情况

二、家庭非住房负债结构

如表4-8所示，从全国来看，家庭户均其他负债为19262元，占家庭金融资产的86.28%；城镇家庭户均其他负债为22102元，是农村家庭的1.43倍。户均信用卡负债占比相对较少。

第四章 家庭财富

表 4-8　　　　　　　　　　家庭非住房负债构成

非住房负债构成	全国		城镇		农村	
	均值（元）	比例（%）	均值（元）	比例（%）	均值（元）	比例（%）
信用卡	3063	13.72	3957	15.19	1854	10.73
其他负债	19262	86.28	22102	84.81	15424	89.27
合计	22325	100.00	26060	100.00	17278	100.00

1. 户主学历与家庭非住房负债。由图 4-28 可知，有非住房负债户主家庭承担的负债按学历分组算得的平均数相差较大。初中及以下学历的户主平均负债最低，约为 16517 元。高中和职高学历户主的平均负债为 19477 元。硕士及以上学历的非住房负债最高为 52553 元，是初中及以下学历负债水平的 3.18 倍。从中位数角度来看，各个学历层的其他负债中位数都为 0，都远低于平均数，这说明在每个组内，其他负债金额都差异较大。

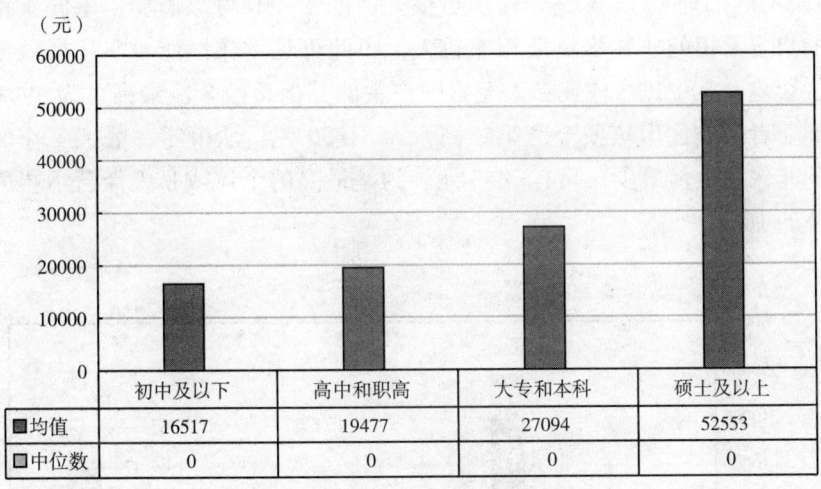

图 4-28　户主学历与家庭非住房负债

2. 户主年龄与家庭非住房负债。图 4-29 展示了各个年龄段，有非住房负债户主家庭之间承担的债务的差异。总体来看，非住房负债随着年龄的增加先增加而后下降，在 31～35 岁达到最高点，此时非住房负债为 26152 元。61 岁及以上的非住房负债平均数最低，约为 4229 元。各个年龄段的非住房负债中位数都为 0，都远远低于其平均数，再次证明了各年龄段内非住房负债差距较大。

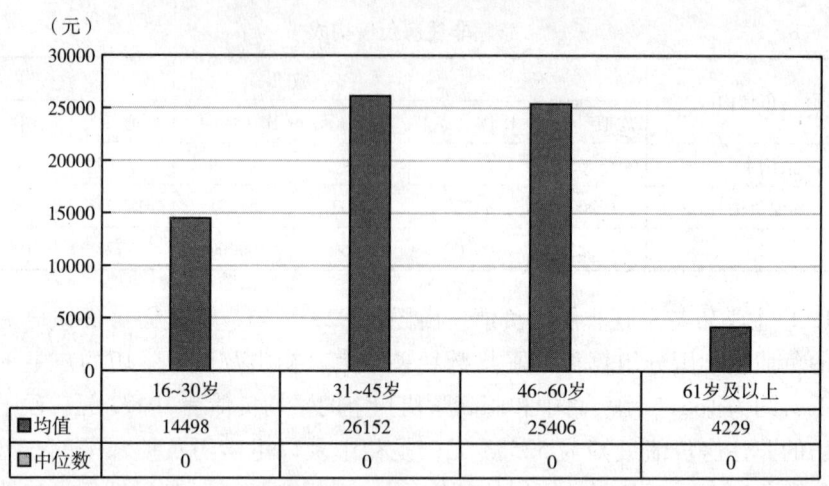

图 4-29 户主年龄与家庭非住房负债

3. 户主工作性质与家庭非住房负债。由图 4-30 可以看出，不同工作性质之间的户主承担的非住房负债相差较大，由此可见工作性质对非住房负债有着重要的影响。其中，个体或私人经营的户主的其他负债金额最高，为 49015 元，自由职业者的非住房负债金额第二高，为 31550 元，从事零、散工工作的户主负担的非住房负债最少，只有 7844 元，约是最高的个体或私人经营承担的非住房负债的 16%。

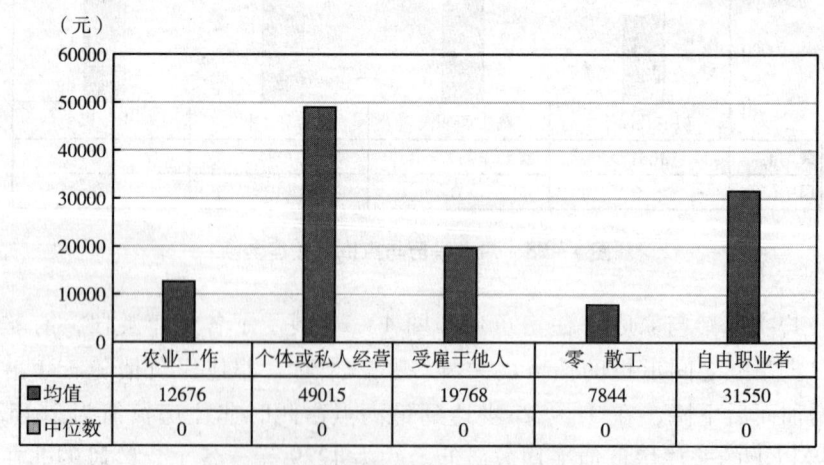

图 4-30 户主工作性质与家庭非住房负债

第四章 家庭财富

第六节 家庭财富的决定及差距分解

一、描述性统计

表 4-9 给出了按不同人群组划分的全国居民家庭财富描述性统计结果。结果表明，2018 年，全国家庭户均财富为 1272109 元，其中，城镇家庭户均财富为 1671927 元，农村居民家庭户均财富为 731846 元，城乡财富比为 2.28 倍。分区域来看，东部地区家庭户均财富最高，为 1693095 元，中部地区次之，为 916670 元，西部地区最低，为 869204 元，但中西部地区相差不大。

表 4-9   不同群组家庭户均财富情况

群组	分类	样本数	所占比例（%）	房产净值（元）	户均总财富（元）
全国		10007	100.00	911902	1272109
城乡	城镇	5751	57.47	1224978	1671927
	农村	4256	42.53	488852	731846
区域	东部	4697	46.94	1251811	1693095
	中部	3414	34.12	610333	916670
	西部	1896	18.95	612851	869204

另外，分别将全国以及城乡居民收入从低到高进行排序，并将人口按五等分进行分组，分别计算各分位组内的户均收入，其结果如表 4-10 所示。

表 4-10   家庭财富五等分分组情况统计结果

组别	全国			城镇			农村		
	A	B	C	A	B	C	A	B	C
1	100698	1.58	1.00	186216	2.23	1.00	56783	1.55	1.00
2	376985	5.92	3.74	606668	7.25	3.26	239483	6.54	4.22
3	709306	11.15	7.04	1019095	12.19	5.47	410454	11.21	7.23
4	1255850	19.74	12.47	1689448	20.20	9.07	718948	19.64	12.66
5	3919933	61.61	38.93	4861825	58.13	26.11	2234758	61.05	39.36

注：A 列表示组内户均财富（元），B 列表示各组财富总额占总财富的百分比，C 列表示各组财富与最低财富组之比。

通过对全国家庭财富分布的比较可以发现,财富最低的20%家庭户均财富为100698元,占总财富的比重为1.58%;财富最高的20%家庭户均财富为3919933元,占总财富的比重为61.61%;财富最高的20%家庭户均财富是财富最低的20%家庭的38.93倍。分城乡看,城镇财富最低的20%家庭户均财富为186216元,占总财富的比重为2.23%,城镇财富最高的20%家庭户均财富为4861825元,占总财富的比重为58.13%,财富最高的20%家庭户均财富是财富最低的20%家庭的26.11倍,农村财富最低的20%家庭户均财富为56783元,占总财富的比重为1.55%,农村财富最高的20%家庭户均财富为2234758元,占总财富的比重为61.05%,财富最高的20%家庭户均财富是财富最低的20%家庭的39.36倍。

二、家庭财富差距分解

1. 财富构成对财富差距的影响。表4-11报告了对从财富构成对总财富净值差距的贡献,分解方法和推导过程见杨灿明和孙群力(2011)。

表4-11　　　　　　家庭财富构成对财富差距的贡献　　　　　　单位:%

财富类别	2018年		
	全国	城镇	农村
生产经营性资产	4.94	4.54	7.41
房产净值	73.58	74.71	68.53
耐用消费品	7.54	6.58	9.95
家庭储蓄	10.19	9.96	11.75
投资理财	4.08	4.5	2.54
非住房负债	-0.32	-0.3	-0.18
合计	100	100	100

从全国来看,房产净值对居民财富差距的贡献最大,2018年贡献度为73.58%,由于2016年下半年以来,国家实施严厉的房地产调控政策,房价过快上涨的态势得到一定的遏制,但房价依然处在高位;其次是家庭储蓄,对居民财富差距的贡献率为10.19%,由于投资渠道欠缺,家庭储蓄仍然是我国居民比较偏爱的财富持有方式。生产经营性资产、耐用消费品和投资理财产品对居民财富差距也有一定影响,贡献率分别为4.94%、7.54%和4.08%,而非住房负

债的贡献率极低,为 -0.32%。

分城乡来看,房产净值仍然是对居民财富差距贡献度最高的要素,但城镇房产净值对不平等的贡献率要显著高于农村;由于城镇金融市场相对发达,投资渠道较广,城镇居民的投资理财产品对财富差距的贡献率要远高于农村。城镇生产经营性资产、耐用品对财富差距的贡献要低于农村,可能的原因是农村居民对农机、农具和耐用消费品上的依赖性更强。

2. 财富差距的城乡分解。表4-12报告了用GE指数[①]所度量的全国、城镇、农村的居民财富差距,分解方法见杨灿明和孙群力(2011)。GE(0)指数分解结果表明,2018年城乡内部GE(0)指数为0.646,城乡之间的GE(0)指数为0.076,城乡内部和城乡之间的财富差距对财富不平等的贡献分别为89.42%和10.58%。在城乡内部,城镇内部差距大于农村内部差距,城镇内部差距、农村内部差距对总财富差距的贡献度分别为49.82%和39.59%。这个结果表明,我国城乡之间的财富差距主要来自城乡内部。

表4-12　　　　　　　居民财富差距城乡分解结果

地区	2018年	
	GE(0)	贡献度(%)
全国	0.722	100
城乡之间	0.076	10.58
城乡内部	0.646	89.42
城镇	0.625	49.82
农村	0.675	39.59

3. 财富差距的地区分解。表4-13给出了基于GE指数对于全国以及东中西部地区财富不平等的测度结果。财富差距的地区分解结果表明,2018年地区内部与地区之间的GE(0)指数分别为0.722和0.048,贡献度分别为93.33%和6.67%,说明地区内部的财富不平等程度大于地区之间财富不平等。在地区内部,东部、中部、西部地区对于全国财富差距的贡献率分别为47.88%、27.21%和18.24%。

---

① GE指数,即广义熵(Generalized Entropy)指数,其中,GE(0)指数表示平均对数离差。

表 4-13 居民财富差距的地区分解结果

地区	2018 年	
	GE（0）	贡献度（%）
全国	0.722	100
地区之间	0.048	6.67
地区内部	0.674	93.33
东部	0.733	47.88
中部	0.580	27.21
西部	0.696	18.24

三、财富的决定因素及夏普里值分解

为了更全面地分析居民财富的决定因素，采用基于回归方程的夏普里（Shapley）值分解方法，考察不同因素对居民财富的影响及其对财富差距的贡献度。夏普利值分解的基本思路是通过设定居民财富的决定方程，先将某一解释变量 x 取均值，再将其替代原值，加入回归方程预测居民财富值，进而预测财富差距的基尼系数，此时的财富差距预测值已不包含原变量 x 的影响了，该财富差距与真实的财富差距之差即为 x 对财富差距的贡献（Shorrocks，2013）。

影响家庭财富积累的原因有很多，不仅与所有制结构、地域环境等因素密切相关，还与家庭收入、人力资本、政治资本、职业、个人地位等因素紧密相关（杨灿明和孙群力，2016；李实等，2005；梁运文等，2010）。为了分析这些因素对家庭财富积累的影响，我们采用最小二乘法回归模型来进行考察，并建立对数线性回归方程：

$$\ln W_i = \alpha_0 + \alpha_1 \ln Y_i + \alpha_2 age_i + \alpha_3 age_i^2 + \alpha_4 marry_i + \alpha_5 educ_i$$
$$+ \alpha_6 health_i + \alpha_7 nation_i + \alpha_8 party_i + \alpha_9 leader_i$$
$$+ \alpha_{10} owner_i + \alpha_{11} coast_i + \alpha_{12} urban_i + \varepsilon_i$$

其中，i 表示第 i 个调查样本，$\ln W$ 是被解释变量，表示家庭财富的自然对数，ε 为随机误差。

解释变量包括：家庭收入的自然对数（$\ln Y$）、表示户主特征的年龄（age）、

第四章 家庭财富

年龄平方（age^2）、婚姻状况（已婚：$marry=1$）、受教育年限（$educ$）[①]、民族（汉族：$nation=1$）、健康状况（健康：$health=1$）、政治身份（共产党员：$party=1$）、户主职务（担任领导：$leader=1$）等变量组成。我们希望通过分析这些反映家庭禀赋特征的因素对财富积累的影响。

为了分析不同所有制以及区域差异对家庭财富积累的影响，在解释变量中，我们用户主在党政机关、事业单位或国有企业工作来表示（国有：$owner=1$）所有制差异，沿海和内陆来表示地区差异（沿海：$coast=1$）、城乡差异用变量$urban$来表示（城镇：$urban=1$）。变量的描述性统计见表4-14。

表4-14 描述性统计结果

变量	样本数	均值	标准差	最小值	最大值	说明
$\ln W$	9882	13.35	1.37	0	17.42	家庭净财富的自然对数
$\ln Y$	9801	11.42	1.04	3.91	16.20	家庭收入的自然对数
age	9998	42.07	11.85	16	91	户主年龄
age^2	9998	19.10	10.25	2.56	82.81	年龄的平方/100
$marry$	10007	0.82	0.39	0	1	婚姻（已婚：$marry=1$）
$nation$	10007	0.92	0.28	0	1	民族（汉族：$nation=1$）
$health$	10007	0.96	0.19	0	1	健康状况（健康：$health=1$）
$educ$	10007	12.02	3.66	0	19	受教育年限
$party$	10007	0.19	0.40	0	1	政治身份（党员：$party=1$）
$owner$	10007	0.27	0.44	0	1	所有制（国有：$owner=1$）
$leader$	10007	0.95	0.22	0	1	职务（领导：$leader=1$）
$coast$	10007	0.34	0.48	0	1	地区（沿海：$coast=1$）
$urban$	10007	0.57	0.49	0	1	城乡（城镇：$urban=1$）

表4-15报告了家庭财富决定方程的回归结果。估计结果表明，所有变量的回归系数都符合预期，且具有统计显著性。在其他条件不变的前提下，家庭收入增加显著提高家庭财富，收入增长率每提高1%，财富增长率提高0.52%；随着户主年龄增长，家庭财富增加，但具有显著的边际递减效应；户主已婚的

---

① 教育年限表示：小学以下为3年，小学毕业为6年，初中毕业为9年，高中毕业（包括中专和职高）为12年，大专毕业为15年，本科毕业为16年，研究生毕业为19年。

家庭财富比单身家庭高 11.9%①,汉族家庭财富比少数民族高 5.37%,户主拥有健康的身体,其家庭财富比身体状况欠佳的家庭显著高出 73.68%,受教育年限对家庭财富的提高幅度不大,每多接受 1 年的教育,财富增加 4.81%,户主是否担任领导职务家庭高 23.30%,户主是否为汉族、是否是党员、是否在国有单位工作对家庭财富的影响不显著。地区差距和城乡差距对家庭财富影响非常明显,沿海地区家庭财富比内陆高出 54.88%,城镇家庭财富比农村高出 45.70%。

表 4 – 15   回归方程估计结果

变量	2018 年	
	系数	t 统计值
lnY	0.52	(44.83)***
age	0.05	(7.82)***
age²	−0.05	(7.37)***
marry	0.11	(3)***
nation	0.05	(1.26)
health	0.55	(9.13)***
educ	0.05	(10.24)***
party	0.03	(1.07)
owner	0.02	(0.58)
leader	0.21	(3.87)***
coast	0.44	(18.05)***
urban	0.38	(14.12)***
Constant	4.50	(23.82)***
Observations	9681	
R^2	0.35	

注:括号中的数值为 t 统计值的绝对值;*、** 和 *** 分别表示 10%、5% 和 1% 的显著性水平。

表 4 – 16 是运用基于回归的夏普里值(Shapley)分解方法结果,分解结果表明,家庭收入解释了财富差距的 52.92%,城乡差异(urban)和地区差异

---

① 设回归系数为 β,对对数线性模型,解释变量对被解释变量的影响程度为 $(e^\beta - 1) \times 100\%$,下同。

(coast) 对财富不平等的贡献分别为 12.29% 和 10.43%，户主教育对财富差距的贡献为 11.58%，户主的年龄、婚姻、健康状况等其他禀赋特征因素对财富差距的贡献为 12.77%。

表 4-16 各变量对财富差距的贡献度分解结果 单位：%

变量	2018 年
lnY	52.92
age	0.76
marry	1.49
nation	0.82
health	3.21
educ	11.58
party	1.62
owner	2.78
leader	2.09
coast	10.43
urban	12.29

基于回归的财富不平等夏普利值的分解发现，家庭收入对财富不平等的贡献超过了 50%，其次是城乡差异对财富不平等的影响，其贡献率在 12.29%，然后是户主受教育程度，对财富差距不平等的贡献为 11.58%，最后是地区差异对财富不平等的贡献，约为 10.43%，户主除教育外的其他禀赋特征差异对财富不平等的贡献为 12.77%。

第七节 本章小结

2019 年中国居民收入与财富调查涵盖了对居民家庭财富情况的调查，本章从总财富、非金融资产、金融资产和非住房负债四个方面反映中国居民的家庭财富情况。我国居民的家庭财富情况差异较大，户口、区位、学历、年龄、工作行业等对家庭财富的影响也各有不同。总的来说，城镇居民家庭拥有的金融资产和非金融资产远远高于农村居民家庭的；经济发展较好的东部地区，无论是持有的现金、存款、有价债券等金融资产以及对网络理财工具的使用频率，还是拥有的房产、交通工具等非金融资产都是远远高于经济欠发展的中部和西部地区的。从户主学历来看，随着户主学历提升，其拥有的各项金融资产和非金融资产数额均在逐步提高，证明了户主的受教育程度对财富的积累起着积极作用。青壮年户主拥有的家庭财富高于老年户主拥有的家庭财富；从事房地产业和金融业的户主拥有的家庭财富高于从事其他工作的户主，从事农林牧渔业工作的户主拥有的家庭财富最少。

随着财富等级的提高，非金融资产占家庭总财富的比重在经历了一个"断崖式"下降之后维持在85%左右上下波动，说明对于低财富家庭来说，家庭总财富的积累更倚重非金融资产，而对于金融类工具和金融类产品的使用远远低于其他财富等级的家庭。经测算，全国家庭总财富差距的基尼系数为0.578，家庭人均财富差距的基尼系数为0.596，如果大家都认可0.4为贫富差距的国际警戒线，那么从家庭财富层面上来看，我国的居民财富差距已经很大。

对于非金融资产，将其具体划分为生产经营性资产、房产（建筑物）和交通工具及耐用消费品三类。房产（建筑物）净值的平均数远远高于生产经营性资产和交通工具及耐用消费品的金额平均数，交通工具及耐用消费品的平均数最低，房产净值非金融资产占比达到70%以上，东部地区和城市户口的户主拥有的非金融资产和非金融资产细化的三类的平均数额都是高于中部、西部地区和农村的。区域之间的不平衡和城乡之间的不平衡问题在非金融资产拥有数额中都得到了很好的体现。高学历户主的非金融资产平均数远高于低学历户主，硕士及以上学历的户主拥有的非金融资产平均数最高，初中及以下学历的户主拥有的非金融资产平均数最低。年龄处于31~45岁、46~60岁的户主拥有的非金融资产数额相差不大，但远超过户主年龄在61岁及以上家庭的持有数额。金融业户主拥有的房产净值是农林牧渔业工作的户主房产净值的4.94倍。

对于金融资产，将其具体划分为家庭储蓄和投资理财产品。其中，家庭储蓄的值最大，金融资产占比为77.22%。金融资产按区位、户口、学历、年龄、工作性质划分的情况与非金融资产的情况基本一致。

对于非住房负债，从全国来看，非住房负债率不是很高，占家庭财富的比例小于3%，非住房负债按区位、户口、学历的情况也与非金融资产的情况基本一致。

对于居民家庭财富差距，从财富构成上看，房产净值对居民财富差距的贡献最大，2018年贡献度为73.58%。

第四章 家庭财富

从城乡分解看，2018 年城乡内部 GE(0) 指数为 0.646，城乡之间的 GE(0) 指数为 0.076，城乡内部和城乡之间的财富差距对财富不平等的贡献分别为 89.42% 和 10.58%，而且城乡之间的财富差距主要来自城乡内部；从地区分解看，地区内部与地区之间的 GE(0) 指数分别为 0.722 和 0.048，贡献度分别为 93.33% 和 6.67%，说明地区内部的财富不平等程度大于地区之间财富不平等。

基于回归的夏普里值（Shapley）分解方法结果，分解结果表明，家庭收入解释了财富差距的 52.92%，城乡差异和地区差异对财富不平等的贡献分别为 12.29% 和 10.43%，户主教育对财富差距的贡献为 11.58%，户主的年龄、婚姻、健康状况等其他禀赋特征因素对财富差距的贡献为 12.77%。

第五章

家庭消费

为进一步认识和了解我国居民家庭消费情况，本章从家庭日常消费支出、家庭非日常消费支出、家庭消费特征、家庭消费行为和家庭消费观念五个方面对 2018 年我国家庭消费情况作出相应的统计分析，并提供数据支持。

第一节 家庭总消费

一、家庭平均总消费支出

以家庭为单位所进行的消费，是社会消费的基础。其主要内容包括家庭成员的物质生活消耗、文化生活消费、劳务消费等。其消费结构主要取决于社会生产结构、市场供给情况、家庭所处的地理条件、生活环境、民族特点、风俗习惯，家庭成员构成、收入情况、兴趣爱好等。本部分从全国、城市和农村三个方面来考察平均家庭总消费的情况。

从图 5-1 可以看出，2018 年的全国家庭总消费平均水平为 133326.3 元；城市家庭总消费平均水平为 161266.8 元，高于全国平均水平；农村家庭总消费平均水平为 97418.83 元，在全国平均水平之下，且远低于城市平均水平。由此可以得出，城市家庭的消费水平较高，是拉动消费增长的主要力量；而农村地区还存在巨大的消费潜力有待挖掘。

第五章　家庭消费

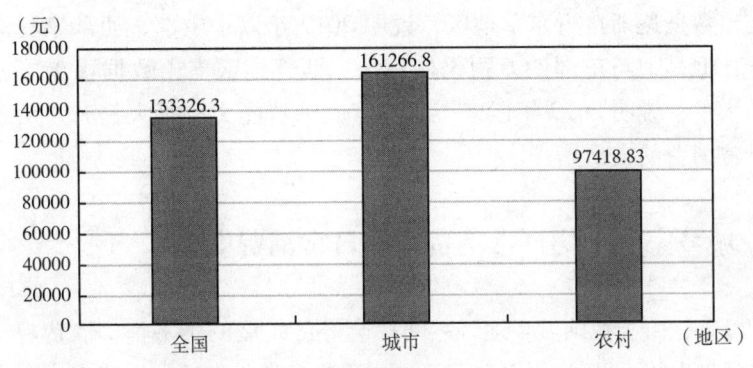

图 5-1　家庭平均总消费

二、地区与家庭平均总消费支出

由于地区间在科学、技术、教育、经济等方面存在着发展的差异，因此不同地区的家庭消费情况也会有所不同。具体分析如下：

由图 5-2 可知，从地理区域方面来看，在东部、中部、西部地区家庭中，东部地区家庭平均总消费支出的数值从总体上来说最高，为 160947.2 元，达到全国平均水平的 120.7%。中部地区家庭和西部地区家庭的平均总消费支出差异不是很大，分别为 121767.9 元和 116455.6 元，均低于全国总消费平均水平，分别占到全国总消费平均水平的 91.3% 和 87.3%。根据调查数据来看，中部、西

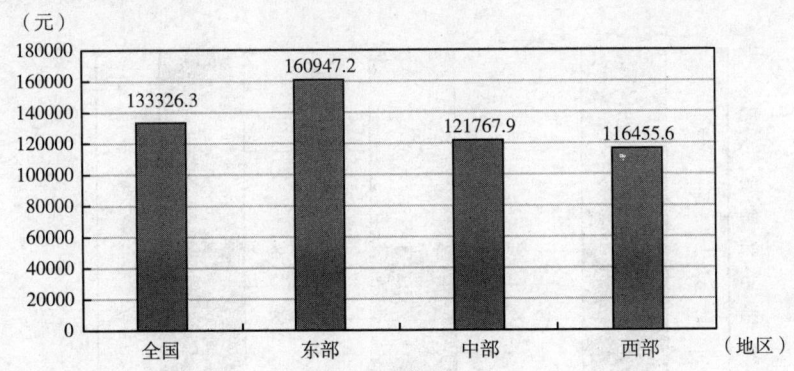

图 5-2　地区与家庭平均总消费支出

注：根据调查问卷的发放情况，东部地区包括北京、天津、河北、辽宁、上海、江苏、浙江、福建、山东和广东 10 个省份；中部地区包括山西、吉林、黑龙江、安徽、江西、河南、湖北、湖南 8 个省份；西部地区包括四川、贵州、云南、陕西、甘肃、青海、新疆、重庆、内蒙古、广西 10 个省份。

部地区支出数据逐渐接近东部地区，说明 2019 年以来中部、西部家庭消费能力有所提升，但是，与东部的差距仍然较大。西部地区支出数据逐步接近全国总消费平均水平，说明 2019 年以来，西部家庭消费能力有很大提升，用于日常消费和非日常消费的支出增加。

三、城乡家庭平均日常消费与非日常消费支出

长期以来，由于我国城乡地区之间社会经济发展的不平衡、消费观念的差异以及可支配收入的不平等，使得家庭平均日常消费和非日常消费支出存在着较大的差异。现从城市和农村角度对家庭平均日常消费和非日常消费支出进行分析。

其中，家庭日常消费主要包括食品支出、居住支出、交通通信支出、衣着支出和生活及服务支出；家庭非日常消费支出主要包括家具电器支出、汽车摩托车等支出、购房等房屋相关支出、孝敬父母支出、非储蓄性保险支出、奢侈品支出、教育及文化娱乐、医疗保险和其他方面。

从全国来看，家庭平均日常消费支出为 55822.21 元占比约为 41.87%；平均非日常消费支出为 77504.05 元占比为 58.13%。从城市和农村地区来看，农村家庭平均日常消费支出和平均非日常消费支出分别为 41777.46 元和 55641.37 元，占总支出的比例分别为 42.88% 和 57.12%，平均非日常消费支出远高于日常消费支出；城市家庭的平均日常消费支出和平均非日常支出分别为 66823.66 元和 94443.13 元，占总支出的比例分别为 41.44% 和 58.56%（见图 5-3）。由

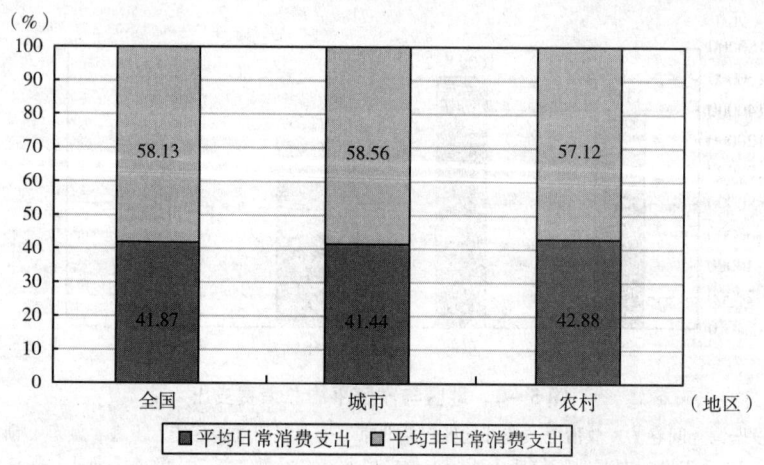

图 5-3 城乡家庭平均日常消费与非日常消费占比

此可见，农村平均非日常消费支出低于城市地区和全国的家庭平均非日常消费支出水平，但所占各自总消费支出的比例都非常的接近。

四、各地区家庭平均日常消费支出和非日常消费支出

受各地区间经济发展状况、人口因素、家庭收入、消费观念等方面的影响，地区间的家庭平均日常消费支出与非日常消费支出也存在一定的差异。下面从东部、中部、西部三个地区，分析各地区家庭平均日常消费支出和非日常消费支出的具体情况。

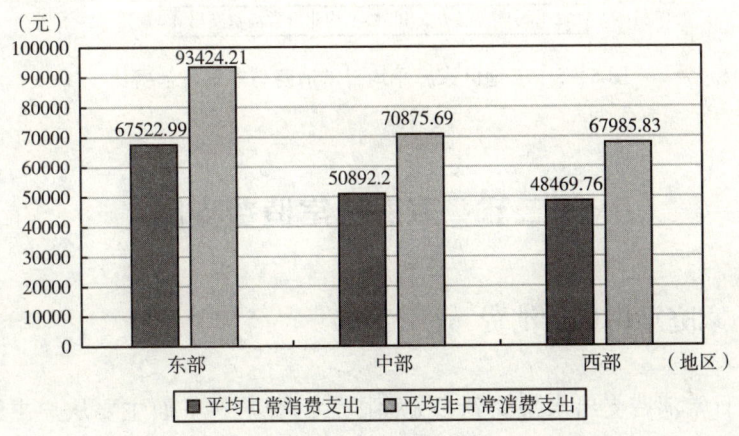

图 5-4 各地区家庭平均日常消费与非日常消费

从绝对指标来看，由图 5-4 可知，在家庭平均日常消费方面，东部地区处于最高水平，为 67522.99 元，其次是中部地区为 50892.2 元，最低的是中部地区为 48469.76 元，较东部地区低 19053.23 元；在家庭平均非日常消费方面，东部地区仍处于最高水平，为 93424.21 元，其次是中部地区为 70875.69 元，最低是西部地区为 67985.83 元，较东部地区减少 25438.38 元。从整体来看，各个地区的家庭平均非日常消费均高于平均日常消费，东部地区家庭的日常消费支出与非日常消费支出之间的差额最大。

从相对指标来看（见图 5-5），虽然各地区的家庭消费情况在日常消费支出占比和非日常消费支出占比存在差异，但差异相对较小。

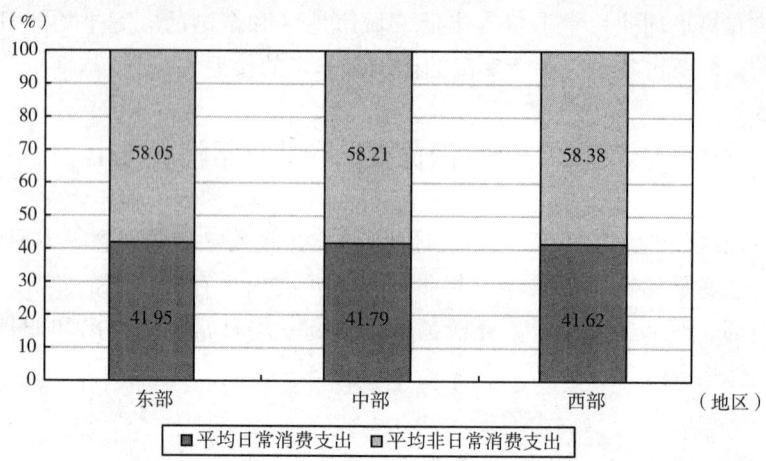

图 5-5 各地区家庭平均日常消费与非日常消费比

第二节 家庭日常消费支出

一、家庭平均日常消费

家庭日常消费支出水平受到多方面因素的影响，下面主要从户主学历、婚姻状况、年龄、区位、社保、工作性质以及家庭人口总数七个方面，分析各方面在家庭平均日常消费支出存在的差异。

1. 学历与家庭平均日常消费支出。根据调查数据，户主的最高受教育程度主要有未上过学、小学、初中、高中、职高或技校、中专、大专、大学本科、硕士和博士。现将学历主要分为图 5-6 中的四种类型，并比较各组的家庭平均日常消费支出情况。

由图 5-6 可看出，按照户主的学历水平分类，户主学历为硕士及以上的，家庭平均日常消费支出最高达 84866.63 元；其次是学历为大专和本科的户主，家庭平均日常消费支出为 69250.17 元；第三位是学历为高中和职高的户主，家庭平均日常消费支出为 56150.93 元；而家庭平均日常消费支出最低的是学历为初中及以下的户主，仅为 40025.65 元，仅占硕士及以上学历户主家庭平均日常消费支出的 47.16%。可以发现，户主的学历水平与家庭平均日常消费支出呈正向变动的关系，随着学历的提高，户主的家庭平均日常消费支出也会相应提高。

第五章 家庭消费

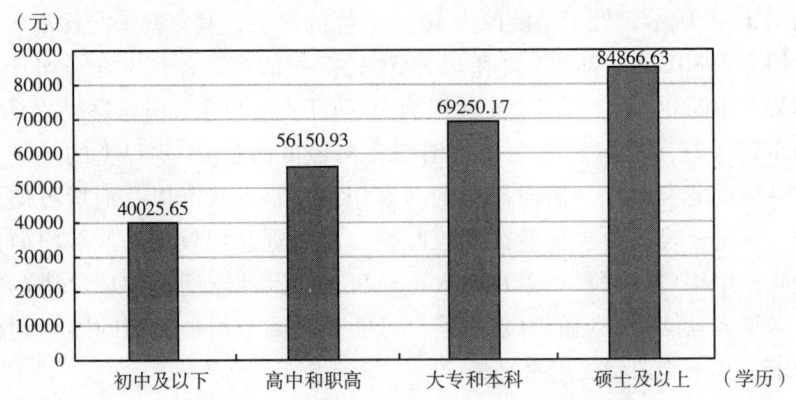

图 5-6 学历与家庭平均日常消费支出

2. 婚姻状况与家庭平均日常消费支出。婚姻状况发生变化可能会间接影响人们的消费支出结构和水平，本部分将婚姻状况分为未婚、初婚、再婚、离异、丧偶、同居五种情况，分析各种情况下的家庭平均日常消费支出。

从图 5-7 可知，婚姻状况为丧偶的家庭平均日常消费支出最低，且远远低于其他婚姻状况的家庭，为 26269.59 元。除离异家庭的平均日常消费支出为 48726.07 元以外，其他婚姻状况的家庭平均日常消费支出水平相差不大，都在 60000 元左右。由此可见，不同的婚姻状况会影响到家庭的平均日常消费支出。

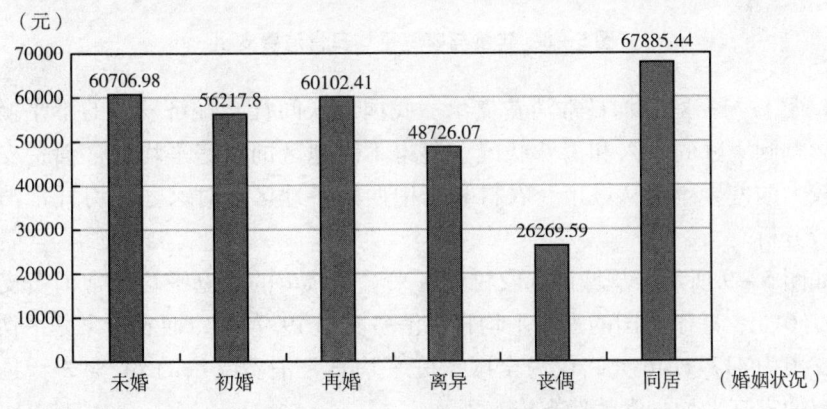

图 5-7 婚姻状况与家庭平均日常消费支出

3. 年龄与家庭平均日常消费支出。不同年龄阶段的群体在收入水平、消费能力、消费观念等方面存在差异，现将年龄分为如下四组，并分析不同年龄段的户主家庭，其平均日常消费支出的具体情况。

如图5-8所示,处于年龄段为16~30岁的户主,其家庭平均日常消费支出最高,约为59801元;其次是年龄段为31~45岁的户主,其家庭平均日常消费支出约为59468.04元;第三是年龄段为46~60岁的户主,其家庭平均日常消费支出为56270.21元;家庭平均日常消费支出最低的是61岁以上的户主,仅有26674.54元。这与各个年龄段户主的财富积累、收入状况以及消费习惯大致是相符的。年纪较轻的户主消费欲比较旺盛,消费观念比较先进,平均消费支出水平最高;中年户主财富积累和收入比较可观,因此家庭平均日常消费支出比较高;老年人虽然有一定的财富积累,可能是受到节俭消费观的影响和较低的消费需求,其平均消费支出水平最低。

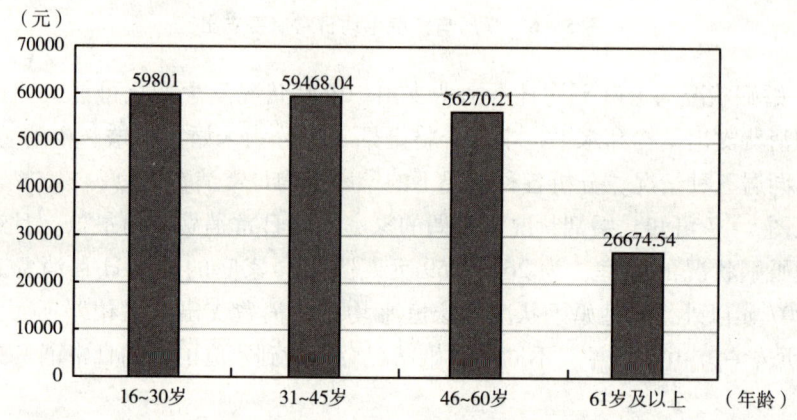

图5-8 年龄与家庭平均日常消费支出

4. 区位与家庭平均日常消费支出。我国地区间社会经济发展的不平衡,会直接影响到家庭的收入和消费状况,使得不同地区的家庭平均日常消费支出存在着较大的差异。现从城市、农村和东中西部各地区,对家庭平均日常消费支出进行分析。

如图5-9所示,从城市和农村地区来看,城市的家庭平均日常消费支出为66823.66元,高于全国的家庭平均日常消费支出19.71%,而农村家庭平均日常消费支出为41777.46元,仅为全国家庭平均日常消费支出的74.84%,且远低于城市的家庭平均日常消费支出水平。

从东、中、西部地区来看,其家庭平均日常消费支出分别为67522.99元、50892.2元和48469.76元。不难发现,中部和西部地区的家庭平均日常消费支出明显低于经济较为发达的东部地区,且均低于全国平均水平,但两地区的家庭平均日常消费支出差距并不显著。

第五章 家庭消费

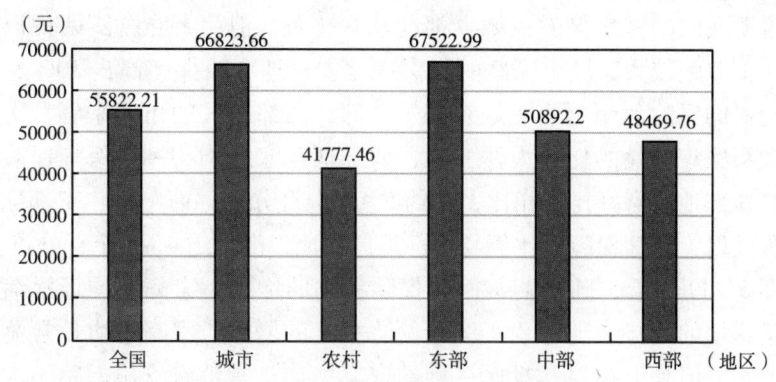

图 5-9 区位与家庭平均日常消费支出

5. 社保与家庭平均日常消费支出。

（1）医疗保险与家庭平均日常消费支出。现将医疗保险划分为五大类，即城市职工基本医疗保险、公费医疗或统筹医疗保险、城乡居民基本医疗保险、商业医疗保险以及其他医疗保险。图 5-10 按照家庭购买不同种类医疗保险的数量划分为四组，分别为无投保、投保一种、投保两种、投保三种及以上。

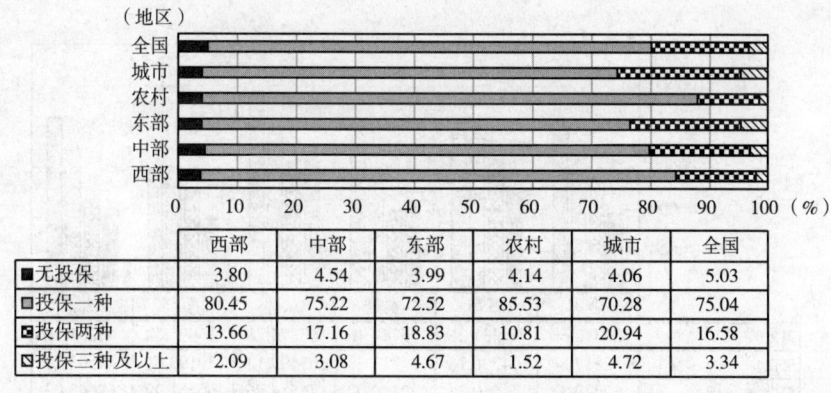

	西部	中部	东部	农村	城市	全国
■无投保	3.80	4.54	3.99	4.14	4.06	5.03
□投保一种	80.45	75.22	72.52	85.53	70.28	75.04
▩投保两种	13.66	17.16	18.83	10.81	20.94	16.58
▨投保三种及以上	2.09	3.08	4.67	1.52	4.72	3.34

图 5-10 按区位划分的家庭医疗保险投保情况

从图 5-10 可以看出，目前我国医疗保险覆盖率比较高，购买医疗保险的家庭占比都在 95% 以上。从城市与农村的角度来看，购买一种医疗保险的家庭占比普遍都很高，但农村家庭比例高出城市家庭比例约 16 个百分点；没有购买医疗保险和购买三种及三种以上医疗保险的家庭所占的比重都比较低，城市与农村没有购买医疗保险的家庭的比例都在 4% 左右，与 2017 年的比例相比有所下降,说明我国的医疗保险在城乡都已基本普及,但两者在购买两种以上医疗保险的比例差距较大,城市家庭的投保率比农村地区投保率高出10%,说明我国城市居民的保险意识更强。从东部、中部、西部地区的角度来看,中部和西部家庭购买医疗保险的比例大体一致,西部地区家庭购买一种医疗保险的比例与中部、东部地区家庭比例相比,高约5~7个百分点;而中部、东部地区家庭购买两种及以上医疗保险的比例与西部地区相比,高出约4~5个百分点。

从图5-11来看,随着购买医疗保险种类的增加,家庭平均日常消费支出基本上呈递增的趋势,随着购买医疗保险数量的增加,家庭平均日常消费支出也随之增加,但是无投保和投保一种的家庭平均日常消费支出差距不大。从城市和农村的角度来看,城市的每一种投保情况的家庭平均日常消费支出均高于全国水平,投保三种及以上的家庭平均日常消费支出最高,达83766.57元;农村地区无论哪种投保情况的家庭平均日常消费支出均低于全国水平。从东部、中部、西部地区的角度来看,东部地区的每一种投保情况的家庭平均日常消费支出均高于中部和西部地区,购买三种保险的家庭平均日常消费支出高达97000.98元;说明每个地区人们的保险意识和消费水平与该地区的经济发展水平有着密切的关系。

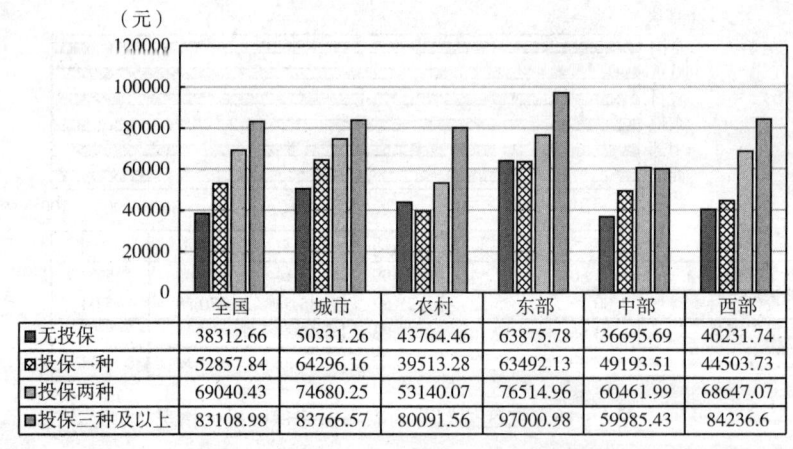

图5-11 医疗保险与家庭平均日常消费支出

	全国	城市	农村	东部	中部	西部
无投保	38312.66	50331.26	43764.46	63875.78	36695.69	40231.74
投保一种	52857.84	64296.16	39513.28	63492.13	49193.51	44503.73
投保两种	69040.43	74680.25	53140.07	76514.96	60461.99	68647.07
投保三种及以上	83108.98	83766.57	80091.56	97000.98	59985.43	84236.6

(2)养老保险与家庭平均日常消费支出。目前,我国养老保险主要包括城镇职工基本养老保险、城镇灵活就业人员养老保险、(城镇)居民社会养老保险、新型农村社会养老保险、企业年金和商业养老保险等。按照是否投保将调查的家庭分为两类,考察养老保险对家庭平均日常消费支出的影响。

第五章　家庭消费

如图 5-12 所示，从全国来看，目前购买养老保险的家庭所占比例达到 76.67%，基本实现全覆盖。从城市与农村的角度来分析，目前我国的养老保险在城市和农村都达到了比较高度的普及，特别是城市家庭养老保险的投保率达到 82.22%，高于农村家庭养老保险 70.99% 的投保率。从地区来看，东部地区家庭养老保险投保率最高，达到 81.09%；中部地区家庭，其养老保险投保率为 78.91%，略高于全国家庭的水平；西部地区家庭养老保险投保率 71.22%，低于其他地区。

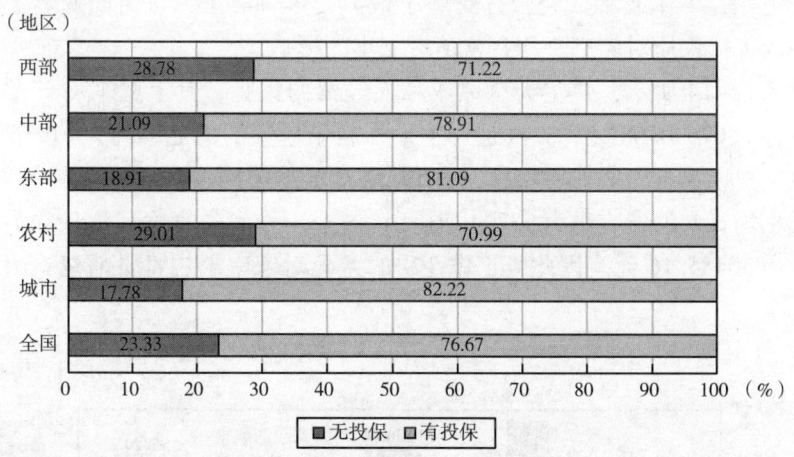

图 5-12　按地区划分的养老保险投保情况

从图 5-13 来看，全国家庭中购买养老保险的家庭平均日常消费支出高于没有购买养老保险的家庭，约高出 9141.68 元。从东部、中部、西部地区的角度

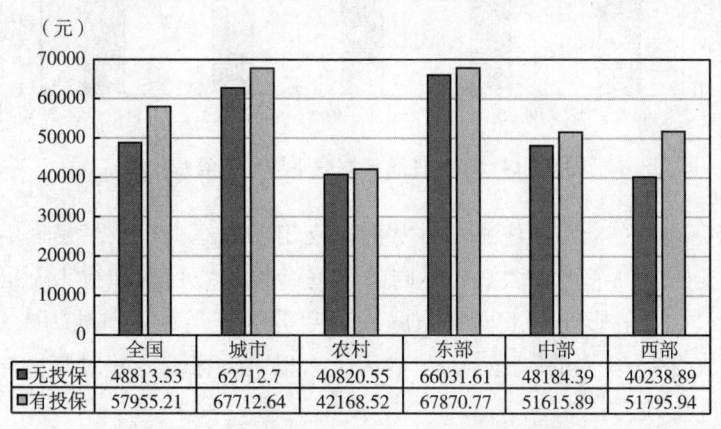

图 5-13　养老保险与家庭平均日常消费支出

来看,东部地区无投保和投保的户主家庭平均日常消费支出均高于中部和西部地区的家庭;西部地区无投保和投保的户主家庭平均日常消费支出最低,分别为 40238.89 元和 51795.94 元。总的来说,各个地区无投保和投保的家庭平均日常消费支出相差相对较小。

6. 工作性质与家庭平均日常消费支出。目前我国居民从事的职业不同,收入水平和消费方式也会存在较大差异。现按工作性质将户主从事的职业主要分为农业工作,个体或私人经营,受雇于他人,零、散工,自由职业者五种,分析户主的工作性质对家庭平均日常消费支出的影响。

如图 5-14 所示,户主为个体或私人经营的家庭,其家庭平均日常消费支出最高,为 67630.68 元;其次是户主是受雇于他人的家庭,约为 61636.36 元;第三位是户主为自由职业者家庭,为 56824.5 元;第四位是户主为零、散工的家庭,其平均日常消费支出为 33794.76 元;农业工作者的家庭平均日常消费支出最低,为 30485.16 元。因此,工作性质的差异对家庭平均日常消费支出的影响较大。

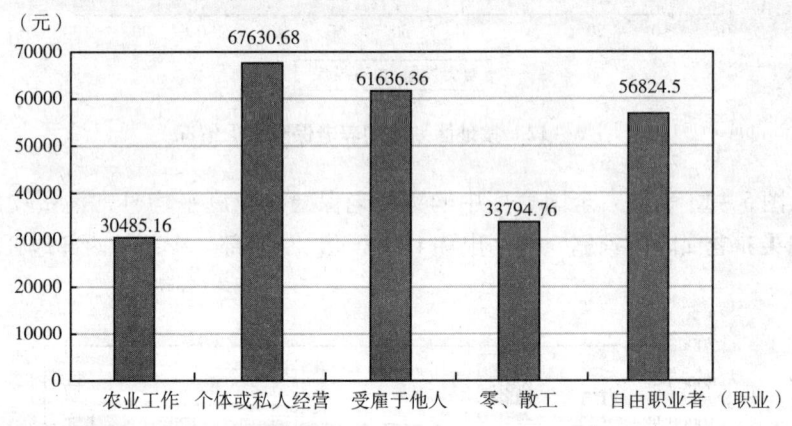

图 5-14 工作性质与家庭平均日常消费支出

7. 家庭人口总数与家庭平均日常消费支出。家庭人口数量是影响家庭平均日常消费支出的一个重要因素,不同的家庭结构消费目的和行为不同会对日常消费支出水平产生影响。下面将家庭人口数分为三类:人口数为 1~3 人的家庭、人口数为 4~6 人的家庭、人口数为 7 人以上的家庭,并对其平均日常消费支出水平进行分析。

从图 5-15 可以看出,人口数在 1~3 人的家庭平均日常消费支出最高,为

第五章 家庭消费

57023.88元；其次是人口数为7人以上的家庭，其家庭平均日常消费支出为56315.32元；家庭平均日常消费支出最低的是人口数为4~6人的家庭，仅为55754.48元。总的来说，三种类型的家庭平均日常消费支出差距相对较小。

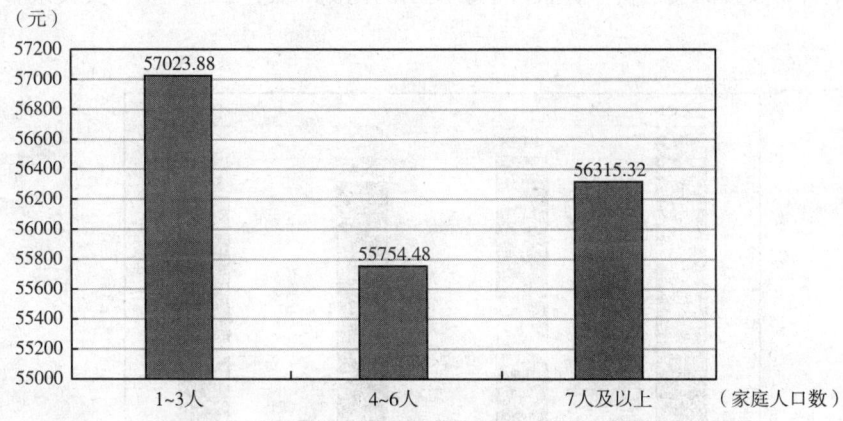

图5-15 家庭人口总数与家庭平均日常消费支出

二、家庭日常消费支出情况

家庭食品消费支出。家庭食品支出主要包括主食、副食、其他食品、在外饮食和食品加工费等。通过衡量食品支出占家庭日常消费支出的比例，可以对家庭的日常消费结构和日常消费水平有一个初步的了解。一般来说，收入越高、消费结构越合理的家庭，其食品支出占家庭日常消费支出的比重应相对较低，家庭可以有更多的收入分配到通信、衣着、交通、住房等日常消费的其他方面。本部分从学历、婚姻状况、区位、年龄、工作性质和家庭人口总数五个方面进一步对家庭食品支出情况进行分组对比分析。

1. 学历与家庭食品支出。通过分析学历与家庭平均日常消费支出的关系，可以发现随着户主学历水平的上升，家庭平均日常消费支出是逐步上升的。现在进一步研究学历与家庭食品支出占日常消费支出比例之间的关系，分析户主学历不同的家庭日常消费水平和消费结构的问题。

如图5-16所示，从户主学历水平来看，户主学历为初中及以下的处于第一位，其食品支出占家庭日常消费支出的比例高达44.87%；户主学历为高中和职高的，其食品支出占家庭日常消费支出的40.28%，与第一位的差距并不大；第三位是户主学历为大专和本科的,其食品支出占家庭日常消费支出的36.43%;而户主学历为硕士及以上的家庭,其食品支出占家庭日常消费支出的比例仅为34.10%,显著低于户主为其他学历水平的家庭。因此可以得出如下结论:随着户主学历水平的上升,其食品支出占家庭日常消费支出的比例降低,二者呈负相关关系。

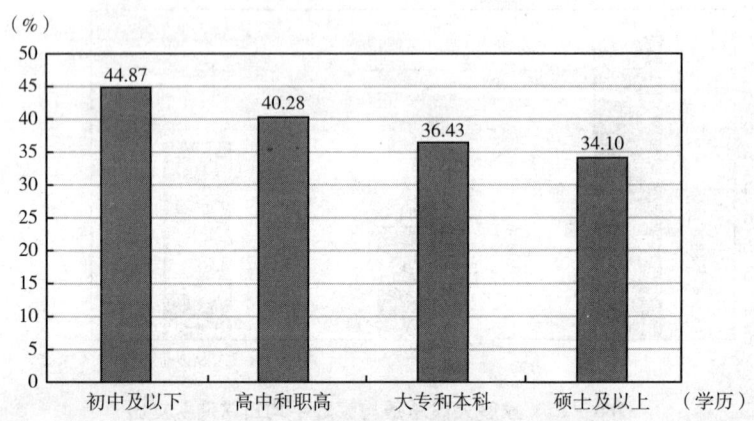

图5-16 学历与食品支出占家庭日常消费支出的比例

随着户主学历水平的提升,其家庭平均日常消费支出会随之提高,然而食品支出占家庭日常消费支出的比例却呈现出下降的趋势,这说明了户主家庭会将更多的资金分配在食品支出以外的其他支出上。因此,户主学历水平的提升会使家庭的日常消费水平提高,日常消费支出结构更加合理。

2. 婚姻状况与家庭食品支出。婚姻状况影响到家庭结构,不同的家庭对食品的需求存在差异。前部分已经分析过婚姻状况与家庭平均日常消费支出的关系,这里按前文的婚姻状况分类讨论家庭食品支出占日常消费支出的比重。

从图5-17可知,婚姻状况为丧偶的户主的食品支出占家庭日常消费支出的比例最高,为46.90%;其他婚姻状况的户主的食品支出占家庭日常消费支出比例相差较小,基本都在40%左右波动;婚姻状况为同居的户主的食品支出占家庭日常消费支出的比重最小,为36.04%。

3. 区位与家庭食品支出。户主家庭居住地不同,其消费习惯和饮食习惯也会存在较大的差异。现按照区位因素分析不同家庭的食品支出变化情况。

由图5-18可知,全国家庭的食品支出占家庭日常消费支出的比例为40.21%。从城市和农村地区来看,城市家庭的食品支出占家庭日常消费支出的38.71%,略低于全国平均水平,而农村家庭的食品支出占家庭日常消费支出的比重均高

第五章 家庭消费

于全国和城市水平，为42.33%。结合表5-1，虽然农村家庭的食品支出占家庭日常消费支出的比例相对于城市来说多了3.26个百分点，但是由于两者家庭平均日常消费总支出存在着较大的差距，实际上城市家庭的食品平均消费支出比农村家庭的高出8386.61元。

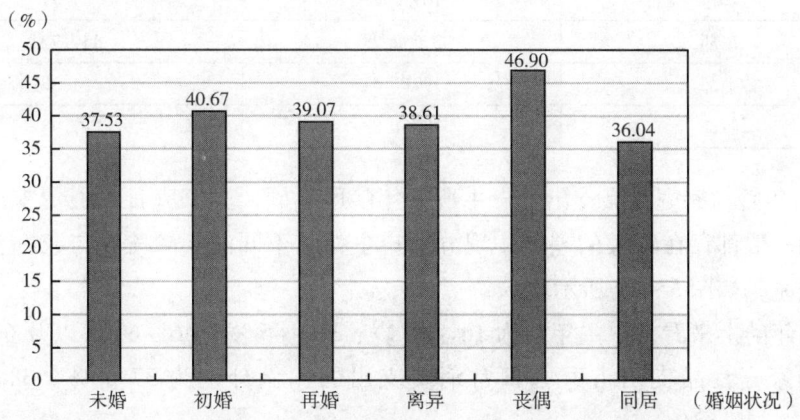

图5-17　婚姻状况与食品支出占家庭日常消费支出的比例

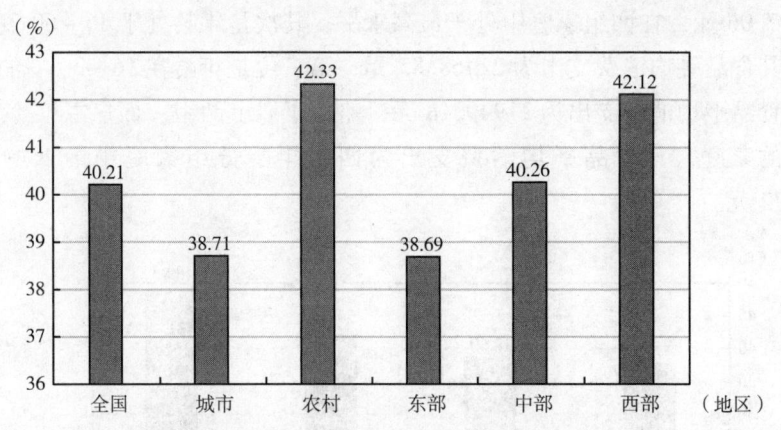

图5-18　食品支出占家庭日常消费支出的比例

从东中西部地区来看，东部地区的家庭，其食品支出占家庭日常消费支出的比重为38.69%；其次是中部地区家庭的食品支出占家庭日常消费支出的比重，为40.26%。从表5-1可以看出，中部和西部地区的食品平均消费支出均低于全国食品平均消费支出，其中西部最低，仅为19061.83元，而东部地区的食品平均消费支出要高出全国水平约18个百分点，高达25652.98元。

表 5-1　　　　　　　　按区位划分的食品平均消费支出

区位	食品平均消费支出（元）	占全国的比值（%）
全国	21790.09	100
城市	25317.79	116.19
农村	16932.18	77.71
东部	25652.98	117.73
中部	19912.54	91.38
西部	19061.83	87.48

4. 年龄与家庭食品支出。户主所处年龄段不同，其家庭日常消费支出水平和结构一般都存在较大的差异，现分析户主处于不同的年龄阶段与家庭食品支出的关系，如图 5-19 所示。

从年龄上来看，户主年龄为 16~30 岁、31~45 岁、46~60 岁以及 60 岁及以上的家庭食品支出占家庭日常消费支出的比例分别为 37.58%、38.60%、41.95%、48.83%。

结合图 5-19 和图 5-20，年龄在 31~45 岁的户主家庭，食品平均消费支出为 22597.06 元，在四组家庭中处于最高水平；其次是年龄处于 46~60 岁的户主家庭，其食品平均消费支出为 22468.85 元；第三位是年龄在 16~30 岁的户主家庭，其食品平均消费支出 21949.18 元，略低于以上两组；而户主年龄为 61 岁及以上的家庭，其食品平均消费支出为四组年龄分组家庭中最低的，仅为 12363.72 元。

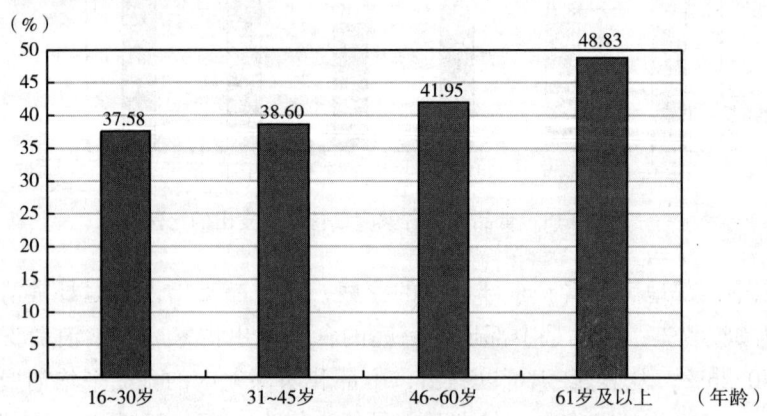

图 5-19　食品支出占家庭日常消费支出的比例

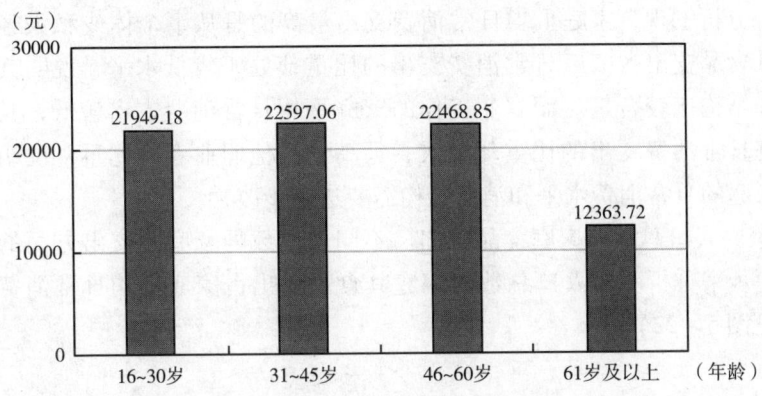

图 5-20　按年龄划分的食品平均消费支出

5. 工作性质与家庭食品支出。不同的工作性质，会影响到家庭的日常消费总支出。进一步比较不同工作性质的户主家庭的食品支出情况，并分析不同家庭的消费结构和消费水平的变化。

如图 5-21 所示，户主为农业工作的家庭，其食品支出占家庭日常消费的比例最高，为 44.60%；居于第二位的是户主为零、散工的家庭，其食品支出占家庭日常消费支出的比例为 43.94%；位于第三位的是户主为个体或私人经营的家庭，其食品支出占家庭日常消费支出的比例为 39.90%；接着是户主为受雇于他人的家庭，其食品支出占家庭日常消费支出的比例为 38.51%；最后，自由职业的户主家庭的食品支出占家庭日常消费支出的比例明显要低于其他工作性质的家庭，仅为 37.32%。

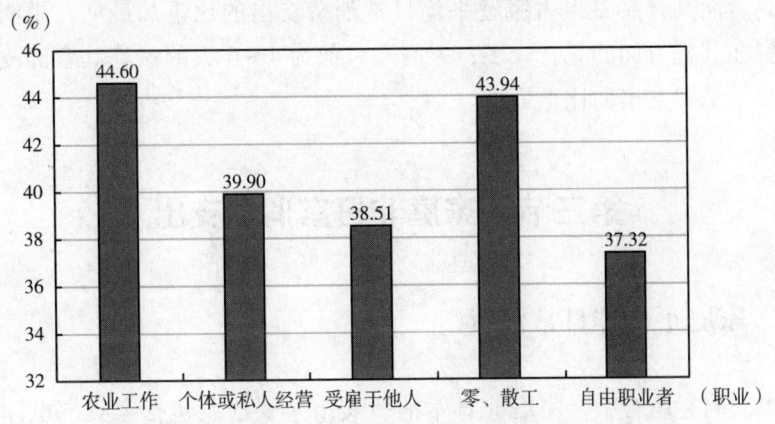

图 5-21　工作性质与食品支出占家庭日常消费支出的比例

综合分析发现，家庭平均日常消费支出最高的是从事个体或私人经营的户主，但其食品支出占家庭日常消费支出的比重却处于较低水平，说明其日常消费水平和结构比较合理。而农业工作的家庭平均日常消费支出较低，其食品支出占家庭日常消费支出的比重却最大，远高于其他职业者的比重，说明农业家庭户主家庭的日常消费水平和消费结构需要进一步改善。

6. 家庭人口总数与家庭食品支出。不同人口数的家庭在支出方面的安排不同，进一步来分析不同人口总数的家庭其食品支出占家庭平均日常消费支出的比重（见图5-22）。

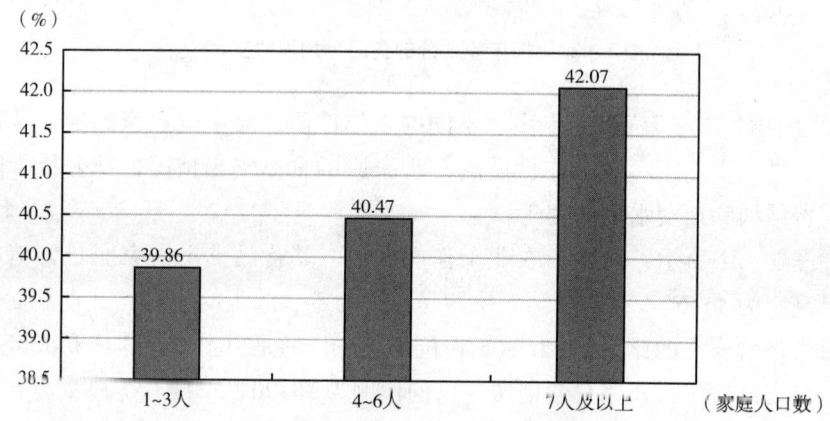

图 5-22　按家庭人口数划分的食品支出占家庭平均日常消费支出的比例

联系图 5-22 的分析可知，人口总数在 1~3 人及以上的家庭平均日常消费支出最高，而其食品支出占家庭平均日常消费支出的比重却最低，说明小规模人口家庭在其他方面的花费较多；家庭人口数为 4~6 人的家庭其食品支出占家庭平均日常消费支出的比重最高。

第三节　家庭非日常消费支出

一、家庭平均非日常消费

在本次问卷调查中，家庭非日常消费支出主要涉及包括家具、电冰箱、洗衣机、电视、电脑等的家具电器；家用汽车、摩托车、电动车等的交通工具；

第五章 家庭消费

购房等房屋相关支出；旅游；孝敬父母支出；非储蓄性保险支出、奢侈品支出；教育、文化、娱乐支出；医疗保健支出和其他支出等方面。本部分主要从学历、婚姻状况、区位、年龄、工作性质和家庭人口总数六个方面分析其对家庭平均非日常消费支出的影响。

1. 学历与家庭平均非日常消费支出。由于消费支出和人们的收入存在一定的关系，而不同学历的群体在收入方面存在差异，以下具体分析学历与家庭非日常消费支出之间的关联关系。

从图5-23可以看出，家庭平均非日常消费支出随着户主学历提高呈现递增趋势。其中，家庭平均非日常消费支出最高的是户主学历为硕士及以上的家庭，均值为196280.5元，几乎是家庭户主学历为大专和本科的2倍，是家庭户主学历为高中和职高的3倍，是家庭户主学历为初中及以下的约4倍。家庭户主学历为初中及以下的非日常平均消费支出最低，为50404.35元，与学历为高中和职高的家庭非日常消费支出67472.17元差别不大。从家庭户主学历为大专和本科开始，家庭平均非日常消费支出有显著性提高。

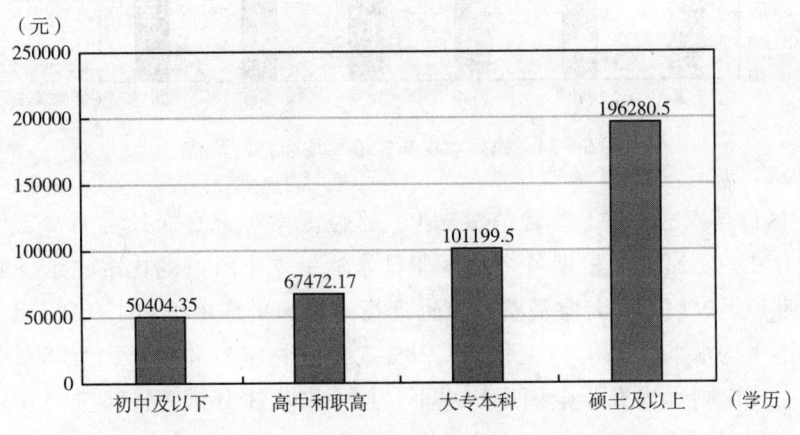

图5-23 学历与家庭平均非日常消费

2. 婚姻状况与家庭平均非日常消费支出。不同婚姻状况的家庭消费意识存在较大的差别，承担的责任与肩负的压力也存在着差别，这些都将可能对家庭非日常消费支出的大小存在一定影响。

从图5-24可以看出，婚姻状况为再婚的家庭非日常消费支出最高，均值为90764.2元，是全国平均水平的117.11%；其次为婚姻状况为初婚的家庭，非日常消费支出均值为79713.83元，略高于全国平均水平，为102.85%；再次为婚姻状况为同居家庭,非日常消费支出均值为76540元,几乎与全国平均水平持平,比值为98.76%;婚姻状况为未婚的家庭,非日常消费支出均值为74522.66元,低于全国平均水平,比值为96.15%;婚姻状况为离异的家庭紧随其后,其非日常消费支出均值为68078.73元,全国平均水平的87.84%;婚姻状况为丧偶的家庭非日常消费支出最低,其均值为34932.96。由此可知,相比于婚姻状况非正常的家庭,婚姻状况正常的家庭非日常消费支出都较高且高于全国平均水平。

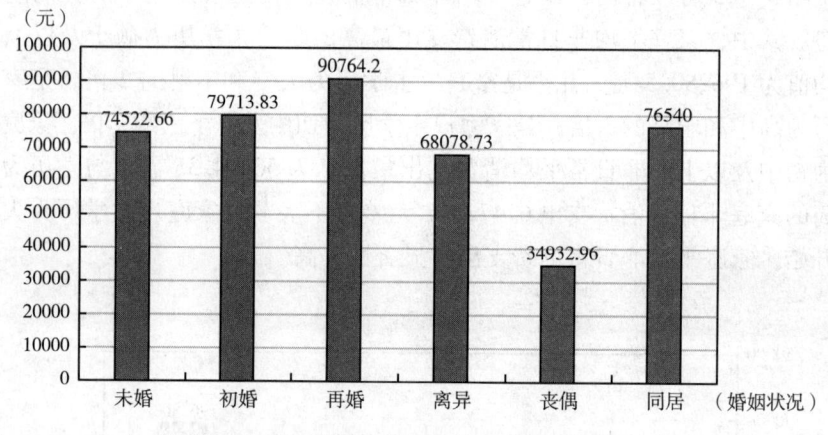

图5-24 婚姻状况与家庭平均非日常消费

3. 区位与家庭平均非日常消费支出。区位因素对家庭非日常消费支出的大小可能存在一定影响。根据各个地区非日常消费支出所占的比重显示,城镇家庭和东部地区家庭的非日常消费支出远远高于全国平均水平40430.29元,分别达到全国平均水平的120.45%和121.38%。而农村家庭和中部、西部家庭的非日常消费支出则远远低于全国平均水平。接下来具体分析,将区位因素分为城乡区域和地理区域(东部、中部、西部)两部分:

(1)户籍与家庭平均非日常消费支出。研究调查中,对城市和农村的家庭分别作了如下分析:

由图5-25可以发现,从城乡区域来看,农村家庭与城市家庭非日常消费支出水平差距十分明显。其中,农村家庭非日常平均消费为55641.37元,约为城市家庭非日常消费支出均值的58.92%,且远远低于全国非日常消费支出均值77504.05元,只占全国平均水平的71.80%,而城市家庭平均非日常消费支出为94443.13元,远远高于全国非日常消费支出均值,达到全国平均水平的

第五章 家庭消费

121.86%。从整体上来说,这主要是因为城市家庭的收入水平相对于农村家庭的收入水平较高,对家用电器、交通工具、旅游等非日常支出的消费水平也相对较高。

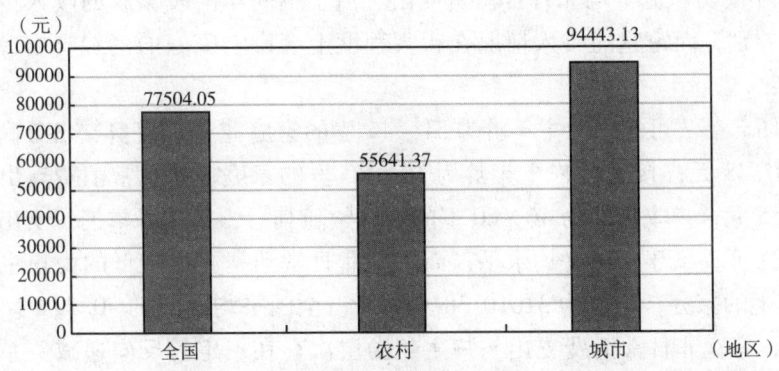

图 5-25 户籍与家庭平均非日常消费

(2) 地区与家庭平均非日常消费支出。由于地区间经济发展的不平衡,地理区域的不同可能对家庭非日常消费支出产生影响。分析如下:

由图 5-26 可知,从地理区域方面来看,东部、中部、西部地区家庭中,东部地区家庭平均非日常消费支出的数值从总体上来说最高,为 93424.21 元,达到全国平均水平的 120.54%,中部地区家庭和西部地区家庭的平均非日常消费支出差异不是很大,分别为 70875.69 元和 67985.83 元。根据调查数据来看,中部、西部地区支出数据逐渐接近东部地区,说明 2019 年以来中部、西部家庭

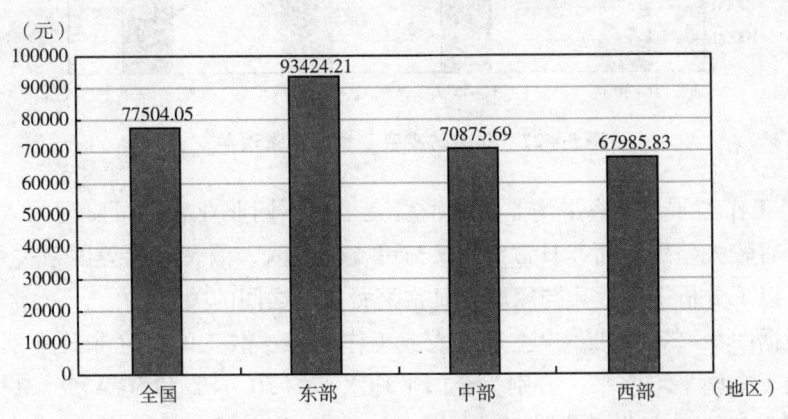

图 5-26 地区与家庭平均非日常消费支出

消费能力有所提升,但是,跟东部的差距仍然较大。西部地区支出数据逐步接近全国平均水平,说明今年以来,西部家庭消费能力有很大提升,用于非日常消费的支出增加。

4. 年龄与家庭平均非日常消费支出。由于不同年龄段家庭的收入情况存在较大的差别,而家庭的收入情况在很大程度上会影响家庭的消费支出,由此分析如下:

由图5-27可知,户主年龄为31~45岁的家庭非日常消费支出最高,均值为87407.48元;接着是户主年龄为16~30岁的家庭,非日常消费支出均值为83277.55元;户主年龄为46~60岁的家庭紧随其后,其非日常消费支出均值为73293.87元,低于全国平均水平;而平均非日常消费支出最低的为户主年龄在61岁以上的家庭,均值为31610.38元,仅占全国平均水平的40.79%。由此可以看出,家庭非日常消费支出与户主年龄层次存在一定的反向递减关系。年龄为16~30岁与31~45岁的青年家庭非日常消费支出要高于年龄为46~60岁与60岁及以上的中老年家庭且高于全国平均水平。

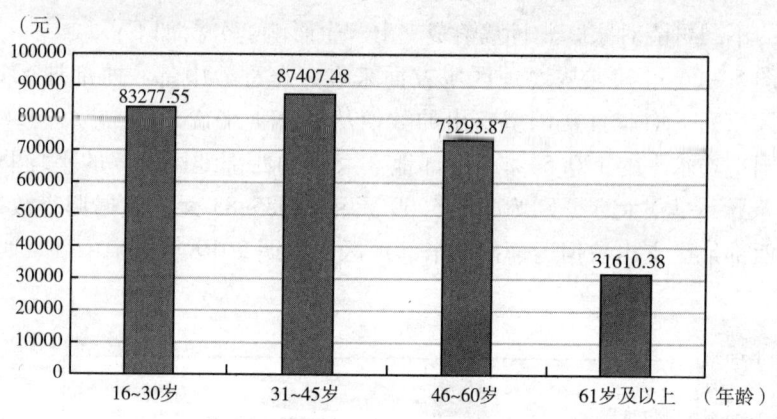

图5-27 年龄与家庭平均非日常消费支出

5. 工作性质与家庭平均非日常消费支出。不同职业者的可支配收入、消费理念等有较大差别,而非日常消费又与可支配收入、消费理念等因素关系密切。因此,以下分析工作性质与家庭非日常消费支出之间的关系。

根据图5-28可知,户主从事农业工作和零、散工的家庭非日常消费支出远远低于全国平均水平,分别为全国平均水平的50.64%和56.45%。户主从事自由职业者的家庭非日常消费支出略低于全国平均水平,为全国平均水平的

92.64%。户主从事个体或者私人经营以及从事雇佣劳动的家庭非日常消费支出远远高于全国平均水平,分别为全国平均水平的136.57%和116.52%。

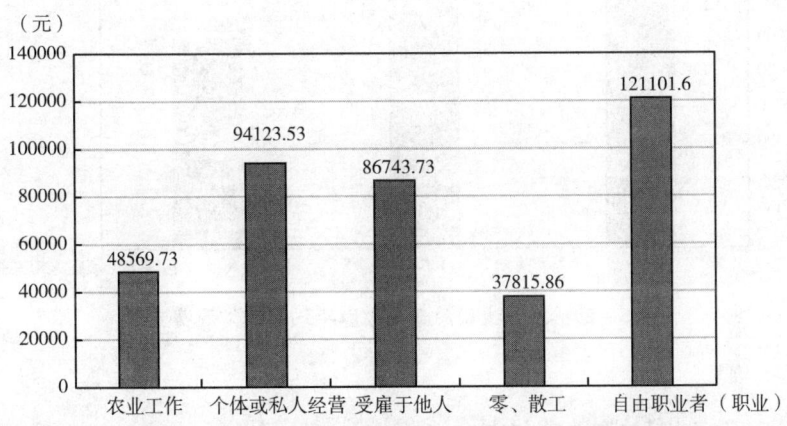

图5-28 工作性质与家庭平均非日常消费支出

由图5-28可知,户主从事自由职业的家庭非日常消费支出最高,均值高达121101.6元;排在第二位的是个体或私人经营的家庭,其非日常消费支出均值为94123.53元;排在第三位的是户主为受雇于他人的家庭,其非日常消费支出均值为86743.73元;最后,从事农业工作的家庭非日常消费支出均值为48569.73元,而从事零、散工职业的家庭的非日常消费支出均值最低,为37815.86元。由以上可知,家庭非日常消费水平和户主的工作性质有很大的关系。户主从事于不同的工作,直接影响到家庭的可支配收入水平,进而影响家庭的非日常消费支出情况。

6. 家庭人口总数与家庭平均非日常消费支出。家庭人口总数可能对家用汽车、摩托车、电动车等的交通工具、旅游等方面的非日常支出产生影响,以下将分析家庭人口总数与家庭非日常消费支出之间的关系。

由图5-29可知,家庭人口总数为4~6人的家庭非日常消费支出最高,均值为80677.01元;其次为家庭人口总数为1~3人的家庭,非日常消费支出均值为76750.41元;家庭人口总数为7人及以上的家庭最低,其非日常消费支出均值为60192.53元。由此可知,在家庭人口总数为4~6人时,家庭非日常消费支出高于全国平均水平,但当家庭人口总数为1~3人和7人及以上时,家庭非日常消费支出均低于全国平均水平。

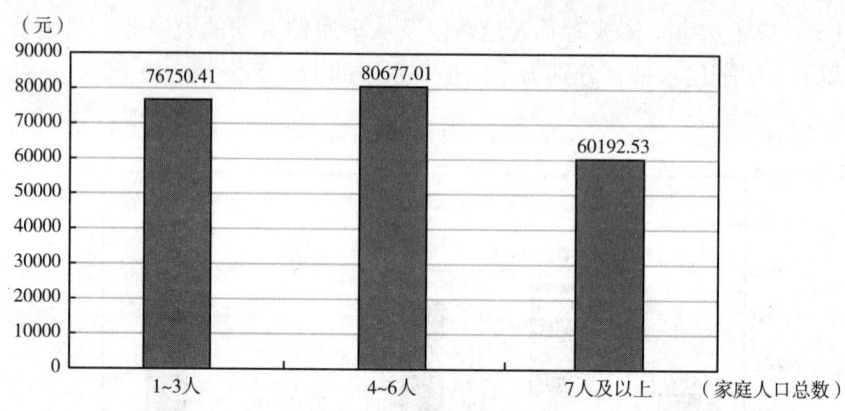

图 5-29 家庭人口总数与家庭平均非日常消费支出

二、家庭非日常消费结构

1. 家庭非日常消费结构。根据调查数据分类，家庭非日常家庭主要涉及包括家具、电冰箱、洗衣机、电视、电脑等的家具电器；家用汽车、摩托车、电动车等的交通工具；购房等房屋相关支出；旅游；孝敬父母支出；非储蓄性保险支出；奢侈品支出；教育、文化、娱乐支出；医疗保健支出和其他支出等方面。以下将分析家庭各类非日常消费支出占非日常消费总支出的比重。

由图 5-30 可知，目前，在我国家庭非日常消费中，教育、文化、娱乐支出占据比重最大，为 33%；其次为孝敬父母，占比为 11.86%；奢侈品支出排在第三位，占比为 11.19%，医疗保健支出占比为 10.87%；旅游支出占比为 10.07%。由此不难发现，教育支出目前是我国家庭非日常消费的主要组成部分。此外，孝敬父母支出、奢侈品支出、医疗保健支出在家庭非日常消费中的比重也越来越高，人们的消费观念有所变化，越来越重视生活质量，更加注重生活品质。

2. 学历与家庭非日常消费结构。通常来说，人们选择哪些非日常消费项目与人们的消费理念和生活阅历有很大的关系。因此，我们简要分析了学历与家庭非日常消费支出之间的关系，具体如下：

由图 5-31 可知，户主的学历无论为哪种，教育支出都远远高于其他非日常消费项目的支出，尤其是户主学历为大专、本科、硕士及以上的家庭。从总体上来说，户主学历为硕士及以上的家庭在任何方面的消费都高于户主学历为

第五章 家庭消费

初中及以下、高中和职高、大专和本科的家庭,是所有学历类型家庭中家庭非日常消费支出最高的。户主学历为初中及以下的家庭中,所有非日常消费均值普遍低于户主学历为高中及以上家庭。在每一类非日常消费中,户主学历为初中及以下、高中和职高、大专和本科、硕士及以上家庭的支出均值递增。

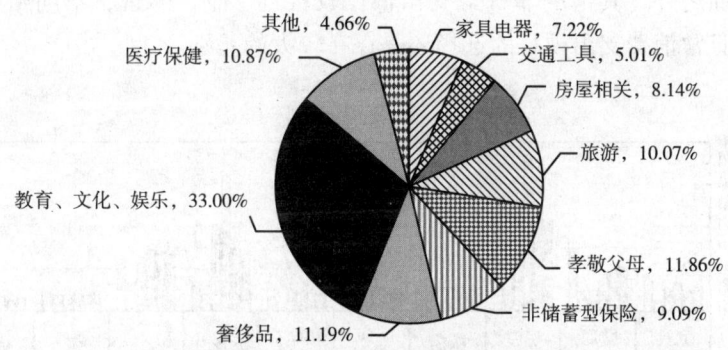

图5-30 家庭非日常消费支出各项比重

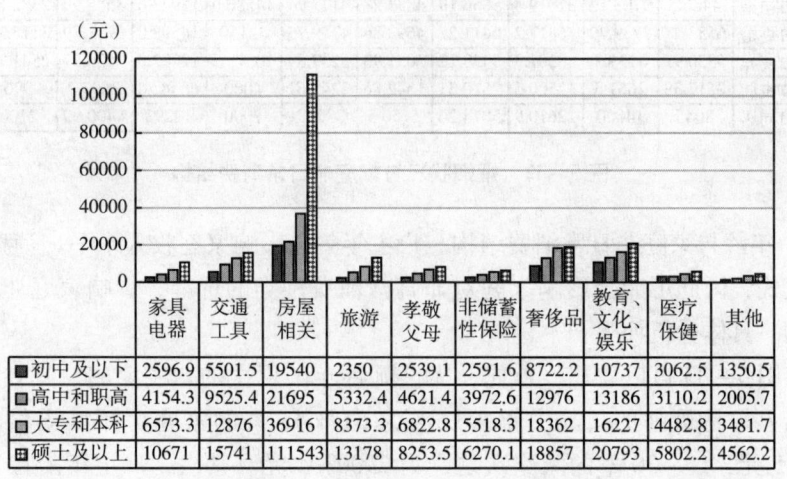

图5-31 学历与家庭非日常消费结构

3. 婚姻状况与家庭非日常消费结构。一般而言,婚姻状况会影响到家庭消费观念、消费模式、消费项目,从而影响家庭非日常消费结构。婚姻状况不同的家庭,各自消费项目的着重点也会存在差异。具体分析如下:

从图5-32可以看出,首先,除婚姻状况为未婚和丧偶的家庭外,其余无论哪种婚姻状况的家庭,其在房屋相关支出都是最高的。其中,婚姻状况为再婚的家庭在房屋相关支出达到36817.24元，初婚、同居和离异家庭在房屋支出分别排在第二、第三和第四位，分别为31019.46元、23301.3元和22610.91元。其次，婚姻状况为丧偶的家庭各方面的非日常消费支出都低于其他婚姻状态的家庭。最后，各婚姻状况的家庭在除去房屋相关支出，教育、文化和娱乐，奢侈品方面之外，其他的非日常支出都比较接近。总体来说，不同婚姻状态的家庭对非日常消费支出项目的选择还是存在较大的差别。

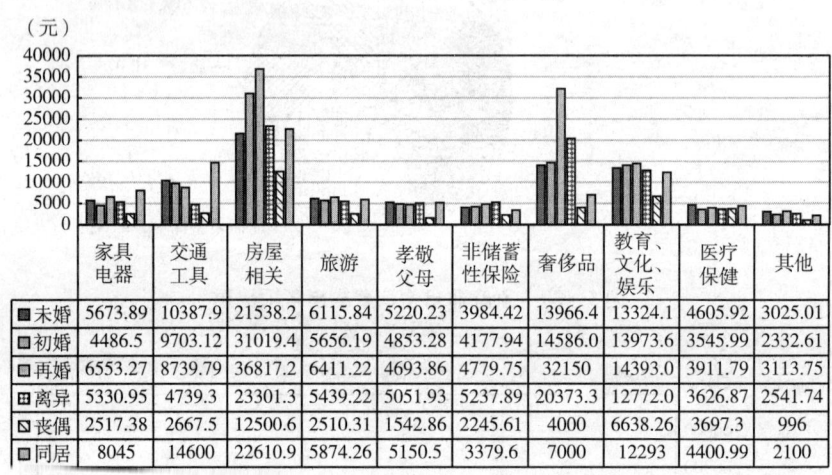

	家具电器	交通工具	房屋相关	旅游	孝敬父母	非储蓄性保险	奢侈品	教育文化娱乐	医疗保健	其他
未婚	5673.89	10387.9	21538.2	6115.84	5220.23	3984.42	13966.4	13324.1	4605.92	3025.01
初婚	4486.5	9703.12	31019.4	5656.19	4853.28	4177.94	14586.0	13973.6	3545.99	2332.61
再婚	6553.27	8739.79	36817.2	6411.22	4693.86	4779.75	32150	14393.0	3911.79	3113.75
离异	5330.95	4739.3	23301.3	5439.22	5051.93	5237.89	20373.3	12772.0	3626.87	2541.74
丧偶	2517.38	2667.5	12500.6	2510.31	1542.86	2245.61	4000	6638.26	3697.3	996
同居	8045	14600	22610.9	5874.26	5150.5	3379.6	7000	12293	4400.99	2100

图5-32 婚姻状况与家庭非日常消费结构

4. 年龄与家庭非日常消费结构。户主年龄会影响家庭收入水平、消费观念、消费模式，因此可能会影响家庭对非日常消费种类的选择，影响家庭非日常消费结构。具体分析如下：

从图5-33可以看出，首先，无论哪种年龄层次的户主家庭，其在房屋相关支出上都是最高的，其中年龄层次为31~45岁的家庭房屋支出均值高达34518.5元，16~30岁的家庭次之，为29003.4元。其次，户主年龄在16~30岁的家庭在家用电器、交通工具方面均居于首位，其他非日常消费支出略低于部分年龄段。户主年龄在31~45岁的家庭在非储蓄型保险，教育、文化与娱乐方面都居于首位。户主年龄在46~60岁的家庭在旅游、奢侈品方面最高，其他方面的支出略低于其他年龄层次的家庭相同方面的支出。户主年龄61岁及以上的家庭在医疗保健方面最高，其他方面的支出较低，这主要受其自身健康状况影响。最后，除去户主年龄在61岁及以上的家庭，其余家庭在各项非日常消费支出上都比较接近。

第五章 家庭消费

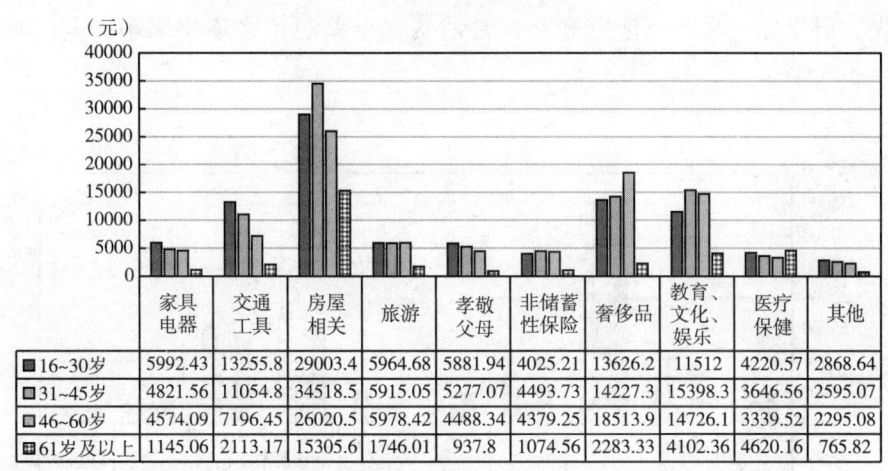

图 5-33 年龄与家庭非日常消费结构

5. 区位与家庭非日常消费结构。

（1）户籍与家庭非日常消费结构。城乡家庭在消费项目的选择上会受到市场环境、商品流通以及生活观念的影响，由此会影响家庭的非日常消费结构。分析如下：

由图 5-34，总体来说，城镇家庭各个方面的非日常消费与农村家庭都有着巨大的差距，农村家庭非日常消费支出均未达到全国平均水平。但是与前一年的数据相比较，城镇与农村的非日常消费支出的差距在逐渐缩小。具体来说，城镇家庭在奢侈品支出上是农村家庭的 2.5 倍，为 17685.82 元；城镇家庭在孝敬父母、非储蓄性保险支出上是农村家庭的 2 倍，分别为 6196.65 元、5263.76 元；城镇家庭旅游支出接近农村家庭的 3 倍，为 7833.66 元；城镇家庭家用电器消费支出、交通工具消费支出、教育支出上超农村家庭的 1.5 倍，分别为 5769.21 元、11320.91 元和 15662.4 元。

（2）地区与家庭非日常消费结构。由于东部、中部、西部地区一直存在着较大的发展差距，家庭消费结构必然存在差异。具体分析如下：

从图 5-35 可知，东部地区家庭在各项非日常消费支出上都占据领先地位，远远超越中部地区和西部地区的家庭且均处于全国平均水平之上。此外，西部地区家庭在旅游和奢侈品方面支出高于中部地区家庭，其余支出均低于中部地区。西部地区家庭在各项非日常消费支出上都低于全国平均水平。中部地区家庭除教育、文化、娱乐支出高于全国平均水平外，其余均低于全国平均水平，但差距不大。由此可知，虽然东部地区家庭非日常消费支出依然领先,但中部、西部地区家庭非日常消费支出差距正在逐步缩小,全国平均差异不断缩小。

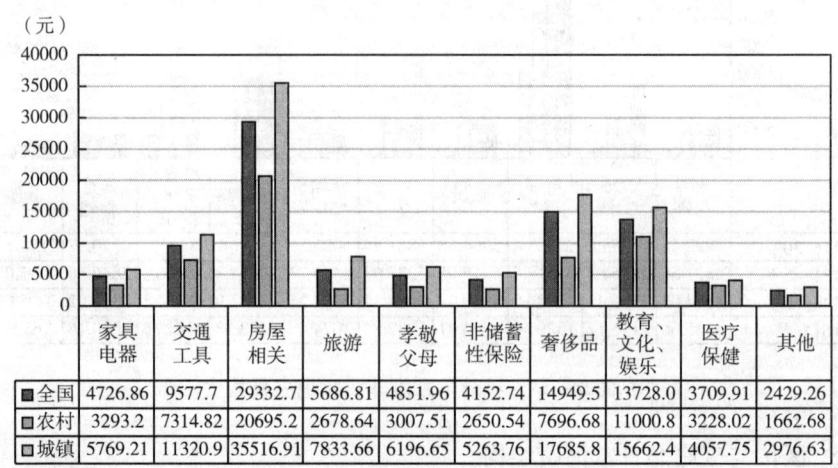

图 5-34 户籍与家庭非日常消费结构

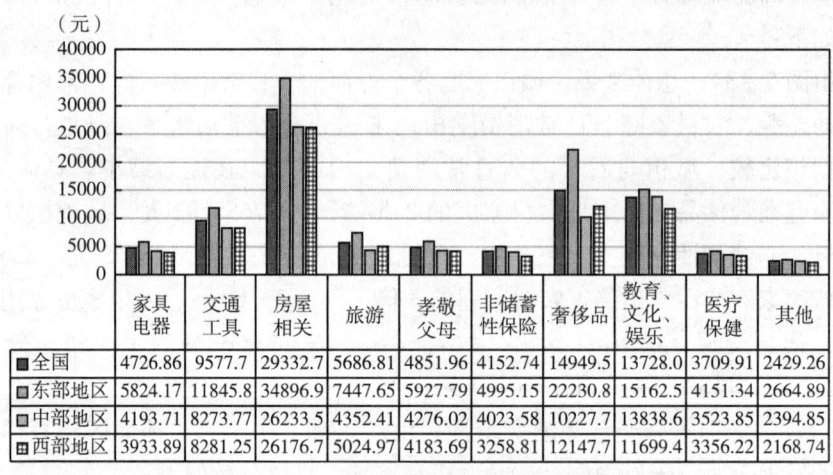

图 5-35 地区与家庭非日常消费结构

6. 工作性质与家庭非日常消费结构。人们所从事的工作不同,会引起人们消费水平和生活阅历不同,从而会影响人们对消费项目的选择,最终可能会对家庭非日常消费结构产生不同的影响,具体数据及分析如下:

从图 5-36 可知,户主从事个体或私人经营的家庭除了在家具电器和旅游

第五章 家庭消费

支出方面略微低于户主为受雇于他人的劳动者的家庭外,在其他方面的非日常消费中支出都比较高。户主为零、散工的家庭除非储蓄性保险、奢侈品和教育、文化、娱乐支出外,其余各项非日常消费支出均值均小于户主为农业工作的家庭。户主为零、散工的家庭除非储蓄性保险、奢侈品和教育、文化、娱乐支出外,其余各项非日常消费支出均值均排在倒数第一位。从整体来看,不管户主从事什么样的工作,房屋相关支出、家庭教育支出均值在各类非日常消费支出均值中是占较高比例,其中户主为农业工作者,个体或私人经营者,受雇于他人的劳动者,零、散工,自由职业者的家庭非日常教育消费支出均值分别为 9382.91 元、17363.78 元、14309.23 元、11506.2 元、12583.13 元,说明现在的家庭越来越重视对子女的教育问题。

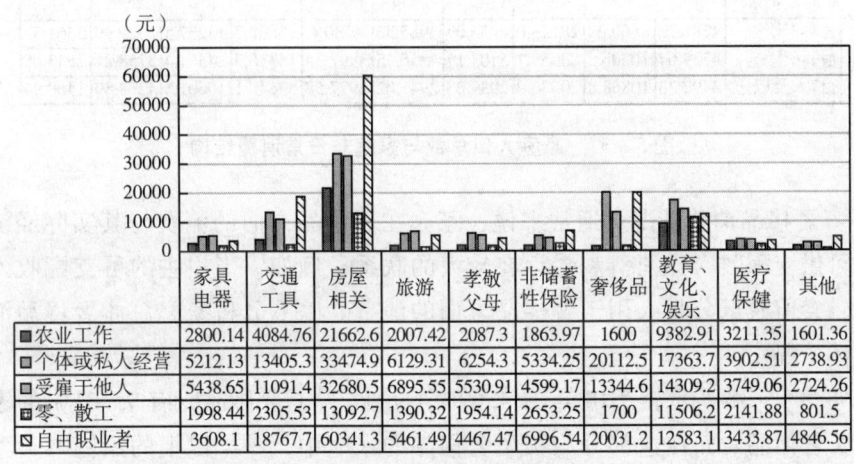

图 5-36 工作性质与家庭非日常消费结构

7. 家庭人口总数与家庭非日常消费结构。家庭人口总数不同,由此引起的消费模式和消费观念会影响人们对消费项目的选择,可能会对家庭非日常消费结构产生不同的影响,具体数据及分析如下:

由图 5-37 可知,家庭人口总数无论为多少,除房屋相关支出外,教育支出都远远高于其他非日常消费项目的支出,家庭人口总数为 4~6 人的家庭教育支出尤其高。总体来看,家庭人口总数为 7 人及以上的家庭除了在家具电器,房屋相关,旅游,孝敬父母,非储蓄性保险,奢侈品,教育、文化、娱乐支出方面的消费都低于其他家庭人口总数的家庭,交通工具、医疗保健支出是最高的。家庭人口总数为 4~6 人的家庭中,除奢侈品和教育、文化、娱乐外其余所有非日常消费支出均值都低于家庭人口数为1~3人的家庭。除此以外，家庭人口总数为1~3人与家庭人口数4~6人的家庭在各方面的非日常消费支出都较为接近。

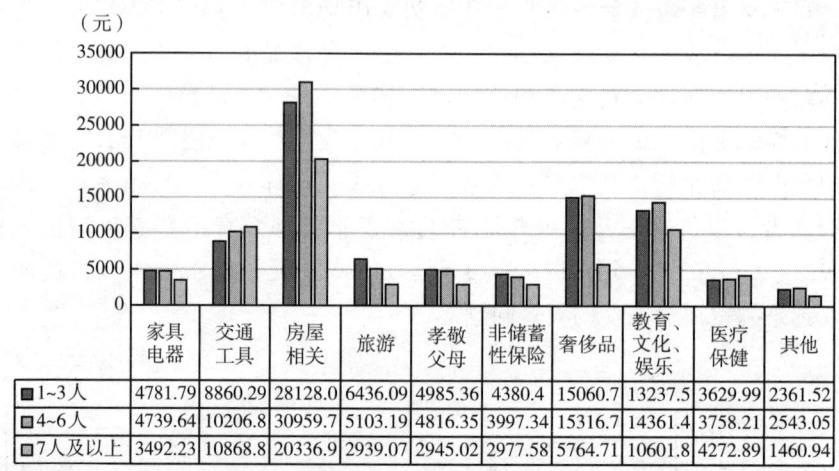

图5-37　家庭人口总数与家庭非日常消费结构

8. 奢侈品消费情况。通常来说，家庭在奢侈品方面的消费与其实际经济情况、可供支配收入、消费观念存在较大的联系，例如，当户主的可支配收入较高时，会留有部分收入用于奢侈品方面的消费。以下分析家庭总体奢侈品消费的具体情况。

如图5-38所示，2018年有4.69%家庭购买了奢侈品，有95.31%的家庭未购买奢侈品。而在这部分购买了奢侈品的家庭中，一半以上的家庭购买奢侈品是为了自己消费，占全部奢侈品消费的3.14%，只有1.17%和0.38%的家庭购买奢侈品是为了人情送礼和其他原因。家庭消费奢侈品比例的增加，说明了家庭非日常消费支出结构的变化和人们生活质量的提高。

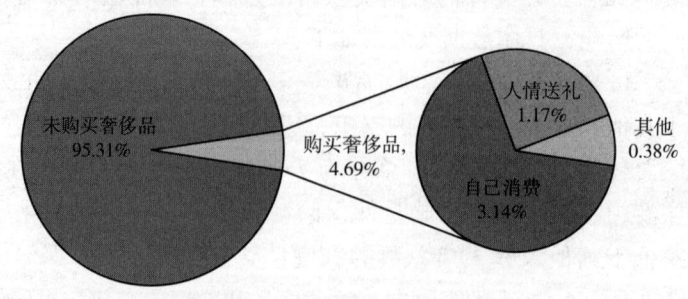

图5-38　奢侈品消费情况

第四节 家庭消费特征

一、主要消费项目

家庭主要消费项目支出水平受到多方面因素的影响,下面按照地区、城乡、婚姻状况、学历、工作性质和家庭人口总数等六个方面来分析其对家庭主要消费项目支出产生的影响。

1. 各地区家庭的主要消费项目情况。由于各地区的经济社会发展水平、消费习惯和家庭具体情况等存在差异,现选择食品、衣着、住房、医疗保健、教育和娱乐等主要消费项目,按照地区分类来考察家庭的消费特征,具体内容如图 5 – 39 所示。

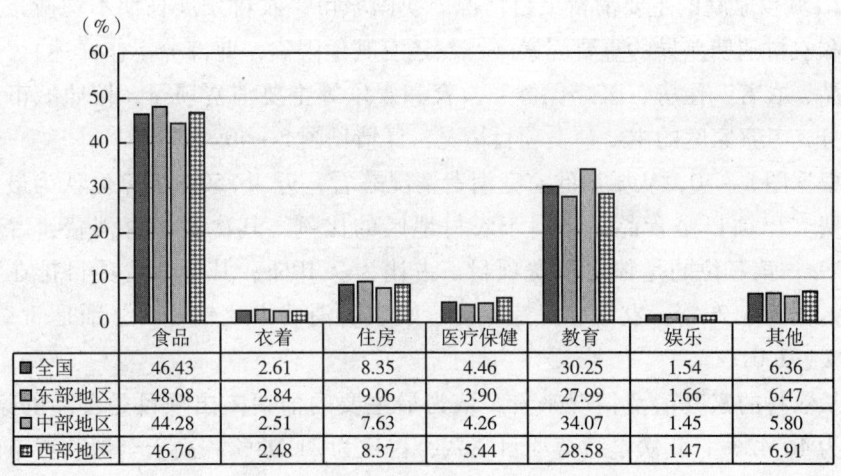

图 5 – 39 按地区划分的家庭主要消费项目情况

根据图 5 – 39,从地区来看,48.08% 的东部地区家庭认为食品是最主要消费项目,教育占比为 27.99%。二者消费比重之和占总消费的 3/4 以上,其中教育消费低于全国及中西部。衣着、住房、医疗保健、娱乐等消费项目占比相对较低分别为:2.84%、9.06%、3.90% 和 1.66%。

中部地区家庭认为食品是最主要消费项目占比约为 44.28%,其次为教育消费,占比为 34.07%。对比其他地区来看,中部地区的教育消费不仅高于全国教育消费，还高于东部、西部地区的教育消费。而食品消费占比则低于东部和西部地区和全国平均水平。

西部地区家庭认为食品是最主要消费项目的比例为46.76%，教育占比为28.58%。对比其他地区来看，西部地区的食品消费占比居中，与全国水平接近。教育消费占比居于中间水平，但西部地区的医疗保健目占比高于全国和东部、中部地区的同类消费。

从全国总体水平来看，食品、教育是各地区家庭认为过去一年最主要的两个消费支出项目。首先，食品被46.43%的家庭认为是最主要的消费项目；其次是教育，占比为30.25%；第三位的是住房类消费，占比为8.35%；衣着、医疗保健、娱乐的消费占比较低，分别是2.61%、4.46%和1.54%。由此可知，无论从全国，还是各地区来看，食品都被接近一半的家庭认为是最主要的消费项目。有近1/3的家庭认为教育是最主要的消费项目。而衣着、住房、医疗保健、娱乐等其他支出消费项目占比相对较低。

2. 城乡家庭的主要消费项目情况。我国城市、农村发展长期不均衡是造成城市和农村消费差异的重要因素（当然还有其他因素，此部分不作详述）。现选择食品、衣着、住房、医疗保健、教育和娱乐等主要消费项目，按照城市和农村划分，考察家庭的主要消费项目情况，详情见图5-40。

根据图5-40，从城市的家庭消费情况来看，近46.50%的家庭认为最主要的消费支出项目是食品，略高于农村地区的比例，其次是教育消费，占比为29.73%；第三位的是住房消费项目，占比为9.10%；其他消费项目排在第四位，占比为6.26%；衣着、医疗保健、娱乐的消费占比较低，分别是3.21%、3.19%、2.01%。

从农村的家庭消费情况来看，认为最主要的消费支出项目是食品的家庭，占比为46.42%；其次是教育项目消费，占比为31.08%，高于全国和城市的教育消费的占比；第三位是住房消费项目，占比为7.18%，也低于全国和城市的住房消费；其他消费项目处于第四位，占比为6.49%；最后是衣着、医疗保健、娱乐的消费较低，占比分别是1.80%、6.13%、0.90%，其中医疗保健消费高于全国和城市的消费占比，衣着和娱乐消费均低于全国和城市的消费占比。

总体来说，城乡地区社会经济发展水平、历史条件、消费习惯及观念等各方面的差异，都能对家庭的主要消费项目产生影响。按照城市和农村划分的家庭主要消费项目，能够清晰地发现城乡之间的消费差异，主要表现在教育、娱乐和住房消费项目。

第五章 家庭消费

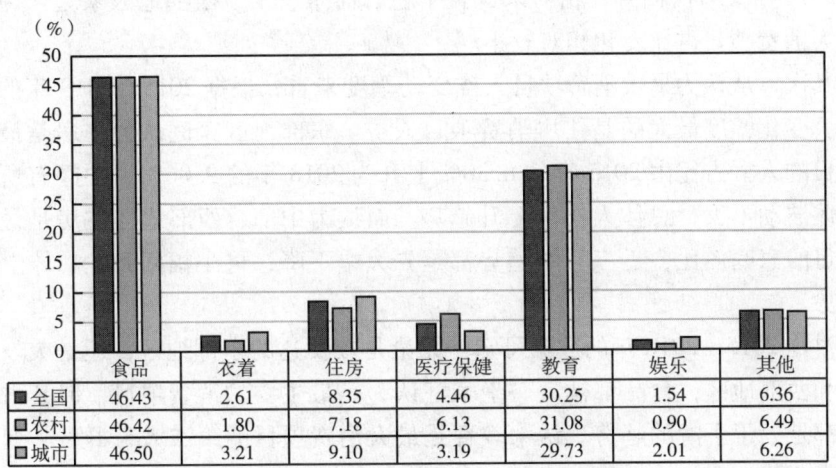

图 5-40 按城乡划分的家庭主要消费项目情况

3. 按地区划分的家庭主要消费项目变化情况。对比不同年份的家庭主要消费项目情况，能够了解到家庭主要消费项目的变化，同时按照地区划分，对比不同地区之间主要消费项目的变化情况。现就家庭主要消费项目（食品、教育、住房和其他）按照东部、中部、西部地区划分，分别对比 2015~2018 年的主要消费项目变化情况，如表 5-2 所示。

表 5-2　　　　按地区划分的家庭主要消费项目变化情况　　　　单位：%

项目	东部				中部				西部			
	2015年	2016年	2017年	2018年	2015年	2016年	2017年	2018年	2015年	2016年	2017年	2018年
食品	58.40	49.94	52.37	48.08	53.20	43.83	47.03	44.28	49.30	46.29	43.80	46.76
教育	22.50	24.79	22.86	27.99	29.70	32.14	27.54	34.07	29.80	29.71	25.65	28.58
住房	8.30	9.22	8.87	9.06	9.40	6.41	7.82	7.63	11.00	7.85	8.64	8.37
其他	10.90	16.04	15.90	14.87	7.70	17.62	17.61	14.02	9.90	16.14	21.91	16.29

从表 5-2 可知，按照地区划分的家庭主要消费项目在 2015~2018 年有较为明显的变化。

首先，从最主要的两大消费项目——食品和教育来看，2015~2018 年，东部、中部地区认为食品是最大消费项目的人群变化较大，均下降了 10 个百分点，2017 年又有所回升，但总体依旧是下降的。西部地区认为食品是最大消费项目人群变化幅度相对其他地区较小，但 2015~2018 年食品消费呈连续下降趋势。2018年又有所回升，相对来说较平稳。而东、中、西部地区家庭认为教育是最大消费项目占比变化相对较小。

其次，从认为最大消费项目人群变动幅度来看，根据2015~2018年的数据可知：变化幅度最大的是住房消费项目人群。东部地区家庭认为住房是最大消费项目的人群占比由2015年的8.30%上升为2018年的9.06%，中间有所波动但整体波动不大，总体人群呈上升趋势。而认为中部、西部地区住房是最大消费项目的家庭占比，近三年的趋势都是先大幅下降，再小幅回升，总体上呈下降趋势。

对比2015~2018年的数据可知，无论是较发达的东部地区，还是欠发达的中部和西部地区，食品都被近一半家庭认为是最主要的消费项目，但其占比总体上都是处于下滑的趋势。认为教育是最大消费项目的第二大人群，其变化相对稳定一些。东部、中部、西部三个地区认为住房是最大消费项目的家庭占比都相对平稳。除此之外，我们还发现，包括衣着、医疗保健和娱乐在内的其他消费项目占比，近三年来东部、中部、西部各地区均有大幅度提升。

4. 按婚姻状况划分的家庭主要消费项目情况。不同的婚姻状况会影响家庭成员的主要消费项目，接下来将婚姻状况分为未婚、初婚、再婚、离异和丧偶五种情况，分别研究其对应家庭对食品、衣着、住房、医疗保健、教育和娱乐等家庭主要消费项目的消费偏好，如图5-41所示。

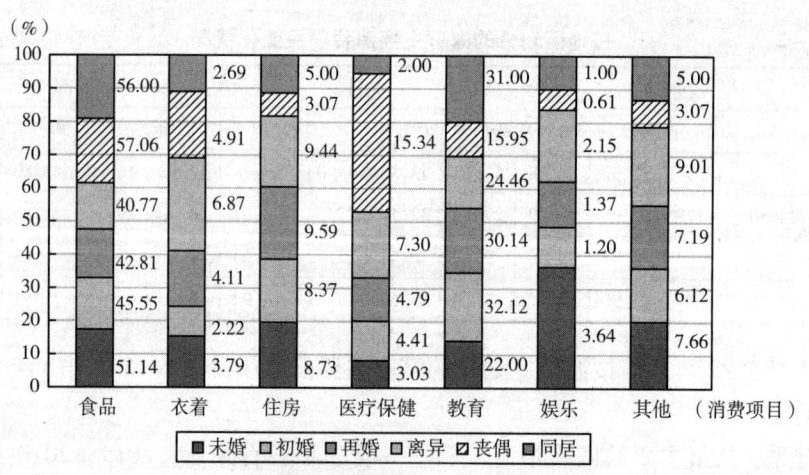

图5-41 按婚姻状况的家庭主要消费项目情况

由图5-41可知，按照婚姻状况来划分，各类家庭的两大主要消费项目都

第五章 家庭消费

是食品和教育。其中57.06%的丧偶家庭认为食品消费占比最高。其次，32.12%的初婚家庭认为教育消费最高，相比之下，只有15.95%的丧偶家庭认为教育消费占比最高。排在第三位的主要消费项目在不同婚姻状况的家庭出现了分歧：有8.73%的未婚家庭、8.37%的初婚家庭、9.59%的再婚家庭和9.44%的离异家庭认为，住房是最主要的消费项目，而丧偶家庭则有15.34%认为医疗保健是最主要的消费项目。除此之外，值得注意的是，丧偶家庭仅有0.61%认为娱乐是最主要的消费项目。

5. 按学历划分的家庭主要消费项目情况。在调查过程中，我们发现不同的学历群体之间，其家庭的主要消费项目也存在一定的差异。下面将学历划分为四种不同的等级，分别分析其对食品、衣着、住房、医疗保健、教育和娱乐等家庭主要消费项目的影响情况，如图5-42所示。

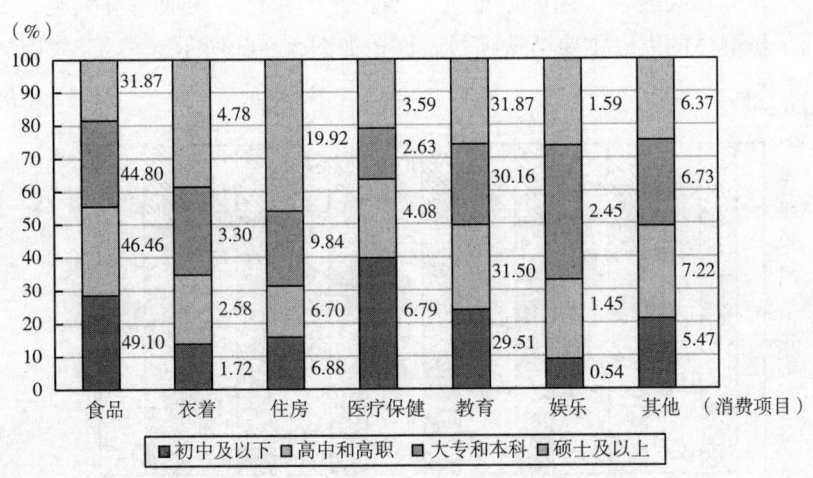

图5-42 按学历划分的家庭主要消费项目情况

从上图5-42，按照学历划分，比较家庭主要消费项目的差异，可以发现以下特征：

首先，食品消费是最主要的消费项目。其中户主学历为初中及以下的家庭约有49.10%认为食品消费占比最高，而户主学历为硕士及以上的家庭约有31.87%认为食品消费占比最高，二者相差近18个百分点，差距较大。

其次，占比第二位的是教育消费。其中户主学历为初中及以下的家庭约为29.51%认为教育消费最低，而户主学历为硕士及以上的家庭认为教育消费是最主要消费项目的占比最高，约31.87%，二者相差2.36%，差距不大。

最后，住房消费和娱乐消费是差距最为明显的消费项目。其中户主学历为硕士及以上的家庭认为住房是最主要消费项目的比率约为19.92%，娱乐消费约为1.59%。而分别有6.88%和0.54%的初中及以下学历的户主所在家庭认为住房消费和娱乐消费是最主要的消费项目。对于高中和职高学历的户主，其住房消费和娱乐消费的这一比例分别为6.70%和1.45%；大专和本科学历的住房消费和娱乐消费这一比例分别为9.84%和2.45%。由此可以发现户主学历为硕士及以上的家庭与户主是初中及以下的家庭消费结构有显著差异。而且硕士及以上家庭住房占比也要远远高于除了初中及以下家庭以外的其他学历的家庭住房占比。

6. 按工作性质划分的家庭主要消费项目情况。工作性质决定收入水平，收入水平是影响消费水平的重要因素。在其他条件不变的条件下，人们的可支配收入越多，消费也就越高。因此，我们按照工作性质的不同，将其分为农业工作者，个体或私人经营，受雇于他人，零、散工和自由职业者五大类，分别考察不同工作群体的家庭主要消费项目。详情如图5-43所示。

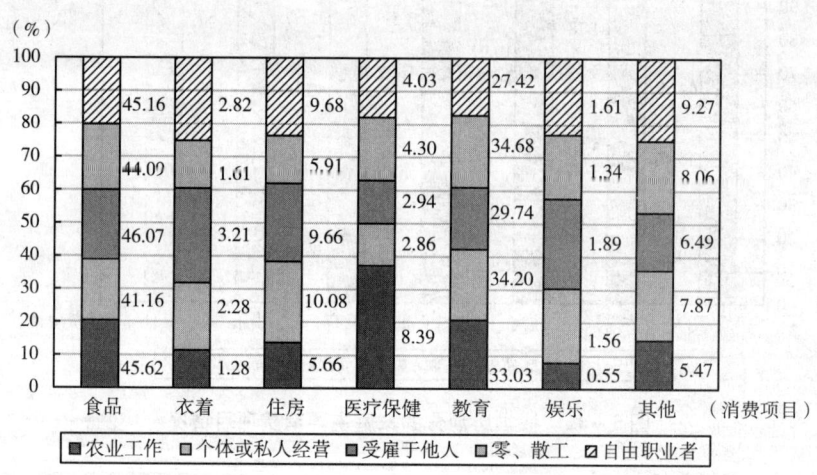

图5-43 按工作性质划分的家庭主要消费项目情况

由图5-43可知，按照工作性质划分来比较家庭主要消费项目的差异，可以发现以下特征：

首先，无论处于哪种工作性质的家庭，认为食品消费是最主要的消费项目的家庭数量都排在第一位。其中户主是受雇于他人的家庭认为食品是最大消费项目的比例最高，为46.07%，而户主为个体或私人经营的家庭这一比例最低，约41.16%，二者相差近5个百分点，差距不大。

第五章 家庭消费

其次，教育是排在第二位的消费项目。户主从事零、散工的家庭中有34.68%认为教育消费最高，而户主为自由职业者的家庭只有约为27.42%认为教育消费最高，二者相差约7个百分点，差距较为显著。

最后，医疗保健是消费差距较为明显的消费项目。其中户主为农业工作者的家庭有8.39%认为医疗保健消费占比最高，而户主为个体或私人经营的家庭只有2.86%认为医疗保健消费占比最高，前者是后者的约4倍。此外，户主为受雇于他人的家庭有2.94%认为医疗保健消费占比最高，户主为零、散工的家庭的这一比例为4.30%，户主为自由职业者的家庭占比为4.03%，这三者差距不大。由以上数据可知，户主为农业工作者的家庭，其医疗保健消费占比要远高于户主为其他职业者的家庭住房消费。

7. 按家庭人口总数划分的家庭主要消费项目情况。家庭人口是影响家庭主要消费项目的一个不可或缺的因素，不同的家庭人口意味着不同的家庭结构、消费观念和行为，这都会对家庭主要消费项目产生影响。接下来，将家庭人口分为1～3人、4～6人和7人及以上这三个口径，来分析家庭主要消费项目，见图5－44。

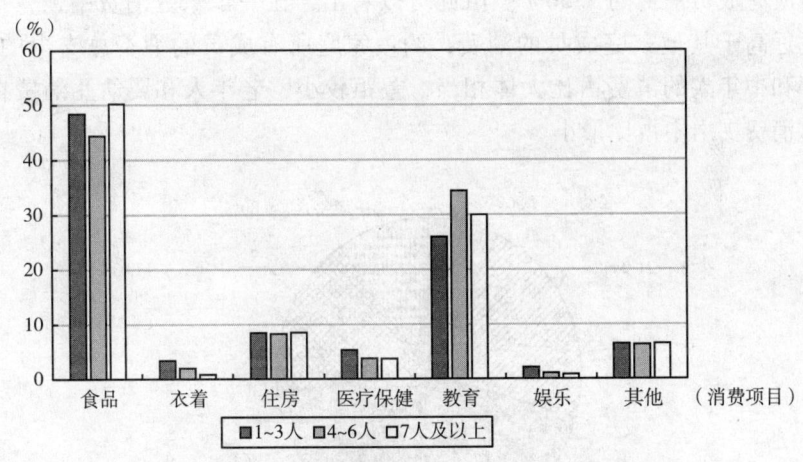

图5－44 按家庭人口总数划分的家庭主要消费项目情况

从图5－44可以看出，食品仍然被近一半的家庭认为是最主要的消费项目，位列第一；教育消费其次；住房消费排在第三位。人口在7人及以上的家庭区间内有50.20%的家庭认为食品是最主要的消费项目，有48.39%的人口为1～3人的家庭认为食品是最主要的消费项目，有45.92%的4～6口之家认为食品是最主要的消费项目。总的来说，各种人口口径的家庭在食品消费上的认知相差不大。在教育消费方面，34.37%的4~6口之家认为教育是最主要的消费项目。在人口数为1~3人的家庭中有25.93%认为教育消费最重要，7人及以上家庭的这一比例为29.96%。

消费项目差距较大的要属娱乐消费。有2.09%的1~3口之家认为娱乐是最主要的消费项目，而7人及以上家庭的这一比例仅为0.81%。前者是后者的约3倍。可见家庭人口数越多，其娱乐消费的占比就越小。

二、家庭成员消费情况

接下来将家庭成员分为婴幼儿、少年、青年人、中年人和老年人五类，分析家庭成员消费占比情况。

由图5-45可知，家庭成员中消费最多的是青年人，占所有成员消费的43.67%；其次是少年占所有成员消费的21.94%；再次是中年人占17.03%，处于第四位的消费群体是老年人，占所有成员消费的9.8%；排在最后的是婴幼儿，占所有成员消费的7.56%。由此可以看出，在一个家庭消费中，青年人的消费远远高于其他家庭成员的消费，约占家庭所有成员的消费总支出的一半。而少年和中年人的消费占比大体相当，差距较小，老年人和婴幼儿消费在家庭成员总消费支出中占比最小。

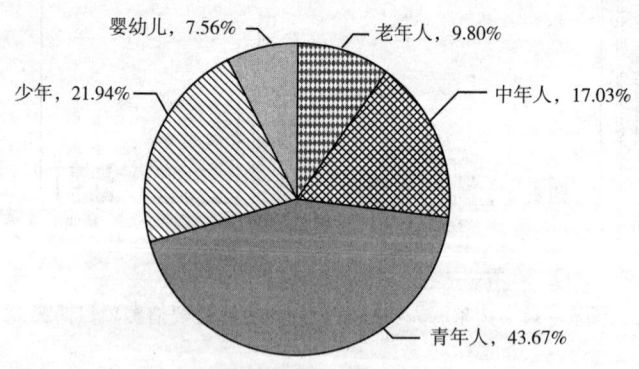

图5-45 家庭所有成员的消费情况

三、消费支出占收入比重的变化

以上两部分已经对各大消费项目进行了定量分析，接下来分析人们对食品、

第五章 家庭消费

衣着、住房、医疗保健、教育和娱乐等主要消费项目占比增减变动的认知。

根据前述部分，可以发现我国家庭的主要消费项目是食品。同 2017 年相比，2018 年我国的食品消费变化如图 5-46 所示。认为食品消费支出占收入的比重增加的家庭有 50.44%，认为食品消费支出占收入的比重没有变化的家庭约占 44.87%，认为食品消费支出占收入比重减少的家庭仅有 4.42%。从整体来看，认为食品消费较 2017 年有所增加的家庭占大多数，认为食品消费没有变化的家庭也较多，而只是很小部分家庭的食品消费在减少。

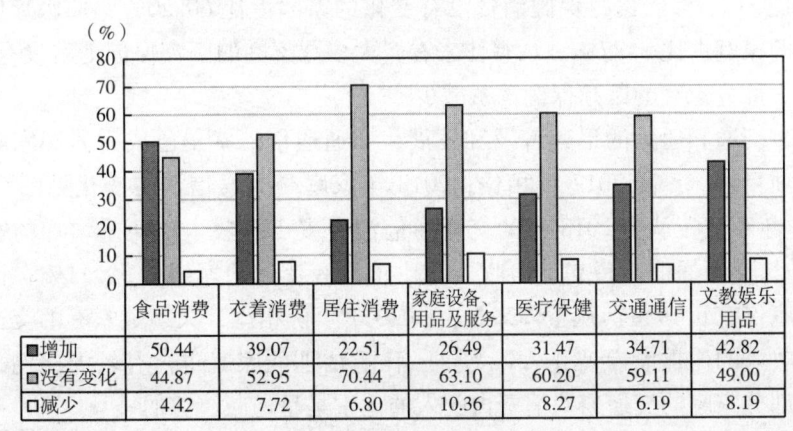

图 5-46　2018 年主要消费支出比重变化

衣着消费虽然在家庭主要消费项目中占据的比重较小，但是仍然是不可忽略的一部分。同 2017 年相比我国 2018 年衣着消费变化如图 5-46 所示。较 2017 年而言，认为 2018 年的衣着消费支出占收入比重增加的家庭有 39.07%，认为衣着消费支出占收入比重没有变化的家庭有 52.95%，已经超过一半，认为衣着消费支出占收入比重减少的家庭仅有 7.72%。从整体来看，2018 年衣着消费没有变化的家庭较多，而衣着消费减少的家庭占比较小。

居住消费虽然在家庭主要消费项目中占比相对较小，但仍然是家庭日常消费中的一部分。同 2017 年相比，2018 年我国的居住消费变化如图 5-46 所示。同 2017 年相比，2018 年居住消费增加的家庭占比 22.51%，居住消费没有变化的家庭占比 70.44%，居住消费没有变化的家庭明显较多，而居住消费减少的家庭占比 6.80%。从整体来看，家庭居住消费同 2017 年相比仍然以没有变化为主，少部分家庭同 2017 年相比呈递减趋势。

家庭设备、用品及服务消费是家庭日常消费项目的重要部分。同 2017 年相比，2018年家庭设备、用品及服务消费变化见图5-46。同2017年相比，2018年家庭设备、用品及服务消费增加的家庭占比26.49%，没有变化的家庭占比63.10%，认为这类消费减少的家庭占比10.36%。从整体来看，家庭设备、用品及服务消费以没有变化为主，其占比达到一半以上，少部分家庭的设备、用品及服务消费呈减少的趋势。

医疗保健消费同样是家庭日常主要消费项目中的重要组成部分。同2017年相比，2018年家庭医疗保健消费变化见图5-46。2018年医疗保健消费增加的家庭占比31.47%，医疗保健消费没有变化的家庭占比60.20%，而医疗保健消费减少的家庭占比8.27%。从整体来看，大多数家庭的医疗保健消费没有变化，而只有少部分家庭的医疗保健消费减少。

随着交通和通信的迅速普及和发展，交通通信消费早已成为我国家庭的日常消费项目之一。同2017年相比，2018年家庭交通通信消费变化见图5-46。同2017年相比，认为2018年的交通通信消费支出占收入的比重增加的家庭有34.71%，交通通信消费支出占收入的比重没有变化的家庭有59.11%，比重减少的家庭仅有6.19%。从整体来看，同2017年份相比，大多数家庭的交通通信消费占收入的比重没有变化，认为这一比重增加的家庭也占有较大比例，而只有较少部分家庭的交通通信消费占收入的比重是呈递减趋势的。

文教娱乐用品消费主要是指用于文化、教育、娱乐用品等方面的消费，是家庭日常消费结构中的必要组成部分。同2017年相比，2018年家庭文教娱乐用品消费变化如图5-46所示。认为2018年文教娱乐消费支出占收入的比重增加的家庭有42.82%，认为这一比重没有变化的家庭有49%，认为比重减少的家庭有8.19%。从整体来看，家庭文教娱乐用品消费同2017年相比，接近半数的家庭没有变化，较少部分家庭呈减少趋势。

第五节 家庭消费行为

一、家庭外出就餐主动索要发票情况

随着经济的发展，人民生活水平的提高，家庭外出就餐已是十分普遍寻常。在外出就餐时，主动索要发票能反映家庭消费行为情况。下面从全国、城市、农村的角度来分别分析家庭外出就餐主动索要发票的情况。

第五章　家庭消费

由图 5-47 可知，从全国水平来看，外出就餐不索要发票的情况占比较高，为 45.71%；其次为看情况索要发票的家庭，占比约为 38.55%；而就餐后主动索要发票的家庭只占 15.74%，明显低于外出就餐不索要发票的占比，且不及调查情况的 1/5。而从城市家庭与农村家庭的数据对比中，可以进一步了解到：城市家庭在外出就餐时主动索要发票的比例高于全国平均水平及农村家庭，农村家庭的情况则正好相反；城市家庭外出就餐主动索要发票的比例为 19.12%，约为农村家庭这一比例的两倍；在农村，外出就餐时有 55.89% 的家庭不会索要发票，高于全国水平以及城市家庭不会索要发票的比例，而外出就餐视情况索要发票的比例为 33.19%。

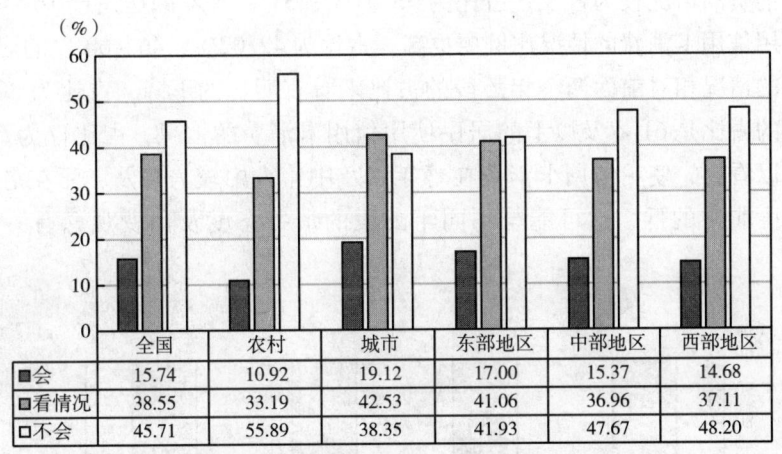

图 5-47　外出就餐主动索要发票情况

分析东部、中部、西部地区的家庭外出就餐主动索要发票的情况。由图 5-47 可以看出，东部、中部、西部地区家庭外出就餐索要发票情况的比例分布大体一致：就餐不索要发票的家庭占比较高，均在 40% 以上，其中西部地区占比最高为 48.20%；其次为视情况索要发票东部地区最高达 41.06%，西部地区占比为 37.11%，最低的是中部地区占比为 36.96%；而外出就餐主动索要发票的比例在各个地区都是最低的：东部地区的比例相对最高占比为 17.00%；其次是中部，占比为 15.37%，西部地区外出索要发票的比例最低，占比仅有 14.68%，低于全国平均水平。

由此可以看出，城市居民和东部居民外出就餐主动索要发票的习惯相对较好。但就总体而言，无论是城市还是农村，或是东部、中部、西部地区，不索要发票和看情况索要发票的居民均比索要发票的比例高,且达到了80%以上的比例。这说明,在我国大多数家庭在外出就餐时并没有养成主动索要发票的习惯。

二、使用信用卡消费情况

随着人们对消费需求的扩大,使用信用卡消费的人群在逐年增长。此处按年龄阶段的不同来分析去年使用信用卡消费情况。由图5-48可知,随着年龄的增长,居民使用信用卡消费的倾向在逐渐减弱。其中,16~30岁的居民使用信用卡消费的情况较为普及,占比为33.21%;31~45岁的居民比16~30岁的居民使用信用卡消费的情况比例要更高,占比为42.02%;46~60岁的居民使用信用卡的情况相对前面两个年龄段的占比来看有明显的下降,占比为30.02%;而最低的占比是61岁及以上的居民使用信用卡消费的情况,占比仅为5.79%。由此可以看出,使用信用卡消费在青年以及中年人中较为普及,而在老年人中的普及度非常的低,这可能与不同年龄段的消费态度及消费观念有一定的相关性。

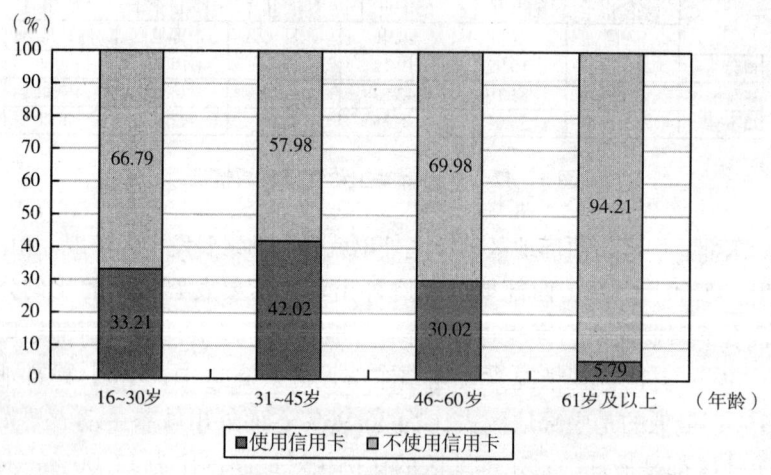

图5-48 按年龄划分2018年使用信用卡消费情况

图5-49是根据区位因素(全国、农村、东部、中部、西部)来分析使用信用卡消费情况。首先,从全国平均水平来看,2018年使用信用卡消费的家庭占比为34.16%,而没有使用信用卡消费的家庭占比为65.84%,大约是使用信

第五章 家庭消费

用卡消费家庭的 2 倍。其次，从城市与农村家庭使用信用卡的情况来看，城市家庭 2018 年使用信用卡消费的比例为 43.68%，不使用信用卡的比例为 56.32%；农村家庭 2018 年使用信用卡的比例为 20.54%，该比例仅为城市家庭使用信用卡比例的 1/2，而农村家庭不使用信用卡的比例为 79.46%，由此可见信用卡消费在城市和农村的普及程度相差较大，城市居民较农村居民更倾向于使用信用卡消费。最后从地区间的差异来分析信用卡的使用情况，东部地区的家庭使用信用卡消费的比例要高于中部和西部，占比分别为 42.54%、31.10%、26.77%，其中中部地区的家庭使用信用卡消费的比例为与东部地区相差大约 10%，而中部地区的家庭使用信用卡比例与西部地区的家庭相差约 5%，但无论是从全国水平还是乡村，或中部、西部、东部来看，不使用信用卡的比例均高于使用信用卡的比例。

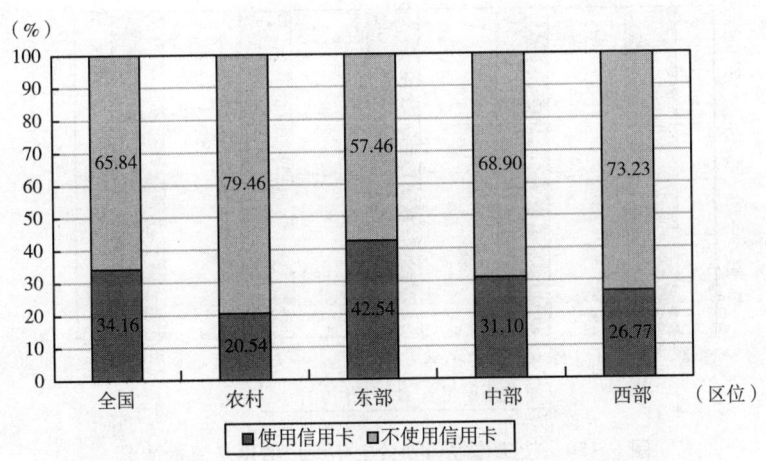

图 5-49　按区位划分去年使用信用卡消费情况

由以上分析可知，城市家庭和东部地区对使用信用卡消费具有相对较高的偏好，但是城市与农村、东部与西部、中部地区之间使用信用卡消费的比例分布不均衡；就总体而言，我国家庭对使用信用卡消费的认可度有待提高。

图 5-50 是根据工作性质划分来分析 2018 年居民使用信用卡的消费情况。首先，从事农业工作的居民不使用信用卡消费的比例为 85.58%，是从事该性质工作居民使用信用卡消费的比例的 6 倍；从事个体或私人经营的居民上年不使用信用卡消费的比例为 61.70%，比从事该性质工作居民使用信用卡消费的比例高出约 24%；受雇于他人的居民使用信用卡消费的比例与不使用信用

卡消费的比例分别为43.62%和56.38%,两者相差比例在按工作性质划分使用信用卡情况中最小;而从事零、散工的居民不使用信用卡的比例为87.90%,比使用信用卡消费多出大约62%;自由职业者使用信用卡消费比例为35.89%,不使用信用卡消费为64.11%。其次,综合来看,无论是从事何种工作性质的居民,不使用信用卡消费的比例均高于使用信用卡消费的比例,其中差距最大的为农业工作者,二者相差大约62%,而个体或私人经营居民和受雇于他人的居民使用信用卡不使用信用卡之间相差的比例相对较少。由此可以看出,使用信用卡消费在我国居民间的普及程度整体还不够,尤其体现在农业工作者和零、散工之间,而在个体或私人经营居民和受雇于他人的居民间相对普遍。

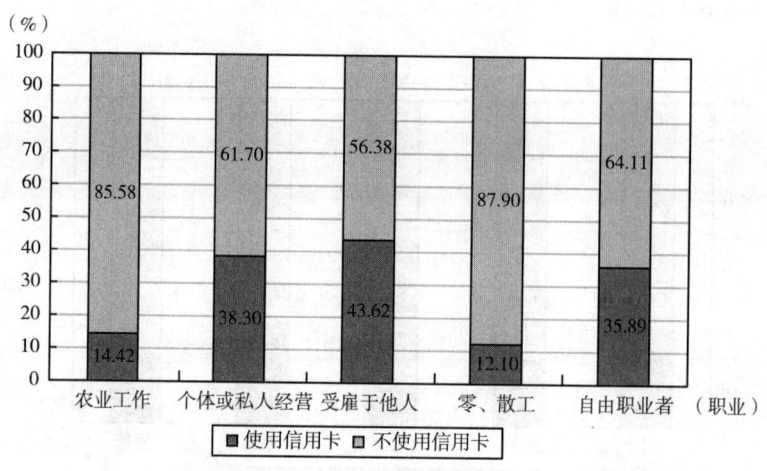

图 5-50 按工作性质划分上年使用信用卡消费情况

三、家庭消费计划制订情况

制订家庭消费计划有助于把控家庭经济,提高家庭有效消费。下面将按区位来分析家庭消费计划的制订情况。由图5-51可知,从全国水平来看,81.33%的家庭不会制订消费计划,而只有18.67%的家庭会制订自己的家庭消费计划。城市家庭制订消费计划的比例为20.65%,而不会制订消费计划的家庭占79.35%;农村家庭制订消费计划的比例为15.84%,而不会制订消费计划的家庭占84.16%,其中城市家庭制订消费计划的比农村家庭高了大约5%。从地

第五章 家庭消费

区间的差异来看，东部地区的家庭制订消费计划的比例为 19.58%；其次为中部地区的家庭，制订消费计划的比例为 18.43%，最后是西部地区，仅为 17.70%，其中西部地区与中部地区制订消费计划比例均低于全国平均水平。

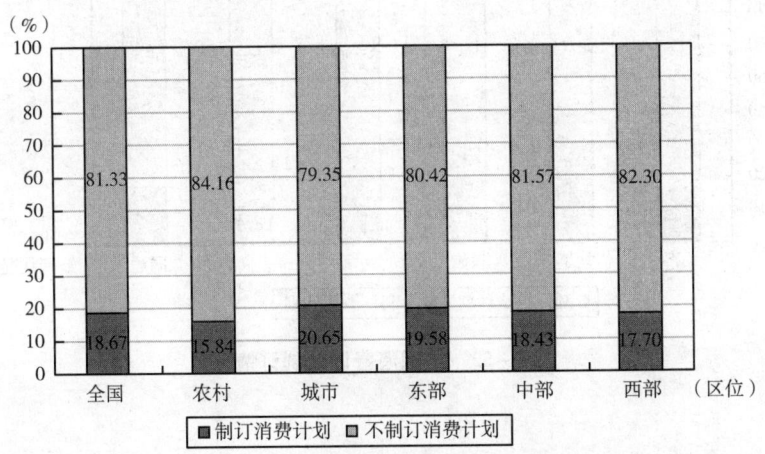

图 5-51 区位和家庭消费计划制订情况

由此可知，城市家庭和东部地区的家庭制订家庭消费计划的习惯良好。但从总体水平上看，在我国只有极少数的家庭养成了制订家庭消费计划的良好习惯。制订家庭消费计划，对家庭消费进行合理规划，能够帮助消费者理性消费，因此应鼓励更多家庭制订消费计划，改善家庭消费行为。

图 5-52 是按婚姻状态来分析家庭消费计划制订情况。首先，未婚家庭制订消费计划的比例为 16.37%，不制订消费计划占比 83.63%，约为制订消费计划占比的 4.5 倍；初婚家庭制订消费计划的比例为 19.35%，不制订消费计划占比 80.65%，约为制订消费计划占比的 4.5 倍；再婚家庭制订消费计划和不制订消费计划的比例分别为 18.77%、81.23%，两者相差约 63%；离异家庭制订消费计划和不制订消费计划的比例分别为 14.10%、85.90%，两者相差约 72%；丧偶家庭制订消费计划和不制订消费计划的比例分别为 11.66%、88.34%，两者相差最大，约 76%。其次，从总体来看，无论是何种婚姻状态的家庭制订消费计划的比例都不高，且要远远低于不制订消费计划的比例，其中差距最大的是丧偶家庭，差距相对最小的是再婚家庭。由此可以看出，无论是何种婚姻状态的家庭，普遍都没有养成制订消费计划的习惯。

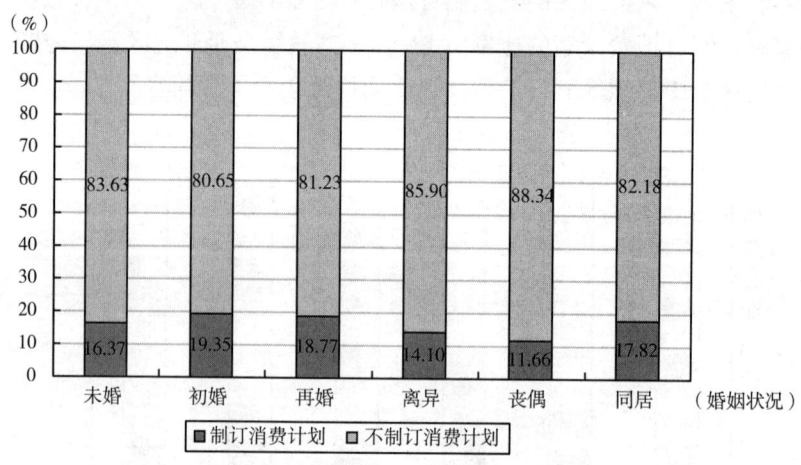

图 5-52 婚姻消费计划制订情况

四、家庭储蓄的主要目的

一般家庭的储蓄目的主要是子女教育、个人养老、预防意外等，下面按年龄段来分别分析家庭储蓄目的在子女教育、养老、购房、预防意外和其他等五个方面的情况。由图5-53可知，就总体的分布趋势来看，在子女教育、养老、购房、预防意外和其他五个主要储蓄目的中，以子女教育、养老和预防意外三个目的所占比例较高。主要为了子女教育而进行储蓄的家庭，在户主处于16~30岁、31~45岁年龄段和46~60岁年龄段的家庭中都占据了最大的比重，其中户主在16~30岁年龄段的家庭占比为59.27%，户主在31~45岁年龄段的家庭占比最高，达到78.99%，户主在46~60岁年龄段的家庭占比为60.64%。由此可以看出，我国中年户主家庭高度重视子女的教育。其次，储蓄的主要目的是养老的家庭随着户主年龄的增长，比例在不断的扩大，分别为38.93%、45.64%、60.47%、87.69%，户主在61岁及以上年龄的居民为养老而储蓄的比例最高，是年龄段为16~30岁所占比例的2.5倍，且在46~60岁及61岁以上这两个年龄段中，储蓄目的养老均高于其他非养老目的所占比例，由此可以看出相对中青年人来讲，老年人的储蓄目的更多是为了养老。以预防意外为主要目的储蓄在各年龄段所占比例要高于购房和其他目的，其中年龄在61岁及以上的比例为最高，占比达到64.33%，而16~30岁、31~45岁、46~60岁这三

第五章 家庭消费

个年龄段储蓄目的为预防意外的占比相差不大，分别为50.11%、41.04%、46.12%。最后，以购房和其他主要目的进行储蓄的比例在不同年龄段的分布都较为稳定，变化幅度不大。

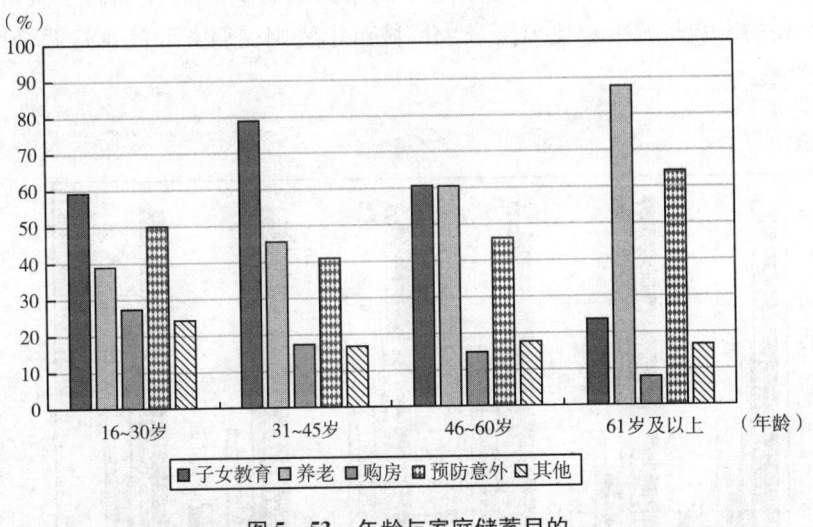

图5-53 年龄与家庭储蓄目的

五、影响家庭消费抉择的因素

影响家庭消费抉择的因素有很多，比如商品价格、功能、质量、服务及家庭自身因素等，因此不同的家庭影响其消费抉择的因素不尽相同，下面将从价格、质量、功能、品牌、服务、政府支持政策、生活所在地基础设施和其他八个方面按全国、农村、城镇来分别分析影响家庭消费抉择的因素。

由图5-54可知，城市家庭和农村家庭都认为价格、质量、功能是影响家庭消费抉择的重要因素，然后依次是服务、品牌、生活所在地的基础设施、其他和政府的消费支持政策。从单个影响家庭消费抉择的因素来看，价格是影响家庭消费抉择的最主要的因素，77.01%的城市家庭和84.89%的农村家庭都认为价格对家庭消费抉择的影响很大；而质量这一因素对家庭消费抉择的影响也比较大，城市家庭的统计结果表明质量的影响程度很高，为83.94%，而对农村家庭的影响程度的比例为83.63%；功能这一因素对消费抉择的影响无论在城市还是在农村都仅次于价格和质量，城市家庭在消费抉择时考虑功能这一因素的比例约为50.57%,在农村家庭的占比为51.52%,两者的差距非常小。排于第四和第五位的因素是品牌和服务,这两者对城市家庭的影响均高于农村家庭。在进行消费抉择时,相较于城市家庭,农村家庭受价格、质量和政府的消费支持政策这些因素的影响较大,考虑这些因素的农村家庭的比例高于城市家庭,其中价格的影响与城市相比差距最大。城市家庭则受服务和品牌这两个因素的影响较大。

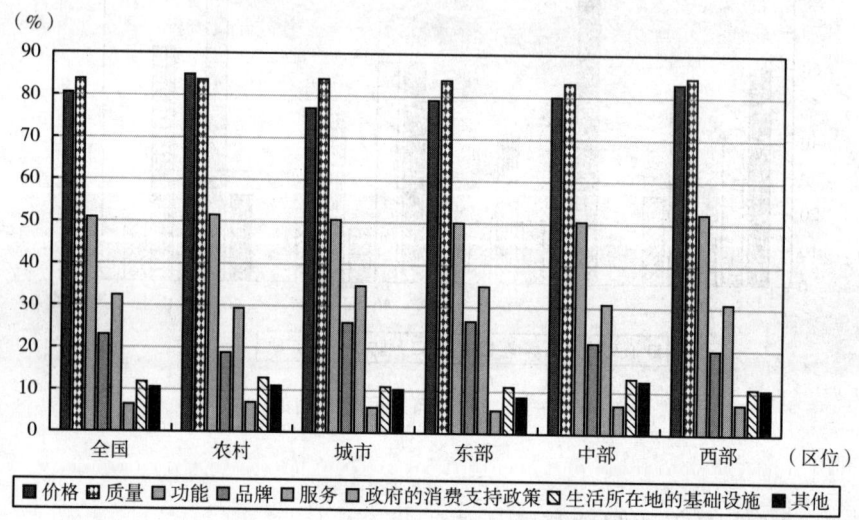

图5-54 影响家庭消费抉择的因素

由此可以看出,农村家庭与城市家庭在进行消费抉择时所考虑的因素存在一定的差异。农村居民在消费时更倾向于价格较低、质量较高和功能齐全的产品,城市居民在消费时不仅考虑价格、质量和功能,还倾向于选择服务更好和优质品牌的产品。

六、影响家庭消费水平的主要因素

不同的家庭消费水平显然不同,下面将按区位(全国、城市、农村、东部、中部、西部)来分析影响家庭消费水平的主要因素。

由图5-55可知,从总体分布趋势来看,我国居民大多都认为收入是影响家庭消费水平的最主要因素。从全国的数据来看,除收入外,有51.37%的家庭认为消费观念是影响消费支出的最重要的因素,要高出工作这一因素的14.17

个百分点。对比城市与农村的数据发现,在城市家庭消费水平的影响因素中,消费观念与工作这两个因素的占比相差约10%,分别为55.40%、45.91%;而农村家庭则认为消费观念与工作对家庭消费水平的影响程度大体一致,分别为45.91%、41.63%,社会保障因素对农村家庭消费水平的影响要比对城市家庭的影响大,高出近2个百分点。

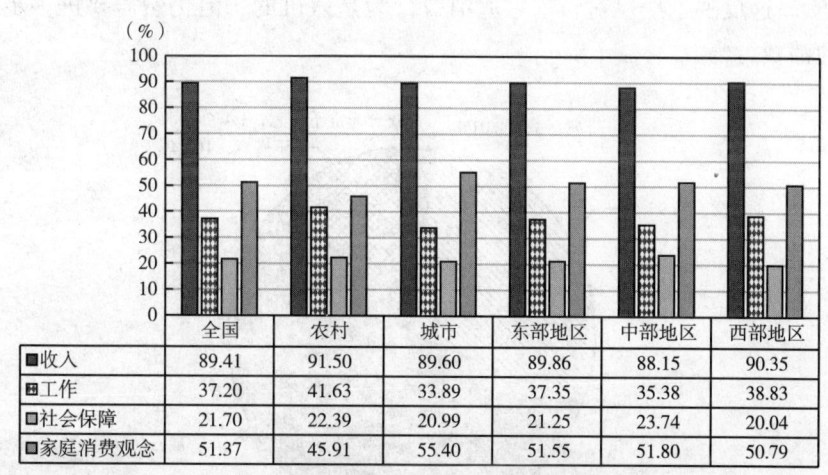

图5-55 影响家庭消费水平的因素

从地区划分来分析,无论是在东部、中部还是西部地区,收入依然是影响家庭消费水平最主要的因素,占比分别为89.86%,88.15%和90.35%;此外,东部、中部和西部地区家庭都认为,家庭消费观念是影响家庭消费水平的另一重要因素。东部地区约37.35%的家庭认为工作是影响消费水平的主要因素,高于中部地区家庭的比例35.38%;中部地区家庭认为,除收入外,家庭消费观念对家庭消费水平的影响最大,占比达51.80%之高。

由此可知,收入是影响家庭消费水平最主要的因素,而其他因素对不同地区家庭的消费水平影响程度不同。城市家庭和东西部地区家庭都认为相较于工作因素,家庭消费观念对消费水平的影响更大;而农村地区情况则认为是工作对家庭消费水平的影响程度高于家庭消费观念。

七、家庭消费行为满意程度情况

家庭对消费行为的满意度在一定程度反映家庭以后对同类消费的需求性。

由图 5-56 可知，对家庭消费行为满意程度的调查数据显示，有 56.84% 的家庭对目前的消费行为表示一般，28.97% 的家庭对当前家庭消费行为表示满意，10.74% 的家庭对目前消费行为表示不满意，非常不满意和非常满意的占比大体一致，分别为 1.44%、2.01%。所以，对目前家庭消费行为认可（满意和非常满意）的比重是 30.98%，要高于不认可（不满意和非常不满意）的比重 12.18%。这反映了居民对目前家庭消费行为是认可的，但仍然需要进一步改善家庭的消费行为。

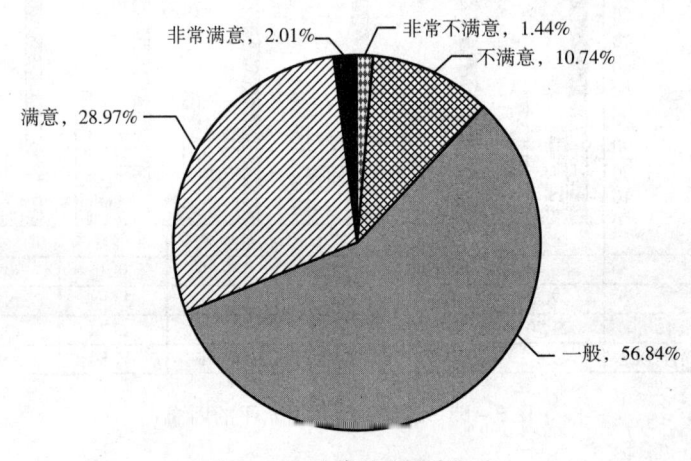

图 5-56 家庭消费满意程度

八、维权倾向

消费者在消费的过程中有权利维护自己的合法权益，而在当今社会人们的维权意识显得愈加重要。具体的消费维权情况如图 5-57 所示。

由图 5-57 可知，我国消费者购买产品或服务有质量问题时，消费者选择采取措施来维护自己的权利的比例最高，为 61.94%；而消费者会视情况而定选择是否维护自己的权利的比例为 34.87%，位居第二；仅有一小部分的消费者选择不会维护自己的权利占比为 3.19%。

由图 5-57 可以看出，我国消费者的维权意识在不断增强。近年来，居民的消费方式趋于多元化，侵权的形式也在不断变化，消费者一定要进一步加强维权意识，保障自己的合法权益。

第五章 家庭消费

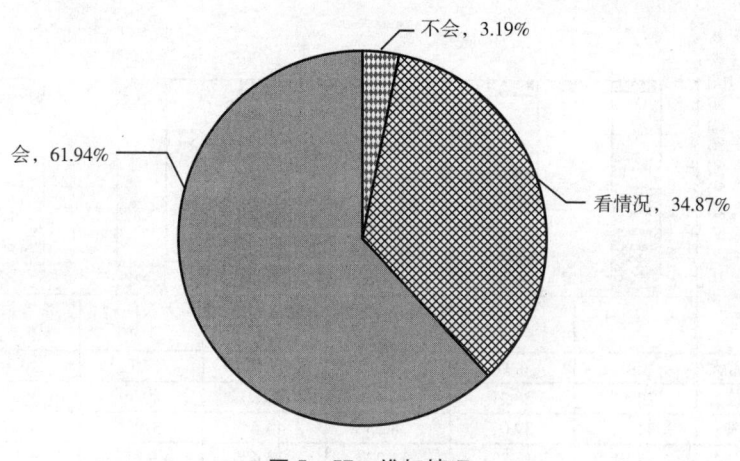

图 5-57 维权情况

第六节 家庭消费观念

一、政策措施对农村居民消费行为的影响

为促进农村居民的消费，提高农村居民收入，改善农村居民生活质量，政府在社会保障、农民就业、粮食价格、农业补贴等方面正逐步推进相关政策措施，对农村居民的消费行为产生了不同程度的影响。具体如下分析：

由图 5-58 可知，总体上，对于不同政策措施对农村居民消费行为的影响程度，影响一般与影响比较大所占的比重最大，其次为影响比较小，而影响非常大和影响非常小在不同措施中所占的比重相差不多，且占比都比较小。因此，我们在下面的分析中将影响非常小和影响比较小合并为影响偏小，将影响非常大和影响比较大合并为影响偏大，这样分类便于我们分析。

对不同的政策进行分析，户主认为家电汽车下乡对农村居民消费行为的影响偏大的比例占 33.33%，认为影响偏小的比例 24.32%，两者相差 9%，可以看出户主认为家电汽车下乡能比较好地促进农村居民消费行为。户主认为农业补贴对农村居民消费行为的影响偏大的比例为 42.18%，影响偏小的比例为 18.75%，可以看出农业补贴这一政策是比较有效的，得到了户主的认可。户主认为提高粮食收购价格对农村居民消费行为的影响偏大的比例为 45.64%，而影响偏小的比例为 16.13%，两者之间的差距是显著的，相差 29%，由此说明提高

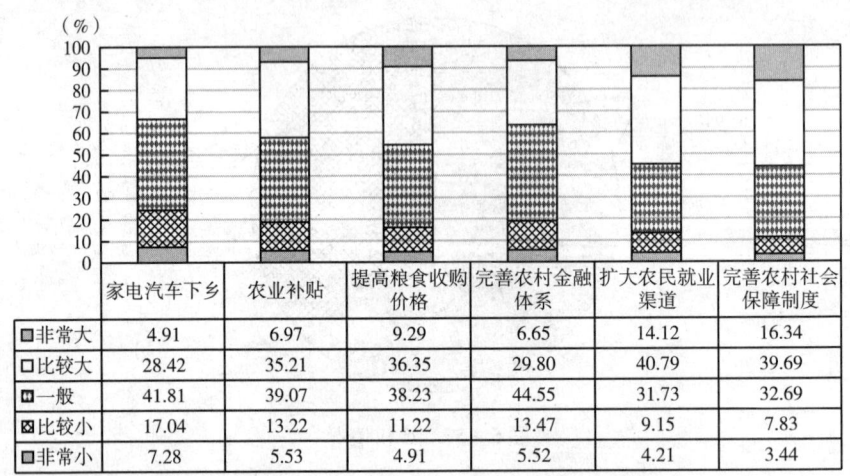

图 5-58 政策措施对农村居民消费行为的影响

粮食收购价格能提高农村居民的收入，从而促进农村居民的消费。有36.45%的户主认为完善农村金融体系对农村居民消费行为的影响偏大，而认为影响偏小的比例为18.99%，两者之间相差17%，所以完善农村金融体系对农村居民消费行为具有 定积极的影响。户主认为扩大农村就业渠道的影响偏大的比例为54.91%，影响偏小的比例为13.36%，因此扩大农村就业渠道对农村居民消费行为的积极影响较大，二者相差约41%，其政策效应仅次于完善农村社会保障体系。户主认为完善农村社会保障体系这一政策措施对农村居民消费行为的影响偏大的比例为56.03%，而认为影响偏小的占比为11.27%，其政策效应在这些政策措施中最高，由此可以看出完善农村社会保障体系能够保障农民的基本收入，从而促进居民消费。

通过分析可以看出，农业补贴、扩大农村就业渠道、完善农村社会保障体系和提高粮食收购价格对农村居民消费行为的政策效应是非常显著的，户主认可的比例均在40%以上，得到了户主的充分肯定。

二、促进城乡居民消费政府应该采取的措施

为进一步促进城乡居民消费，政府应采取相关措施，从而带动城乡经济的快速发展。下面将按年龄段来分析不同的政策措施对于促进城乡居民消费效果的认可度。

第五章 家庭消费

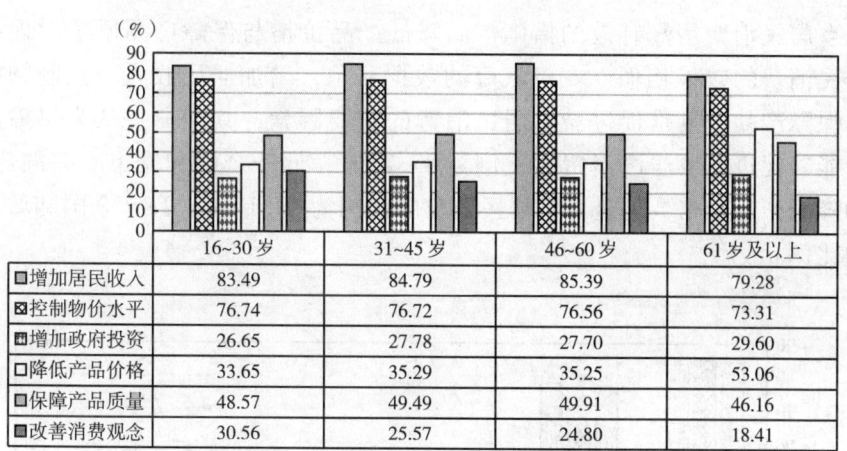

图 5-59 年龄和促进城乡居民消费措施

由图 5-59 可知,增加居民收入、控制物价水平、保障产品质量是促进城乡居民消费政策措施中最重要的三项,然后依次是降低产品价格、增加政府投资、改善消费观念。不同年龄段的户主都认为增加居民收入是促进城乡居民消费的重要政策措施,16~30 岁、31~45 岁、46~60 岁以及 61 岁及以上的户主认为增加居民收入能够促进城乡居民消费的比例分别为:83.49%、84.79%、85.39%、79.28%,占比约在 80%,其中最高的为 46~60 岁年龄段的户主,占比最高。其次,认为促进城乡居民消费需要控制物价水平的户主,在不同年龄段的占比大体一致,分别为 76.74%、76.72%、76.56%、73.31%,占比在 73%~76%;然后,户主认为保障产品质量能够促进城乡居民消费的比例分别为 48.57%、49.49%、49.91%、46.16%,占比在 46%~49%,其中最高的为 46~60 岁的户主。另外,降低产品价格、增加政府投资、保障产品质量,这三项政策措施也对城乡居民的消费起到一定的促进作用,但户主对其的认可比例要低于增加居民收入、控制物价水平、保障产品质量的认可比例。唯独 61 岁以上的群体认为第三重要的因素是降低产品价格,占比为 53.06%。

由图 5-60 可知,从全国水平来看,增加居民收入、控制物价水平、保障产品质量、降低产品价格是促进城乡居民消费的重要措施,户主认为政府应采取这些措施的比例分别为 84.42%、76.46%、49.26%、36.03%,其中增加居民收入占比最高。对城市家庭来说,认为增加居民收入、控制物价水平、保障产品质量、降低产品价格在促进城乡居民消费方面起着重要作用,占比分别为 83.88%、77.96%、50.75%、31.69%,其中认为增加居民收入对促进城乡居民消费是最有效的措施,而降低产品价格与保障产品质量对促进城乡居民消费的效果相似。农村家庭的数据显示,增加居民收入、控制物价水平、保障产品质量是促进城乡居民消费的重要因素,其中户主认为保障产品质量能够促进城乡居民消费的比例为47.23%,低于全国和城市家庭的比例,认为降低产品价格会促进城乡居民消费的比例为42.17%,高于全国和城市家庭的比例。

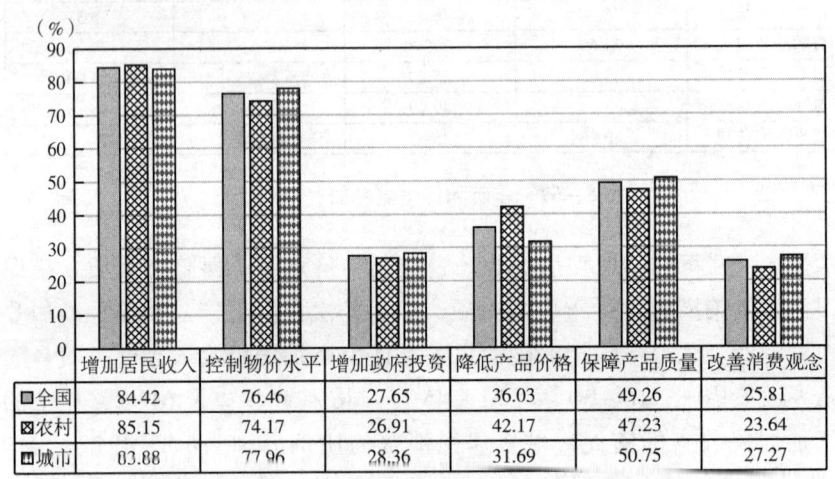

图5-60 区位和促进城乡居民消费措施

三、家庭周边消费差距情况

家庭所处的地区不同,其消费情况也将不同。即使在家庭周边,不同的家庭在消费上也存在一定的差距。下面将分析居民家庭周边消费差异情况。

由图5-61可知,居民认为家庭周边消费差距一般的比例为50.57%,占比最高;其次是认为家庭周边消费差距比较大的比例为31.20%,较认为家庭周边消费差距一般的比例低大约19%;第三是认为家庭周边消费差距比较小的比例为11.05%,较认为家庭周边消费差距比较大的比例低大约20%,认为家庭周边消费差距非常大比例为5.42%,而占比最小的是认为家庭周边消费差距非常小的居民,仅为1.77%,较占比最高的即认为家庭周边消费差距一般的比例低了45%。由此,可以发现居民认为家庭周边消费差距偏大(比较大和非常大)的比例为36.62%,持中间态度(一般)的为50.57%,而认为家庭周边消费差距

第五章　家庭消费

偏小（比较小和非常小）的比例为 12.82%。这反映了在全国范围内，消费差距还是比较大的。

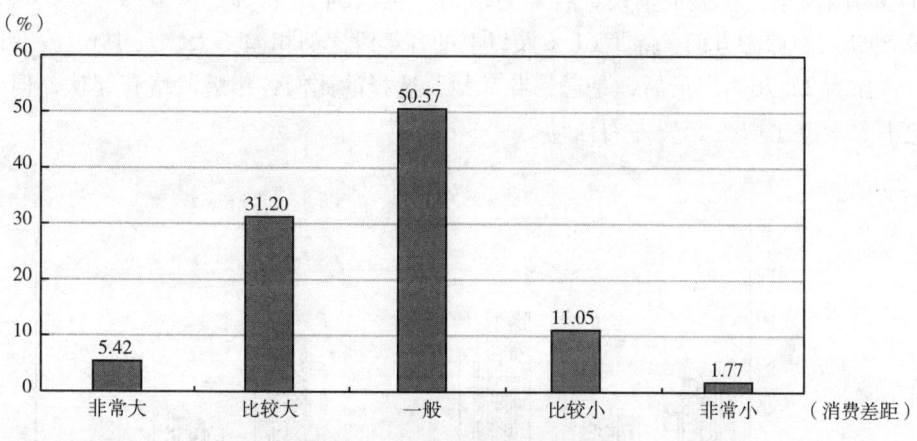

图 5-61　家庭周边消费差距情况

四、国家应该扩展消费的方面

从不同的年龄段角度，主要从教育、养老、文化、旅游、通信、家庭服务、其他等方面展开阐述。由图 5-62 可知，从各个不同的年龄段水平来看，教育、养老和文化是居民认为国家应该重点扩展的消费中最重要的三个方面。首先，在教育方面，年龄段在 16~30 岁居民认为国家最应该重点扩展的消费便是教育，占比为 81.93%，年龄段在 31~45 岁的居民认为教育是重点扩展的消费的比例占 79.72%，这体现出我国居民对于教育的重视程度从 16~45 岁在逐渐提高；而年龄段在 46~60 岁以及 60 岁及以上的居民认为教育消费应被国家扩展的比例分别为 72.50%、65.84%。其次，在养老方面，在一些年龄段扩展养老消费超过教育跃居第一，46~60 岁和 61 岁及以上年龄段的居民认为养老是国家应该重点扩展的比例分别为 78.11%、97.53%，高出同年龄段认为教育是国家应扩展消费；年龄段在 16~30 岁认为国家应扩展养老消费的比例为 59.85%，所占比例为各年龄段最低，年龄段在 31~45 岁所占比例为 70.55%，这说明我国的人口老龄化问题较为突出，对社会保障中的养老保障的需求在不断增加。第三个需国家出台政策重点扩展的消费是文化，在不同年龄段占比有所差异，其中 16~30 岁的比例为 62.02%，为各年龄段占比最高，其他三个年龄段的占比依次为56.80%、52.87%、38.52%,占比随年龄有所下降,这说明我国居民随着年龄的增长对文化需求的比例在向其他方面转移。家庭服务是居民认为第四个需要国家重点扩展的消费,各年龄段占比依次为30.88%、34.65%、35.51%、39.59%;在旅游方面,除了61岁及以上的各年段比例相差不大,其中61岁及以上占比为22.76%。最后,是通信和其他,选择的比例各年龄段略有起伏,但变化不大,占比均在15%左右浮动。

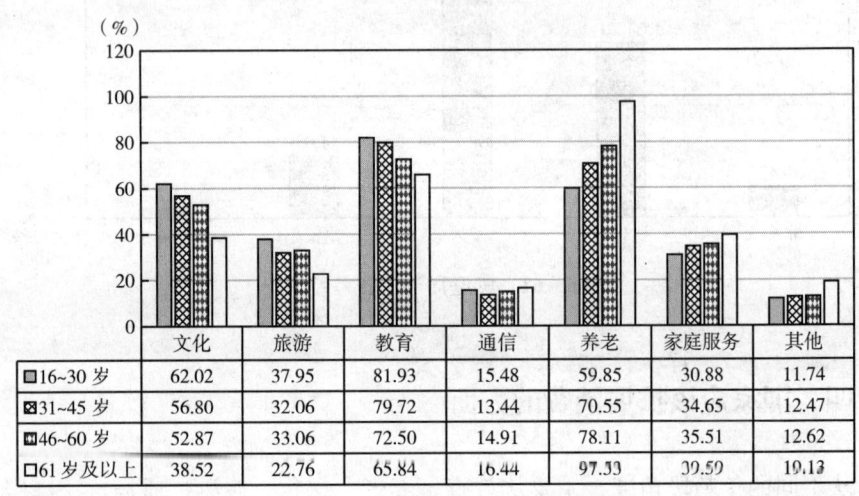

图 5-62 国家应扩展的消费方面

五、地区消费环境状况评价

不同地区消费环境状况不同,下面评价地区消费环境状况主要从消费安全、打击假冒伪劣产品、取缔霸王条款、维护消费者合法权益、消费场所和设施建设、消费市场诚信建设这六个方面展开。由图 5-63 可以看出,对家庭所在地区评价为一般的比例最高,表示户主对地区消费环境主要持中性态度。

在消费安全方面有 3.29% 的户主表示非常不满意,有 13.02% 的户主表示不满意,有 49.71% 的户主表示一般,有 31.11% 的户主表示满意,有 2.75% 的户主表示非常满意,在所有消费环境状况中非常满意占比中是最低的。其中可以看出对地区消费安全状况表示不满意、非常不满意户主总和占 16.31%,表示满意、非常满意的户主总和占 33.86%,要高于表示不满意的户主,总体看来地区的消费安全状况是较为适合家庭的消费的,但仍需进一步改进。

第五章　家庭消费

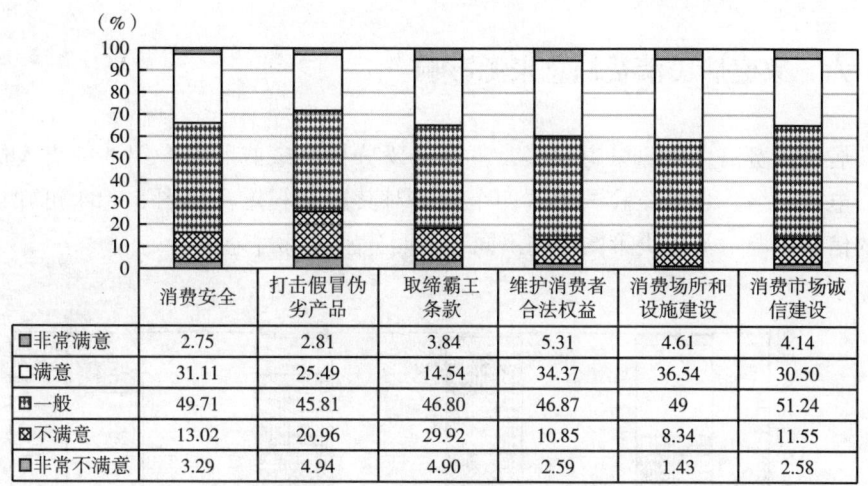

图 5-63　地区消费环境状况评价

对于地区打击假冒伪劣产品的情况来看，户主表示非常满意的比例仅 2.81%，表示非常不满意的比例占 4.94%，表示不满意的比例 20.96%，在所有消费环境状况非常不满意和不满意占比中均为最高；从另一个角度的分析，对地区打击假冒伪劣产品表示满意的户主占 28.30%，而表示不满意的户主的占比高达 25.90%。这个数据，说明了国家打击假冒伪劣产品力度不高，需要地区政府采取更严格的方式打击假冒伪劣产品，净化消费市场环境，保障消费者的合法权益。

在取缔霸王条款方面，户主表示非常满意、满意的比例分别为 3.84%、14.54%，而表示不满意、非常不满意的户主的比例占 29.92%、4.90%，可以看出户主对国家取缔霸王条款的状况相对较为不满意，不满意的人数超过了满意的人数。

在国家维护消费者合法权益方面，39.68% 的户主表示满意，13.44% 的户主表示不满意，表示满意的比例要高于表示不满意的比例，所以总体来说家庭对国家维护消费者合法权益状况是表示满意的。

在消费场所和设施建设方面，表示满意的户主的占总调查人数的 41.16%，表示不满意的户主占总调查人数的 9.77%，消费场所与设施建设是所有调查的消费环境状况中满意度最高的，这说明我国消费场所和设施建设的状况良好。

户主对消费市场的诚信建设的满意的比例为 34.64%，对消费市场诚信建设不满意的户主比例为 14.13%，低于对消费市场诚信建设满意的户主比例大约 20%，说明国家积极推进消费市场的诚信建设，不断改善国家的消费环境状况。

六、家庭居民消费信息来源影响

居民消费信息来源渠道较多,下面主要分析由亲戚朋友介绍、销售人员介绍、电视网络、自身经验试用这四个渠道对其影响程度。由图 5-64 可知,不同的信息来源对消费决策的影响不同,下面分别进行讨论:

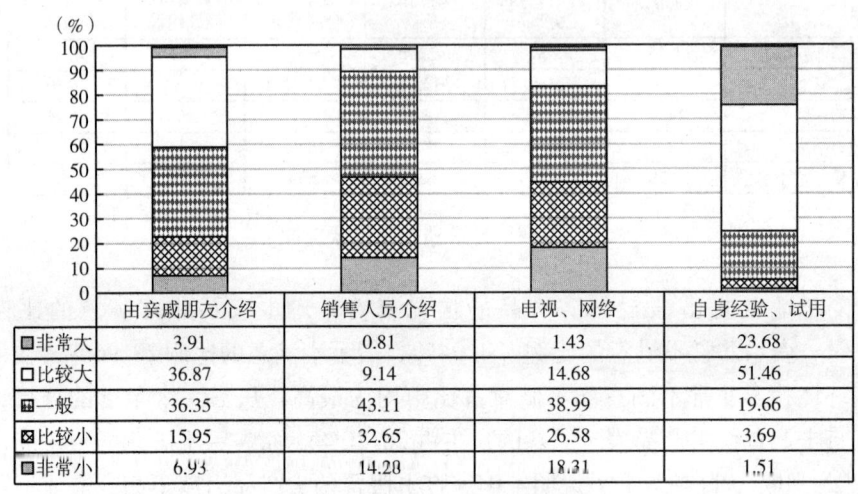

图 5-64 消费信息来源影响因素

户主由亲戚朋友介绍获得消费信息对消费决策的影响程度为比较大的比例最高,为 36.87%,其次为一般,所占比例是 36.35%,而比较小、非常小、非常大的比例在 4%~16%,说明由亲戚介绍作为信息来源对居民的消费决策的影响较大。

销售人员介绍对消费决策的影响程度的比例主要集中在非常小、比较小、一般,占比分别为 14.28%、32.65%、43.11%,因此销售人员介绍对户主消费的影响较小。受电视、网络的影响而进行消费决策的情况与由销售人员介绍进行消费决策的情况类似,比例也集中在一般、比较小、非常小,分别为 38.99%、26.58%、18.31%,且其非常小所占的比例是所有信息来源在非常小这一影响程度中的最大值,说明户主受电视、网络影响而进行消费的可能性比较低。

通过自身经验、试用来做出消费决策的户主,影响程度较高的比例分布在比较大和非常大,分别为 51.46%、23.68%,其中比较大所占的比例是所有信息来源在比较大这一影响程度中的最大值，所以户主进行消费时主要是通过自身经验、试用来做出消费决策。

通过以上分析可以看出，通过自身经验、试用或由亲戚朋友介绍的信息来源获取的信息对消费决策的影响较大，而由销售人员介绍或是通过电视、网络获得的信息对消费决策的影响往往比较小。

第七节　本章小结

总体来看，我国居民家庭的消费水平和消费结构主要会受到学历、年龄、区位、社保情况、工作性质、家庭人口情况等因素的影响。从调查数据中发现：随着学历的提高，户主的家庭平均日常消费支出也会相应提高，户主学历越高的家庭，其消费支出水平也越高；随着户主年龄的增长，家庭的消费支出呈先上升后下降趋势，年纪较轻的户主消费欲比较旺盛，但其消费支出受到收入水平的制约，而老年人虽然有一定的财富积累，但受到节俭消费观的影响且需求较少，从而其消费支出也相对较少；城市家庭的消费支出水平要远高于农村地区，东部地区的家庭消费支出水平也要明显高于中部和西部地区，而中部和西部地区消费支出差距微弱；随着购买医疗保险种类和数量的增加，家庭平均日常消费支出基本上呈递增的趋势，且全国家庭中购买养老保险的家庭平均日常消费支出高于没有购买养老保险的家庭；从事不同工作的户主家庭的消费支出水平差异明显；家庭人数较多的消费支出相对较多；从非日常消费结构来说，房屋消费成为我国居民家庭消费支出中最主要的部分，并且交通支出和教育支出也在家庭消费支出中占据相对较多；家庭消费奢侈品比例的相对增加，说明了家庭非日常消费支出结构的变化和人们生活质量的提高。

就消费特征而言，我国家庭最主要消费项目仍然是食品支出，仅极少部分人认为食品支出占收入比重较上年相比有所下降，大部分人认为该比例上升或基本不变，这可能受到消费结构不合理及居民消费价格指数上涨的影响。其次教育支出成为我国家庭第二大消费项目，这也反映了家庭对教育的重视程度的上升。数据分析结果表明我国家庭成员中消费最多的主要是青年人，而非收入主力军的中年人，这也表明了我国消费需求仍有很大的上升空间。从家庭消费行为和消费观念来看，我国大多数家庭未养成外出索要发票、制订消费计划等良好的消费习惯；信用卡的普及情况也相对较低尤其体现在不同年龄段与不同区位间，这可能与生活环境、地区经济、消费态度等因素有关。目前我国家庭消费维权意识在逐步提高，但是对消费行为和消费环境表示满意的家庭比例仍然较低，这将在一定程度上激励我国政府为解决相关问题出台一些有效措施。由于收入、价格和商品质量仍然是影响家庭消费支出的重要因素，因此我国政府应该积极落实各项相关政策，在努力提高居民可支配收入、减小收入差距，稳定物价波动的基础上，进一步改善消费环境，优化市场秩序，激励良性消费，从而为刺激国内消费需求增长提供更好的政策保障。

第六章

居民主观幸福感

第一节 居民主观幸福感概述

一、整体幸福水平

在2019年中国居民收入与财富调查问卷中,衡量居民整体幸福感的问题是总的来说,您认为您的生活是否幸福?被访问者需要从1~5个选项中选一个幸福程度,其中1表示很不幸福,2表示比较不幸福,3表示居于幸福与不幸福之间,4表示比较幸福,5表示非常幸福。因为幸福感主要是主观心理感受,是人们对其生活质量所做的情感性和认知性的整体评价,决定人们是否幸福的并不是实际发生了什么,关键是人们对所发生的事情在情绪上做出何种解释,在认知上进行怎样的加工。因此采用了主观评价的方式来衡量样本的幸福水平。

此次问卷调查共得到关于幸福感方面的有效样本量为9908个,其频数分布如图6-1所示。在全样本水平上,选择很不幸福的有81人,占比为0.82%;选择比较不幸福的有306人,占比为3.09%;选择居于幸福与不幸福之间的有2008人,占比为20.27%;选择比较幸福的有5959人,占比为60.14%;选择非常幸福的有1554人,占比为15.68%。调查样本的幸福水平集中在比较幸福选项,且比较幸福和非常幸福占比为75.82%,说明整体来看,我国居民幸福水平较高。

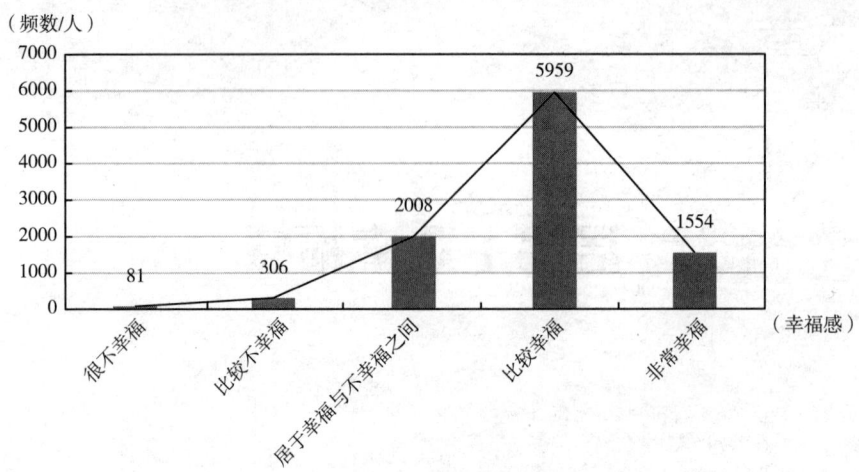

图 6-1 社会整体幸福感频数

二、生活状况满意程度

在 2019 年中国居民收入与财富调查问卷中，从收入、工作、婚姻、健康、住房状况、社会保障和生活满意度七个方面考察了居民对生活状况的满意程度。对于每一个方面被调查者需要从 1~5 个选项中进行选择，来表达对这个方面的满意程度。其中 1 表示非常不满意，2 表示不太满意，3 表示一般，4 表示比较满意，5 表示非常满意。下面分别对生活状况满意程度进行了描述性统计和研究其与幸福感之间的关系。

1. 生活状况满意程度描述性统计。表 6-1 是生活状况满意程度的描述性统计表，图 6-2 是不同生活状况满意程度，从中可以得到居民关于不同生活状况的满意程度情况。

表 6-1　　　　　　　生活状况满意程度描述性统计

生活状况满意程度	样本量（个）	均值	标准差	最小值	最大值
收入	9915	2.9786	0.9054	1	5
工作	9744	3.2127	0.8239	1	5
婚姻	9611	3.8117	0.8607	1	5
健康	9980	3.6584	0.8082	1	5
住房状况	9978	3.5633	0.8184	1	5
社会保障	9978	3.3785	0.8214	1	5
生活满意度	9975	3.6118	0.7806	1	5

注：非常不满意赋值为 1，不满意赋值为 2，一般赋值为 3，比较满意赋值为 4，非常满意赋值为 5。

第六章 居民主观幸福感

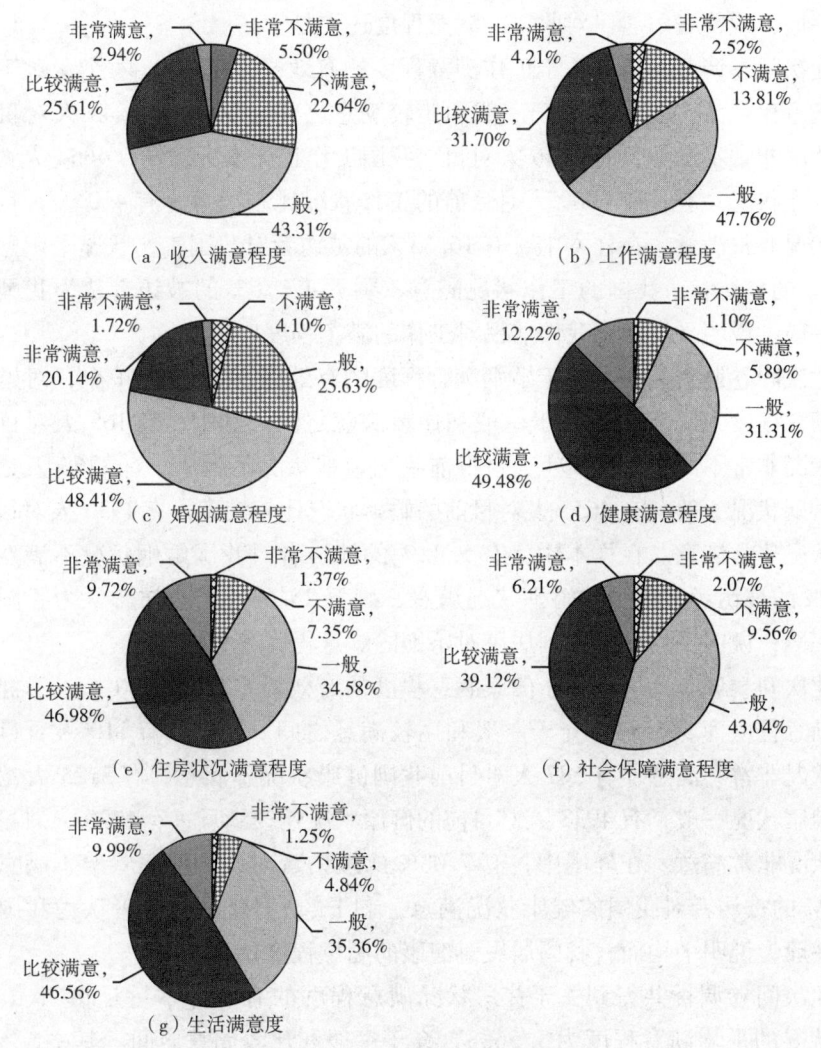

图 6-2 不同生活状况满意程度

注：非常不满意赋值为1，不满意赋值为2，一般赋值为3，比较满意赋值为4，非常满意赋值为5。

此次问卷调查共得到关于收入满意程度的有效样本量是 9915 个，对收入的平均满意程度为 2.9786，介于不满意与一般之间。其中，有 545 人对目前的收入状况非常不满意，有 2245 人对目前我国收入状况不满意，有 4294 人觉得目前的收入状况一般，有 2539 人对目前的收入状况比较满意，有 292 人对目前的收入状况非常满意。在样本中，有 28.14% 的被访者对我国收入状况不满意，有 28.55% 的被访者对我国的收入状况满意，剩下 43.31% 的被访者认为我国收入状况一般，说明我国居民对收入的满意程度还不是很高。

此次问卷调查共得到关于工作满意程度的有效样本量是 9744 个，对工作的平均满意程度为 3.2127，介于一般和比较满意之间。其中，有 245 人对目前的工作状况非常不满意，有 1346 人对目前我国工作状况不满意，有 4654 人觉得目前的工作状况一般，有 3089 人对目前的工作状况比较满意，有 410 人对目前的工作状况非常满意。在样本中，有 16.33% 的被访者对我国工作状况不满意，有 35.91% 的被访者对我国的工作状况满意，剩下 47.76% 的被访者认为我国工作状况一般，说明平均而言我国居民对工作的满意程度比较高。

此次问卷调查共得到关于婚姻满意程度的有效样本量是 9611 个，对婚姻的平均满意程度为 3.8117，介于一般和比较满意之间。其中，有 165 人对目前的婚姻状况非常不满意，有 394 人对目前我国婚姻状况不满意，有 2463 人觉得目前的婚姻状况一般，有 4653 人对目前的婚姻状况比较满意，有 1936 人对目前的婚姻状况非常满意。在样本中，有 5.82% 的被访者对我国婚姻状况不满意，有 68.55% 的被访者对我国的婚姻状况满意，剩下 25.63% 的被访者认为我国婚姻状况一般，说明平均而言我国居民对婚姻的满意程度非常高。

此次问卷调查共得到关于健康满意程度的有效样本量是 9980 个，对健康的平均满意程度为 3.6584，介于一般和比较满意之间。其中，有 110 人对目前的健康状况非常不满意，有 587 人对目前我国健康状况不满意，有 3125 人觉得目前的健康状况一般，有 4938 人对目前的健康状况比较满意，有 1220 人对目前的健康状况非常满意。在样本中，有 7.08% 的被访者对我国健康状况不满意，有 61.70% 的被访者对我国的健康状况满意，剩下 31.31% 的被访者认为我国健康状况一般，说明平均而言我国居民对健康的满意程度比较高。

此次问卷调查共得到关于住房状况满意程度的有效样本量是 9978 人，对住房状况的平均满意程度为 3.5633，介于一般和比较满意之间。其中，有 137 人对目前的住房状况非常不满意，有 733 人对目前我国住房状况不满意，有 3450 人觉得目前的住房状况一般，有 4688 个人对目前的住房状况比较满意，有 970 人对目前的住房状况非常满意。在样本中，有 8.72% 的被访者对我国住房状况不满意，有 56.70% 的被访者对我国的住房状况满意，剩下 34.58% 的被访者认为我国住房状况一般，说明平均而言我国居民对住房状况的满意程度比较高。

此次问卷调查共得到关于社会保障满意程度的有效样本量是 9978 人，对社会保障的平均满意程度为 3.3785，介于一般和比较满意之间。其中，有 206 人

第六章 居民主观幸福感

对目前的社会保障非常不满意,有 954 人对目前我国社会保障不满意,有 4295 人觉得目前的社会保障一般,有 3903 人对目前的社会保障比较满意,有 620 人对目前的社会保障非常满意。在样本中,有 11.63% 的被访者对我国社会保障不满意,有 45.33% 的被访者对我国的社会保障满意,剩下 43.04% 的被访者认为我国社会保障一般,说明平均而言我国居民对社会保障的满意程度一般。

最后,此次问卷调查共得到关于总的生活满意程度的有效样本量是 9975 个,对生活的平均满意程度为 3.6118,介于一般和比较满意之间。其中,有 125 人对目前的生活非常不满意,有 483 人对目前生活不满意,有 3527 人觉得目前的生活状况一般,有 4844 人对目前的生活状况比较满意,有 996 人对目前的生活非常满意。在样本中,有 6.09% 的被访者对我国生活不满意,有 58.55% 的被访者对生活满意,剩下 35.36% 的被访者认为生活状况一般,说明平均而言我国居民对生活的满意程度比较高。

总的来说,居民对这些方面的满意度都集中于一般,整体满意度不是特别高。其中比较满意与非常满意两项合计超过 50% 的有婚姻、健康、住房状况和整体满意度。下面通过将居民对生活满意度的评价数据与幸福感相结合,考察这些状况的满意程度与居民的幸福感之间的关系。

2. 生活状况满意程度对主观幸福感的影响。

(1) 收入对主观幸福感的影响。图 6-3 表示了不同收入满意程度的居民幸福感的变化,可以看出,幸福感随居民收入满意程度变化而变化。随着居民收入满意程度的提高,其幸福感逐级提高,对收入非常满意的居民幸福感最高,收入非常不满意的居民幸福感最低,说明收入满意状况对居民幸福感存在较大影响。目前看来,我国居民收入满意程度平均水平介于一般和比较满意之间,与收入相关的居民平均幸福感可能处于 3.8~4.2。因此,对于政府而言,需要建立城镇居民增收长效机制。改进和完善职工收入与经济效益协调增长机制,完善企业工资指导线和最低工资制度,在提高效益的基础上逐步提高最低工资标准和离退休人员待遇,从而提高居民整体幸福感水平。

(2) 工作对主观幸福感的影响。图 6-4 表示了不同工作满意程度的居民幸福感的变化,可以看出,幸福感随居民工作满意程度变化而变化。随着居民工作满意程度的提高,其幸福感逐级提高,对工作非常满意的居民幸福感最高,对工作非常不满意的居民幸福感最低,说明工作满意状况对居民幸福感存在较大影响。目前看来,我国居民工作满意程度平均水平介于一般与比较满意之间,与工作相关的居民平均幸福感可能处于 3.8~4.1。因此,政府可以通过努力发展第三产业和服务业,扩大就业的范围;鼓励大学生、农民自主创业,给予创业者一定的优惠政策,降低创业门槛;支持和引导个体私营等非公有制经济发展等方式,发挥他们在吸纳就业方面的重要作用,降低失业率,进一步提高居民幸福感。

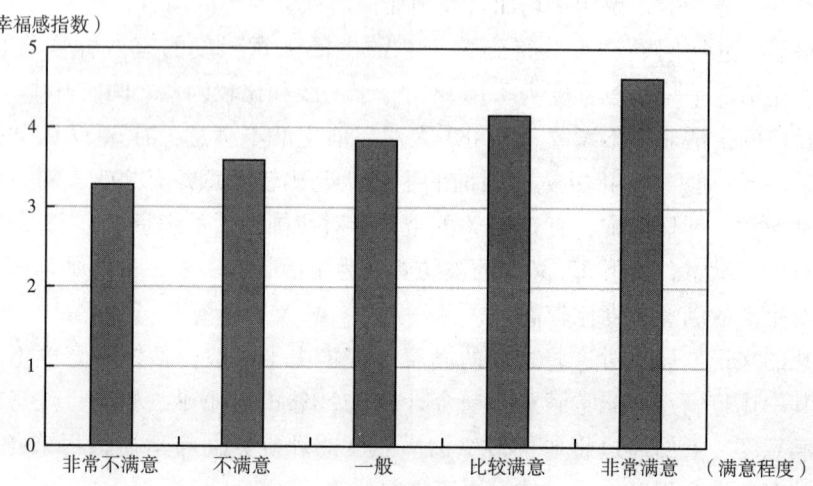

图6-3 不同收入满意程度幸福感比较

资料来源:2019年中国居民收入与财富调查问卷。

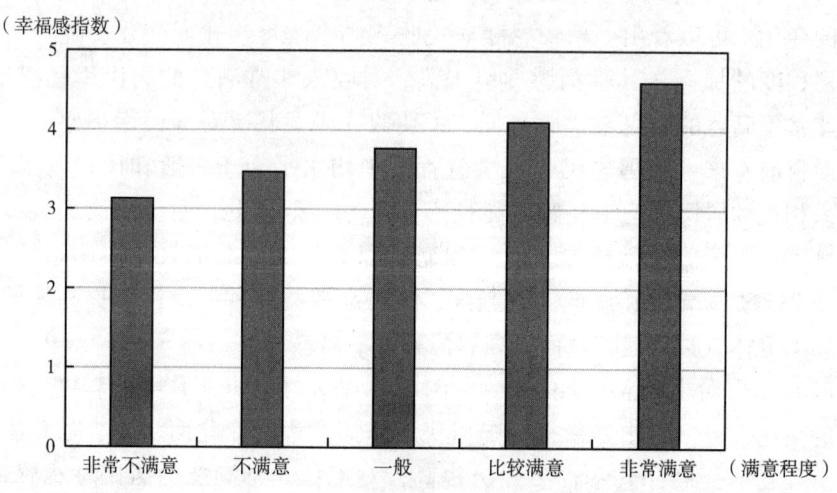

图6-4 不同工作满意程度幸福感比较

资料来源:2019年中国居民收入与财富调查问卷。

(3) 婚姻对主观幸福感的影响。图6-5表示了不同婚姻满意程度的居民幸福感的变化，可以看出，幸福感随居民婚姻满意程度变化而变化。随着居民婚姻满意程度的提高，其幸福感逐级提高，对婚姻非常满意的居民幸福感最高，对婚姻非常不满意的居民幸福感最低，说明婚姻满意状况对居民幸福感存在较大影响。目前看来，我国居民婚姻满意程度平均水平介于一般和比较满意之间，与婚姻相关的居民平均幸福感可能处于3.6~3.9。因此，国家应该加大对婚姻的宣传力度，可以将婚姻纳入学生日常课程，教育人们尊重婚姻的神圣，从而降低离婚率，提高与婚姻满意程度正相关的居民幸福感水平。

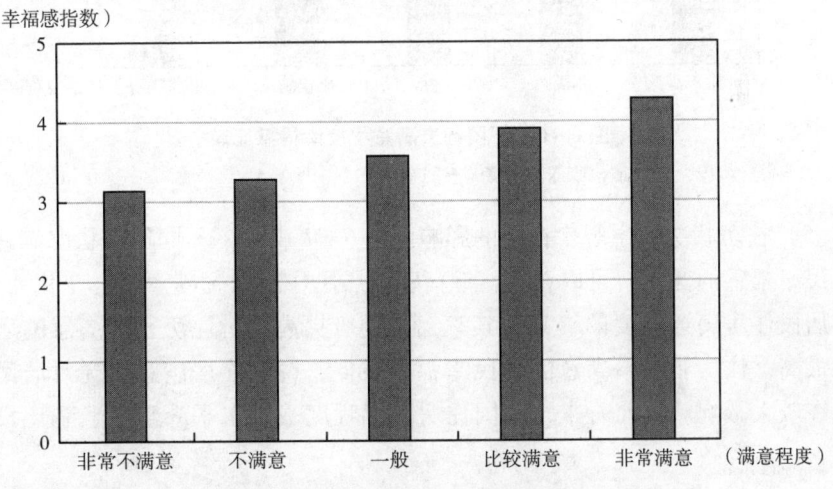

图6-5 不同婚姻满意程度幸福感比较

资料来源：2019年中国居民收入与财富调查问卷。

(4) 健康对主观幸福感的影响。图6-6表示不同健康满意程度的居民幸福感的变化，可以看出，幸福感随居民身体健康状况变化而变化。随着居民身体健康状况的改善，其幸福感逐级提高，对健康非常满意的居民幸福感最高，身体非常不满意的居民幸福感最低，说明身体健康状况对居民幸福感存在较大影响。目前看来，我国居民身体健康状况平均水平较高，与健康相关的居民平均幸福感可能处于3.6~3.9。对于政府而言，要为居民保持良好的身体状况提供好外部条件的保障，如加强健身的基础设施建设，建立完善的社会保障、医疗保险体制，将居民健康保持在较好水平，从而将居民整体幸福感维持在一个较高水平。

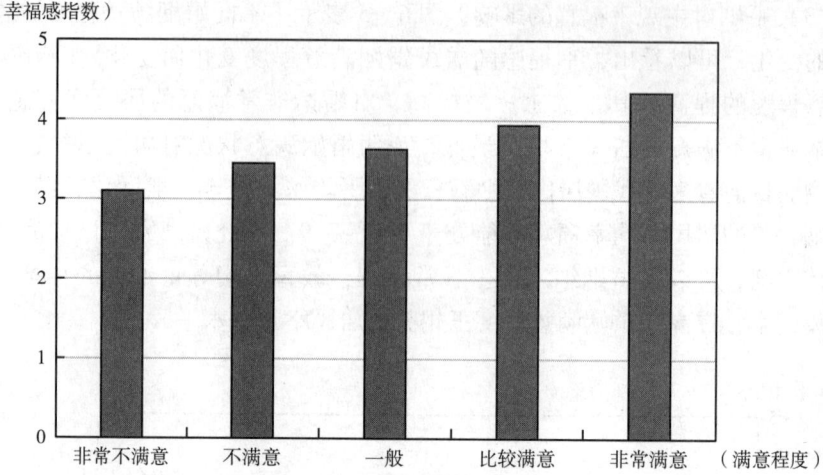

图 6-6　不同健康满意程度幸福感比较

资料来源：2019 年中国居民收入与财富调查问卷。

（5）住房状况对主观幸福感的影响。图 6-7 表示了不同住房状况满意程度的居民幸福感的变化，可以看出，幸福感随居民住房状况满意程度变化而变化。随着居民住房满意程度的提高，其幸福感逐级提高，对住房非常满意的居民幸福感最高，住房非常不满意的居民幸福感最低，说明住房满意状况对居民幸福感存在较大影响。目前看来，我国住房满意程度平均水平介于一般和比较满意

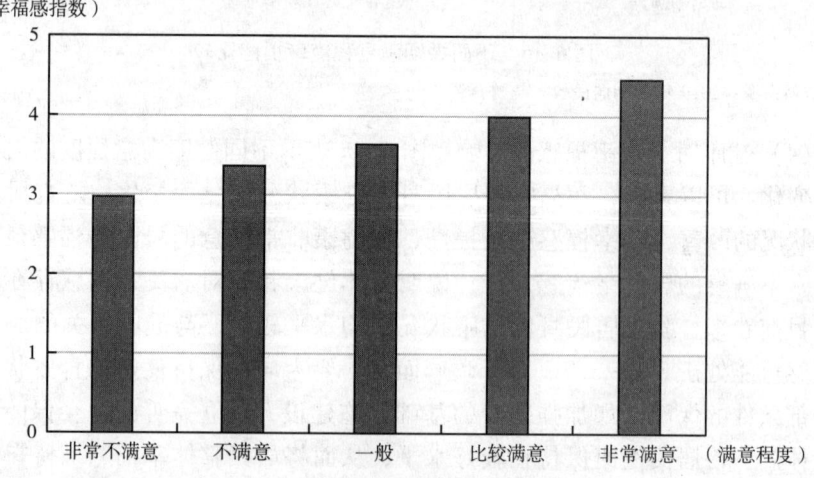

图 6-7　不同住房状况满意程度幸福感比较

资料来源：2019 年中国居民收入与财富调查问卷。

第六章 居民主观幸福感

之间,与住房状况相关的居民平均幸福感可能处于3.6~4.0。对于政府而言,要积极调控房价,加大对房地产市场的管理力度,提高居民对住房状况的满意程度,从而将居民整体幸福感维持在一个较高水平。

(6)社会保障对主观幸福感的影响。图6-8表示了不同社会保障满意程度的居民幸福感的变化,可以看出,幸福感随社会保障满意程度变化而变化。随着居民社会保障满意程度的提高,其幸福感逐级提高,对社会保障非常满意的居民幸福感最高,社会保障非常不满意的居民幸福感最低,说明社会保障对居民幸福感存在较大影响。目前看来,我国社会保障满意程度平均水平介于一般和比较满意之间,与社保相关的居民平均幸福感可能处于3.7~4.0。对于政府而言,要加大民生支出,完善社会保障制度,提高居民对社会保障的满意程度,从而使得居民更加幸福。

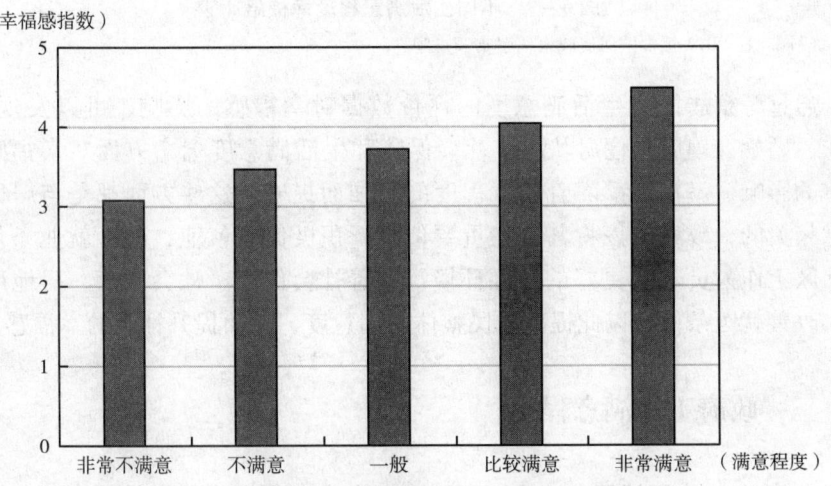

图6-8 不同社会保障满意程度幸福感比较

资料来源:2019年中国居民收入与财富调查问卷。

(7)生活满意度对主观幸福感的影响。图6-9表示了不同生活满意程度的居民幸福感的变化,可以看出,幸福感随生活满意程度变化而变化。随着居民生活满意程度的提高,其幸福感逐级提高,对生活非常满意的居民幸福感最高,对生活非常不满意的居民幸福感最低,说明生活满意程度对居民幸福感存在较大影响。目前看来,我国居民对生活的平均满意程度介于一般和比较满意之间,与生活满意程度相关的居民平均幸福感可能处于3.6~4.1。

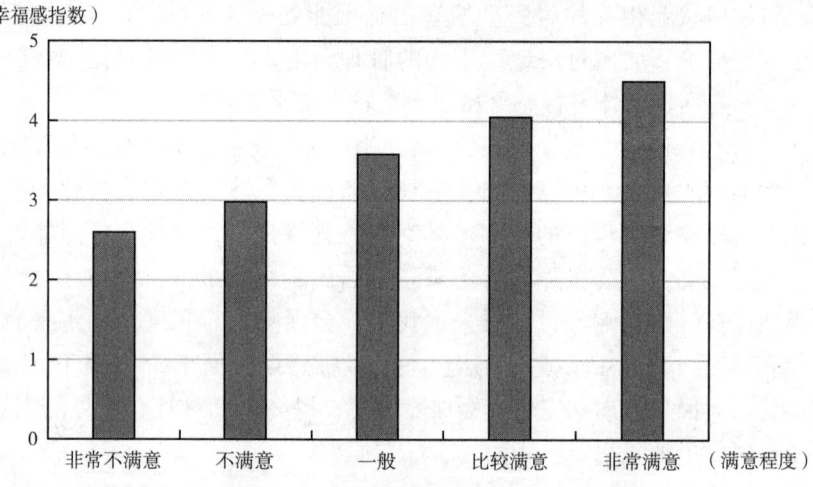

图 6-9 不同生活满意程度幸福感比较

资料来源：2019 年中国居民收入与财富调查问卷。

通过考察居民对生活满意度的评价数据对幸福感的影响，可以发现收入、工作、婚姻、健康、住房状况、社会保障和生活满意度七个方面对幸福感都有显著的影响，幸福感都随着满意程度的增加而提升。这些方面都是与居民生活息息相关的，政府应该将其放在重要位置，积极促进就业，改善就业条件，联合社区工作人员建立更好的社区环境，完善社会保障、社会医疗、房地产等制度，改善就医条件，以此提高居民整体的满意度，从而提升社会的幸福感。

三、政府工作满意程度

在 2019 年中国居民收入与财富调查问卷中，从为患者提供医疗服务、为老人提供适当的生活保障、提供优质的基础教育、捍卫国家安全、打击犯罪、公平执法、政府部门秉公办事、环境保护八个方面考察了居民对政府工作的满意程度。对于每一个方面被调查者需要从 1~5 个选项中进行选择，来表达对这个方面的满意程度。其中 1 表示非常不满意，2 表示不太满意，3 表示一般，4 表示满意，5 表示非常满意。下面分别对政府工作满意程度进行了描述性统计和研究其与幸福感之间的关系。

1. 政府工作满意程度描述性统计。表 6-2 是政府工作满意程度描述性统计，图 6-10 是政府各项工作满意程度，从中可以得到居民关于政府工作的满意程度情况。

第六章 居民主观幸福感

表 6-2　　　　　　　政府工作满意程度描述性统计

政府工作满意程度	样本量（个）	均值	标准差	最小值	最大值
为患者提供医疗服务	9984	3.2969	0.8083	1	5
为老人提供生活保障	9983	3.3094	0.8162	1	5
提供优质的基础教育	9980	3.3814	0.8423	1	5
捍卫国家安全	9980	3.8798	0.7495	1	5
打击犯罪	9983	3.7557	0.7892	1	5
公平执法	9982	3.4636	0.8428	1	5
政府部门秉公办事	9984	3.3392	0.8591	1	5
环境保护	9981	3.2903	0.8922	1	5

注：非常不满意赋值为1，不满意赋值为2，一般赋值为3，满意赋值为4，非常满意赋值为5。

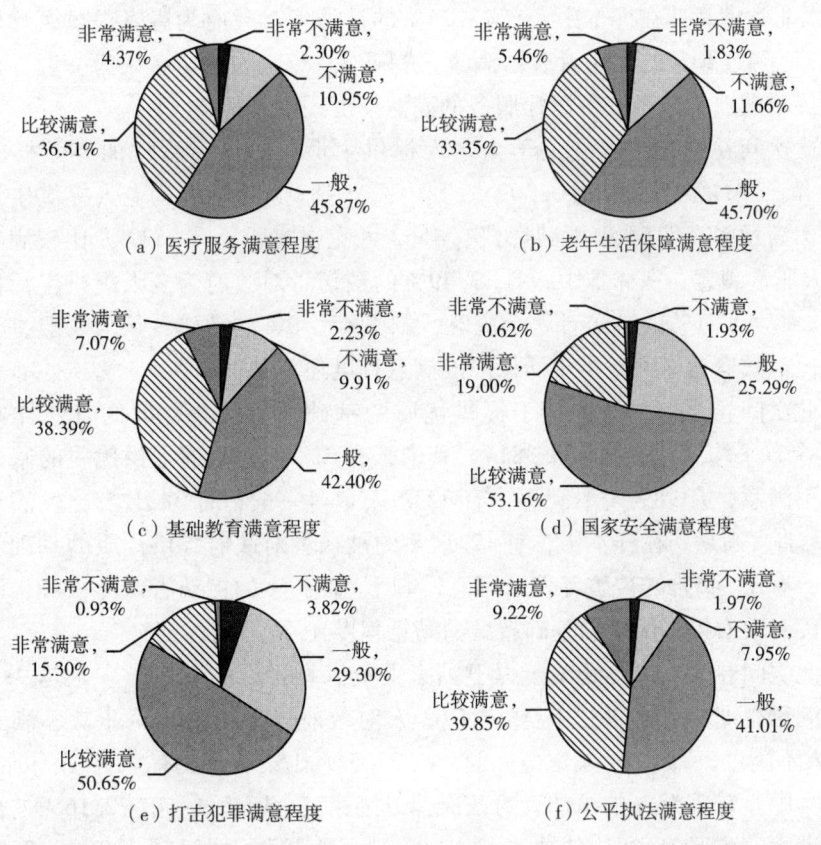

（a）医疗服务满意程度　　　　（b）老年生活保障满意程度

（c）基础教育满意程度　　　　（d）国家安全满意程度

（e）打击犯罪满意程度　　　　（f）公平执法满意程度

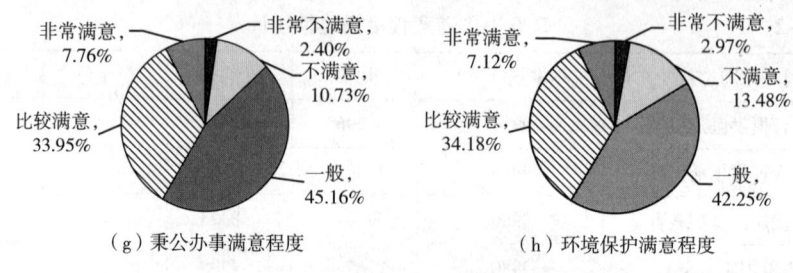

(g) 秉公办事满意程度　　　　(h) 环境保护满意程度

图 6-10　政府各项工作满意程度

注：非常不满意赋值为 1，不满意赋值为 2，一般赋值为 3，满意赋值为 4，非常满意赋值为 5。
资料来源：2019 年中国居民收入与财富调查问卷。

此次问卷调查共得到关于为患者提供医疗服务满意程度的有效样本量是 9984 个，平均满意程度为 3.2969。其中，有 230 人对政府为患者提供医疗服务非常不满意，有 1093 人不满意，有 4580 人觉得一般，有 3645 人比较满意，有 436 人非常满意。在样本中，有 13.25% 的被访者对政府为患者提供医疗服务不满意，有 40.80% 的被访者表示满意，剩下 45.87% 的被访者认为一般，说明我国居民对政府为患者提供医疗服务的满意程度还不是很高。

此次问卷调查共得到关于为老人提供生活保障满意程度的有效样本量是 9983 个，平均满意程度为 3.3094。其中，有 183 人对政府为老人提供生活保障非常不满意，有 1164 人不满意，有 4562 人觉得一般，有 3529 人比较满意，有 545 人非常满意。在样本中，有 13.49% 的被访者对政府为老人提供生活保障不满意，有 40.81% 的被访者表示满意，剩下 45.70% 的被访者认为一般，说明我国居民对政府为老人提供生活保障的满意程度还不是很高。

此次问卷调查共得到关于提供优质的基础教育满意程度的有效样本量是 9980 个，平均满意程度为 3.3814。其中，有 223 人对政府提供优质的基础教育非常不满意，有 989 人不满意，有 4232 人觉得一般，有 3831 人比较满意，有 705 人非常满意。在样本中，有 12.14% 的被访者对政府提供优质的基础教育不满意，有 45.46% 的被访者表示满意，剩下 42.40% 的被访者认为一般，说明我国居民对政府提供优质的基础教育的满意程度还不是很高。

此次问卷调查共得到关于捍卫国家安全满意程度的有效样本量是 9980 个，平均满意程度为 3.8798。其中，有 62 人对政府捍卫国家安全非常不满意，有 193 人不满意，有 2524 人觉得一般，有 5305 人比较满意，有 1896 人非常满意。在样本中，有 2.55% 的被访者对政府捍卫国家安全不满意，有 72.16% 的被访者表示满意，剩下 25.29% 的被访者认为一般，说明我国居民对政府捍卫国家安全

第六章 居民主观幸福感

的满意程度比较高。

此次问卷调查共得到关于打击犯罪满意程度的有效样本量是9983个,平均满意程度为3.7557。其中,有93人对政府打击犯罪非常不满意,有381人不满意,有2925人觉得一般,有5057人比较满意,有1527人非常满意。在样本中,有4.75%的被访者对政府打击犯罪不满意,有65.95%的被访者表示满意,剩下29.30%的被访者认为一般,说明我国居民对政府打击犯罪的满意程度比较高。

此次问卷调查共得到关于公平执法满意程度的有效样本量是9982个,平均满意程度为3.4636。其中,有197人对政府公平执法非常不满意,有794人不满意,有4094人觉得一般,有3978人比较满意,有919人非常满意。在样本中,有9.92%的被访者对政府公平执法不满意,有49.07%的被访者表示满意,剩下41.01%的被访者认为一般,说明我国居民对政府公平执法的满意程度不是很高。

此次问卷调查共得到关于政府部门秉公办事满意程度的有效样本量是9984个,平均满意程度为3.3392。其中,有240人对政府部门秉公办事非常不满意,有1071人不满意,有4509人觉得一般,有3390人比较满意,有774人非常满意。在样本中,有13.13%的被访者对政府部门秉公办事不满意,有41.71%的被访者表示满意,剩下45.16%的被访者认为一般,说明我国居民对政府部门秉公办事的满意程度不是很高。

此次问卷调查共得到关于环境保护满意程度的有效样本量是9981个,平均满意程度为3.2903。其中,有296人对政府环境保护非常不满意,有1345人不满意,有4217人觉得一般,有3412人比较满意,有711人非常满意。在样本中,有16.45%的被访者对政府环境保护不满意,有41.30%的被访者表示满意,剩下42.25%的被访者认为一般,说明我国居民对政府环境保护的满意程度不是很高。

总的来说,居民对为患者提供医疗服务、为老人提供适当的生活保障、提供优质的基础教育、公平执法、政府部门秉公办事、环境保护这些政府行为的满意度集中于一般,整体满意度不是特别高。对捍卫国家安全、打击犯罪这两项政府行为的满意度集中于比较满意,且比较满意与非常满意两项合计超过50%也只有捍卫国家安全和打击犯罪两种行为。下面通过将居民对政府行为的评价数据与幸福感相结合,考察这些行为的满意程度与居民的幸福感之间的关系。

2. 政府工作满意程度对主观幸福感的影响。

（1）为患者提供医疗服务对主观幸福感的影响。图6-11表示了不同医疗服务满意程度的居民幸福感的变化，可以看出，幸福感随居民医疗服务满意程度变化而变化。随着居民医疗服务满意程度的提高，其幸福感逐级提高，对医疗服务非常满意的居民幸福感最高，非常不满意的居民幸福感最低，说明医疗服务满意状况对居民幸福感存在较大影响。目前看来，我国医疗服务满意程度平均水平介于一般和比较满意之间，与医疗服务相关的居民平均幸福感可能处于3.8~4.0。因此，对于政府而言，要做好医疗服务，提高就医体验，完善医院医疗器材，提高医生技能，提高群众对医院的信任度，从而提高与医疗服务满意程度正相关的居民幸福感水平。

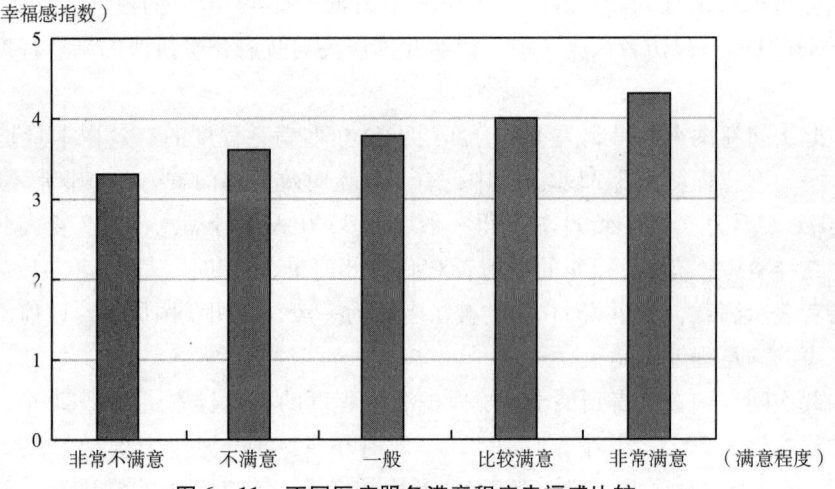

图6-11 不同医疗服务满意程度幸福感比较

资料来源：2019年中国居民收入与财富调查问卷。

（2）为老人提供适当的生活保障对主观幸福感的影响。图6-12表示了不同老年生活保障满意程度的居民幸福感的变化，可以看出，幸福感随老年生活保障满意程度变化而变化。随着老年生活保障满意程度的提高，其幸福感逐级提高，对老年生活保障非常满意的居民幸福感最高，非常不满意的居民幸福感最低，说明老年生活保障满意状况对居民幸福感存在较大影响。目前看来，我国老年生活保障满意程度平均水平介于一般和比较满意之间，与老年生活保障相关的居民平均幸福感可能处于3.8~4.0。因此，对于政府而言，要加大对老年人的法律援助工作力度，加强对机构养老的管理和投入，从而提高与老年生活保障满意程度正相关的居民幸福感水平。

第六章 居民主观幸福感

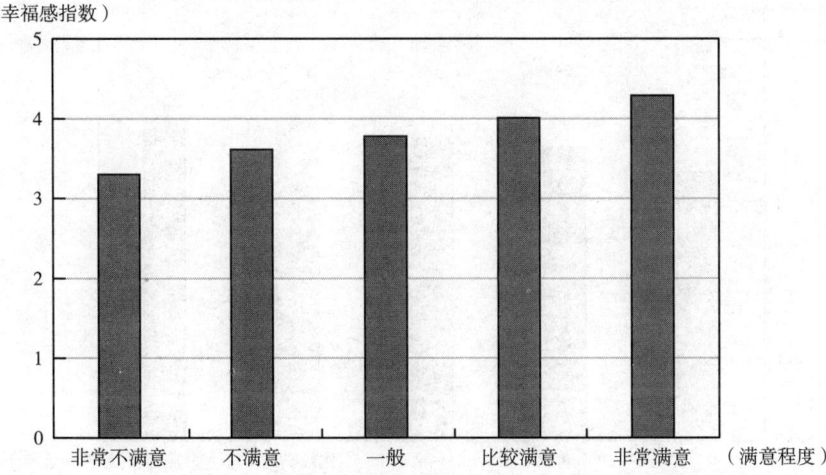

图 6-12　不同老年生活保障满意程度幸福感比较

资料来源：2019 年中国居民收入与财富调查问卷。

（3）提供优质的基础教育对主观幸福感的影响。图 6-13 表示了不同基础教育满意程度的居民幸福感的变化，可以看出，幸福感随基础教育满意程度变化而变化。随着基础教育满意程度的提高，其幸福感逐级提高，对基础教育非常满意的居民幸福感最高，非常不满意的居民幸福感最低，说明基础教育满意状况对居民幸福感存在较大影响。目前看来，我国基础教育满意程度平均水平介于一般和比较满意之间，与基础教育相关的居民平均幸福感可能处于 3.8～4.0。因此，对于政府而言，要加大对基础教育的投入，实现教育治理体系和治理能力现代化，提高居民对基础教育的满意程度，从而提高与基础教育满意程度正相关的居民幸福感水平。

（4）捍卫国家安全对主观幸福感的影响。图 6-14 表示了不同国家安全满意程度的居民幸福感的变化，可以看出，幸福感随国家安全满意程度变化而变化。随着国家安全满意程度的提高，其幸福感逐级提高，对国家安全非常满意的居民幸福感最高，非常不满意的居民幸福感最低，说明国家安全满意状况对居民幸福感存在较大影响。目前看来，我国国家安全满意程度平均水平介于一般和比较满意之间，与国家安全相关的居民平均幸福感可能处于 3.7～3.9。因此，对于政府而言，要坚持和完善人民民主专政的国家政权，加强国防和武装力量建设，依法履行保障人民民主维护国家长治久安的职能，提高居民对国家安全的满意程度，从而提高与国家安全满意程度正相关的居民幸福感水平。

中国居民收入与财富调查报告（2019年）

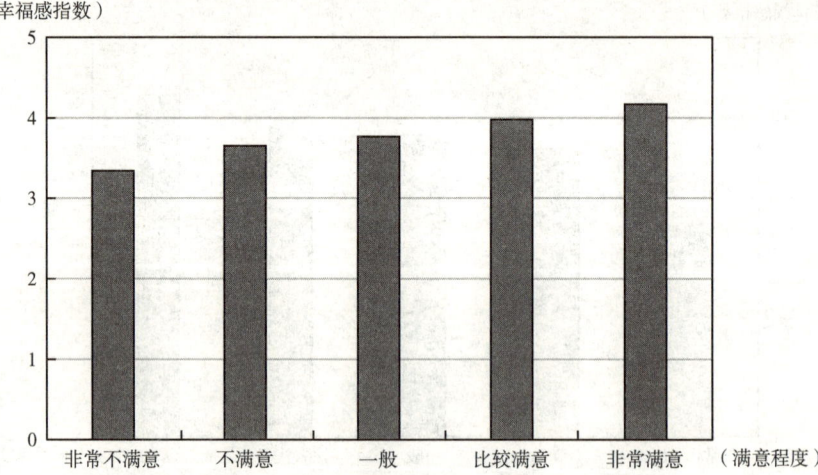

图6-13 不同基础教育满意程度幸福感比较

资料来源：2019年中国居民收入与财富调查问卷。

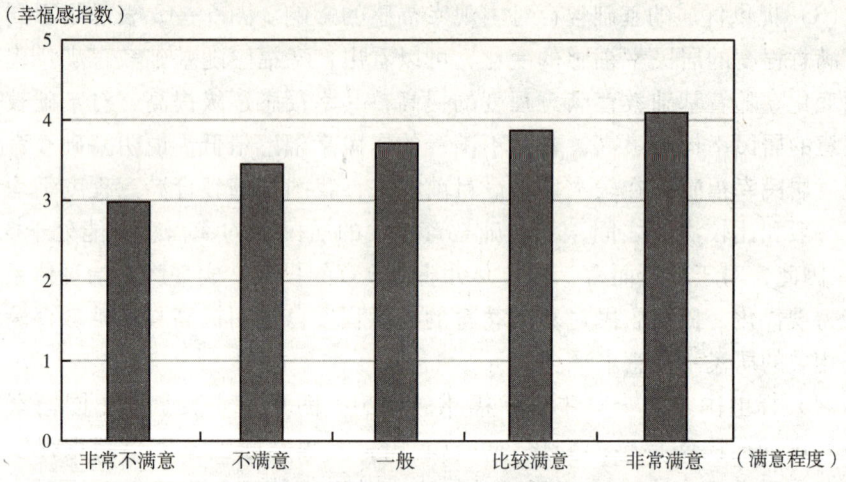

图6-14 不同国家安全满意程度幸福感比较

资料来源：2019年中国居民收入与财富调查问卷。

（5）打击犯罪对主观幸福感的影响。图6-15表示了不同打击犯罪满意程度的居民幸福感的变化，可以看出，幸福感随打击犯罪满意程度变化而变化。随着打击犯罪满意程度的提高，其幸福感逐级提高，对打击犯罪非常满意的居民幸福感最高，非常不满意的居民幸福感最低，说明打击犯罪满意状况对居民幸福感存在较大影响。目前看来，我国打击犯罪满意程度平均水平

· 218 ·

第六章 居民主观幸福感

介于一般和比较满意之间,与打击犯罪相关的居民平均幸福感可能处于 3.7~3.9。因此,对于政府而言,要加大民生支出,完善社会保障制度,提高居民对打击犯罪的满意程度,从而提高与打击犯罪满意程度正相关的居民幸福感水平。

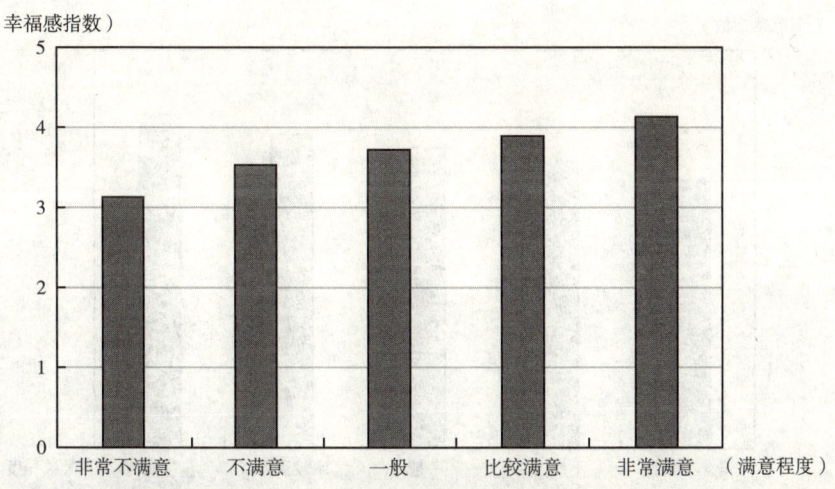

图 6-15 不同打击犯罪满意程度幸福感比较

资料来源:2019 年中国居民收入与财富调查问卷。

(6) 公平执法对主观幸福感的影响。图 6-16 表示了不同公平执法满意程度的居民幸福感的变化,可以看出,幸福感随公平执法满意程度变化而变化。随着公平执法满意程度的提高,其幸福感逐级提高,对公平执法非常满意的居民幸福感最高,非常不满意的居民幸福感最低,说明公平执法满意状况对居民幸福感存在较大影响。目前看来,我国公平执法满意程度平均水平介于一般和比较满意之间,与公平执法相关的居民平均幸福感可能处于 3.8~3.9。因此,对于政府而言,要强化认识,抓紧行政执法队伍建设,适应经济社会发展大局,正确履行政府工作职能,提高居民对公平执法的满意程度,从而提高与公平执法满意程度正相关的居民幸福感水平。

(7) 政府部门秉公办事对主观幸福感的影响。图 6-17 表示了不同秉公办事满意程度的居民幸福感的变化,可以看出,幸福感随秉公办事满意程度变化而变化。随着秉公办事满意程度的提高,其幸福感逐级提高,对秉公办事非常满意的居民幸福感最高,非常不满意的居民幸福感最低,说明秉公办事满意状况对居民幸福感存在较大影响。目前看来,我国秉公办事满意程度平均水平介于一般和比较满意之间,与秉公办事相关的居民平均幸福感可能处于 3.8~4.0。因此,对于政府而言,要认真治理政府工作人员以权谋私和渎职侵权问题,切实加强廉洁自律,提高居民对秉公办事的满意程度,从而提高与秉公办事满意程度正相关的居民幸福感水平。

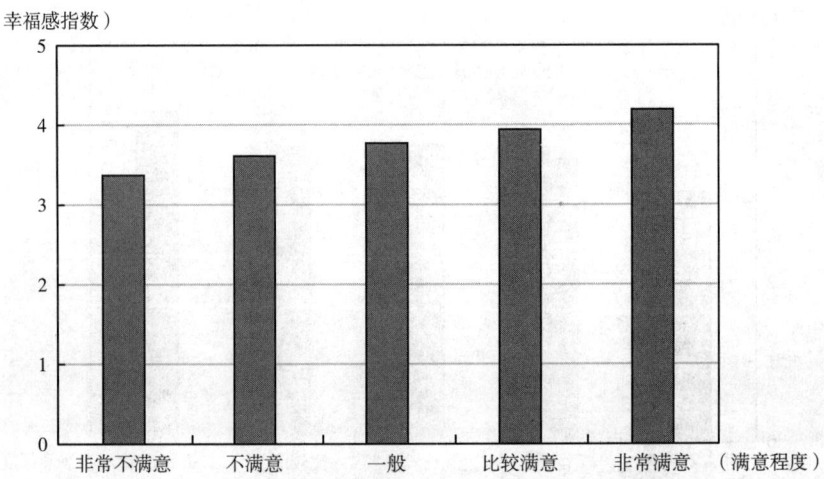

图 6-16　不同公平执法满意程度幸福感比较

资料来源:2019 年中国居民收入与财富调查问卷。

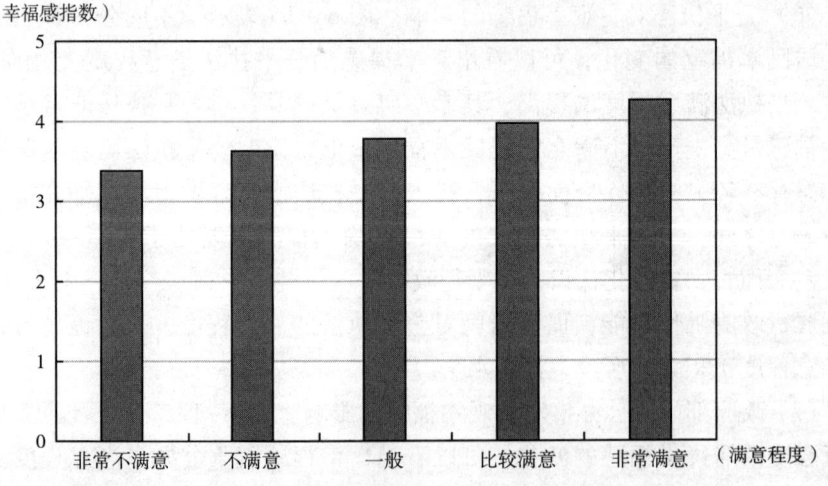

图 6-17　不同秉公办事满意程度幸福感比较

资料来源:2019 年中国居民收入与财富调查问卷。

(8) 环境保护对主观幸福感的影响。图6-18表示了不同环境保护满意程度的居民幸福感的变化，可以看出，幸福感随环境保护满意程度变化而变化。随着环境保护满意程度的提高，其幸福感逐级提高，对环境保护非常满意的居民幸福感最高，非常不满意的居民幸福感最低，说明环境保护满意状况对居民幸福感存在较大影响。目前看来，我国环境保护满意程度平均水平介于一般和比较满意之间，与环境保护相关的居民平均幸福感可能处于3.8～4.0。因此，对于政府而言，要把环保工作纳入重要议事日程，切实加强对环保工作的领导，同时还要加强目标责任考核管理，从责任分解、责任考核、责任追究等环节，定期对各地区进行监督检查，提高居民对环境保护的满意程度，从而提高与环境保护满意程度正相关的居民幸福感水平。

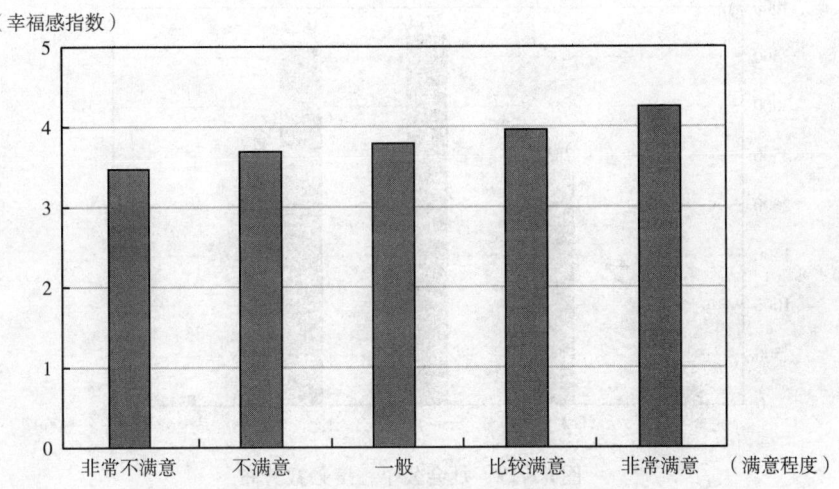

图6-18　不同环境保护满意程度幸福感比较

资料来源：2019年中国居民收入与财富调查问卷。

通过考察居民对政府行为的评价数据对幸福感的影响，可以发现为患者提供医疗服务、为老人提供适当的生活保障、提供优质的基础教育、捍卫国家安全、打击犯罪、公平执法、政府部门秉公办事、环境保护八个方面对幸福感都有显著的影响，幸福感都随着满意程度的增加而提升。

四、社会公平程度

在2019年中国居民收入与财富调查问卷中，设计了这样的一个问题"总的来说,您认为当今的社会是不是公平的?"来衡量社会公平度,共包括 5 个选项:1 完全不公平,2 不太公平,3 一般,4 比较公平,5 完全公平。数字越大代表居民对社会公平认可度更高。

1. 社会公平程度描述性统计。图 6-19 是社会公平程度频数分布,可以看出,居民关于社会公平的感知程度情况。一共获得关于社会公平程度的有效样本量 9988 个,其中选择完全不公平的有 218 人,选择不太公平的有 2333 人,选择一般的有 3711 人,选择比较公平的有 3627 人,选择完全公平的有 99 人。可以看出,多数人选择了不太公平和一般,也就是认为社会公平度偏低。从整体来看,大多数人对社会的公平度不满意,认为社会不是很公平。

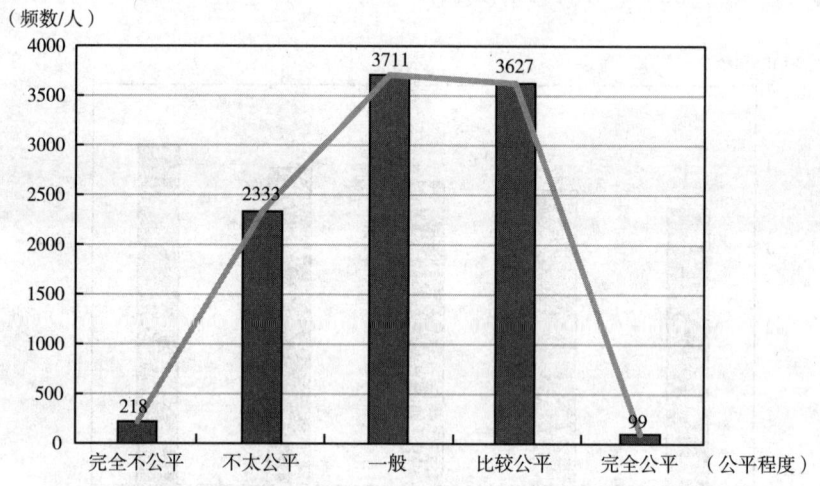

图 6-19 社会公平程度频数分布

2. 社会公平程度对主观幸福感的影响。将调查样本中对社会公平感知度的数据与幸福感的数据结合起来,得到不同社会公平感知程度的幸福感变化,如图 6-20 所示。可以看出,幸福感随社会公平程度变化而变化。随着社会公平程度的提高,其幸福感逐级提高(其中在比较公平到完全公平之间幸福感小幅度下降),认为社会比较公平的居民幸福感最高,完全不公平的居民幸福感最低,说明社会公平程度对居民幸福感存在较大影响。因此,对于政府而言,要建立公正的社会分配结构和社会保障机制,缓解贫富差距过大带来的社会矛盾和冲突,提高居民所感知的社会公平程度的满意程度,从而提高与社会公平程度正相关的居民幸福感水平。

第六章 居民主观幸福感

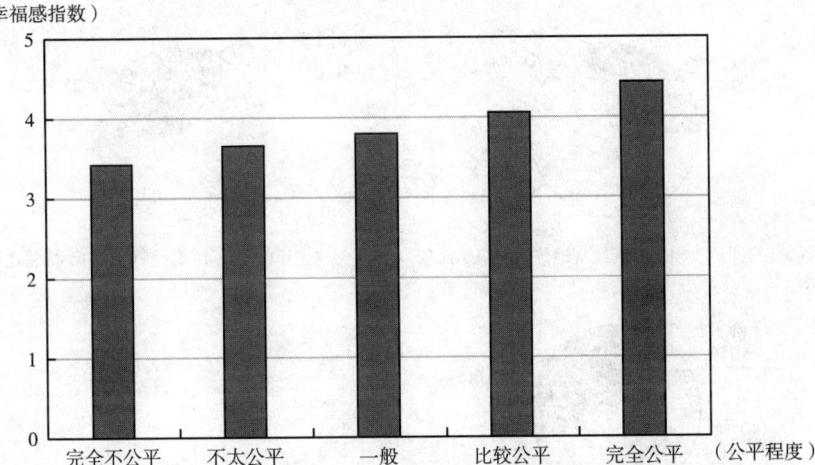

图 6-20 不同社会公平感知程度的幸福感比较

资料来源：2019 年中国居民收入与财富调查问卷。

五、社会经济地位

在 2019 年中国居民收入与财富问卷中，衡量居民社会经济地位的三个问题是"与同龄人相比，您本人的社会经济地位是""与三年前相比，您的社会经济地位是""与现在相比，您预期三年后的社会经济地位是"，每个问题包含 3 个选项：1 较高，2 差不多，3 较低。分别反映被调查者当前、与三年前相比、与三年后相比这三种情况的社会经济地位及其变化。

1. 社会经济地位描述性统计。表 6-3 是社会经济地位描述性统计，图 6-21 是相对经济地位频数分布，从中可以得到居民关于相对社会经济地位的变化情况。

表 6-3　　　　　　　　　　社会经济地位描述性统计

相对社会经济地位	样本量（个）	均值	标准差	最小值	最大值
与同龄人相比	9929	2.1943	0.5273	1	3
与三年前相比	9929	1.8300	0.5935	1	3
预期三年后	9929	1.7759	0.5821	1	3

注：1 表示较高，2 表示差不多，3 表示较低。

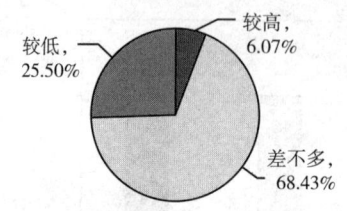
(a)与同龄人相比不同经济地位的幸福感比较

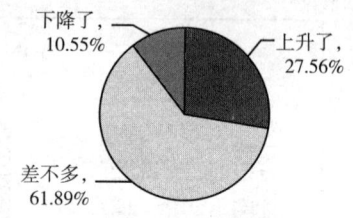
(b)与三年前相比不同经济地位的幸福感比较

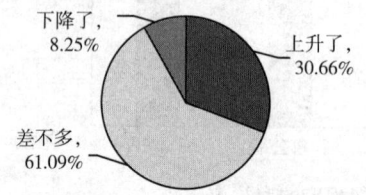
(c)预期三年后不同经济地位的幸福感比较

图6-21 相对经济地位分布

资料来源:2019年中国居民收入与财富调查问卷。

此次问卷调查共得到关于"与同龄人相比,您本人的社会经济地位是"的有效样本量是9929个,平均满意程度为2.1943,即平均而言被访者认为本人经济地位处于差不多和下降之间。其中,有603人认为本人经济地位较高,有6794人认为差不多,有2532人觉得较低。

此次问卷调查共得到关于"与三年前相比,您的社会经济地位是"的有效样本量是9929个,平均满意程度为1.8300,即平均而言被访者认为本人经济地位处于上升了和差不多之间。其中,有2736人认为本人经济地位上升了,有6145人认为差不多,有1048人觉得下降了。

此次问卷调查共得到关于"与现在相比,您预期三年后的社会经济地位是"的有效样本量是9929个,平均满意程度为1.7759,即平均而言被访者认为本人经济地位处于上升了和差不多之间。其中,有3044人认为本人经济地位上升了,有6066人认为差不多,有819人觉得下降了。

2.社会经济地位对主观幸福感的影响。将调查样本中对社会经济地位的数据与幸福感的数据结合起来,得到不同社会经济地位的幸福感变化。图6-22表示与同龄人相比的不同社会经济地位的幸福感比较,图6-23表示与三年前相比的不同社会经济地位的幸福感比较,图6-24表示预期三年后的不同社会经济地位的幸福感比较。

第六章 居民主观幸福感

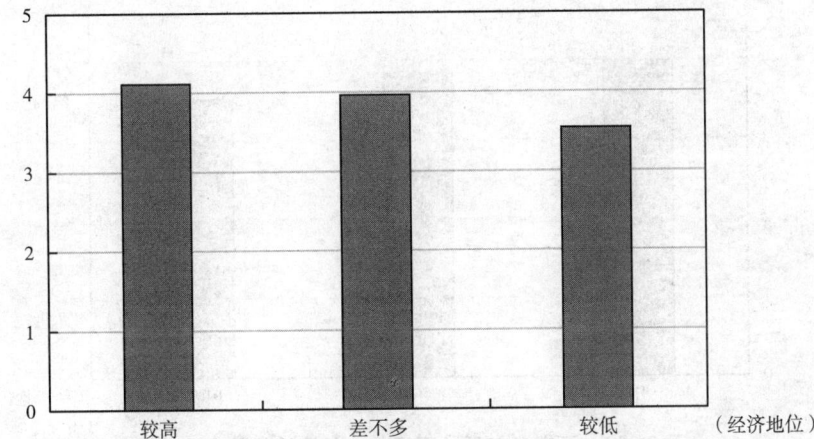

图 6-22　与同龄人相比的不同社会经济地位的幸福感比较

资料来源：2019 年中国居民收入与财富调查问卷。

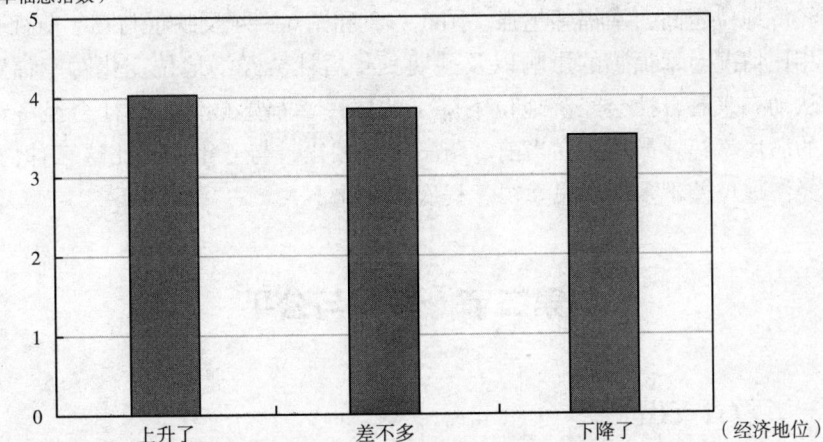

图 6-23　与三年前相比的不同社会经济地位的幸福感比较

资料来源：2019 年中国居民收入与财富调查问卷。

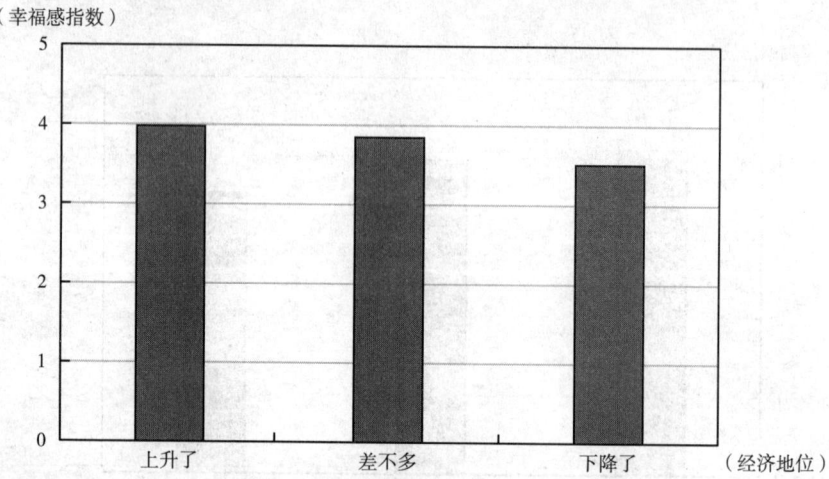

图 6-24 预期三年后的不同社会经济地位的幸福感比较

资料来源：2019 年中国居民收入与财富调查问卷。

可以看出，社会经济地位对居民幸福感具有重要影响，无论是当前社会经济地位，还是与三年前相比社会经济地位变化情况以及预期三年后社会经济地位的变化。如图 6-22 所示，居民幸福感随着社会经济地位的下降而层层递减，社会经济地位越高，幸福感越强。图 6-23 和图 6-24 反映了与三年前社会经济地位相比情况对幸福感的影响以及预期三年后社会经济地位变化对幸福感的影响，从动态来看，社会经济地位下降了的居民幸福感最低，而社会经济地位上升了的居民幸福感最高。在当前、与三年前相比、与三年后相比这三种情况下，社会经济地位差不多的居民幸福感程度的变化不大。

第二节 教育与公平

一、教育支出

在 2019 年中国居民收入与财富调查问卷中，用"在您看来，目前政府对教育的支出是否足够？"来衡量政府对教育的支出情况，被调查者需要从 1~5 个选项中选择一个，其中 1 表示非常满足，2 表示能满足大部分需求，3 表示基本满足，4 表示能满足小部分需求，5 表示不能满足。

我们一共获得关于政府对教育投入足够性 9968 个有效样本，如图 6-25 所示。其中有385人表示非常满足,占比3.64%;有3104人表示能满足大部分需求,占比31.81%;有4054人表示基本满足,占比40.45%;有1361人表示能满足小部分需求,占比14.12%;有1064人表示不能满足,占比11.20%。可以推断,大多数人对政府的教育支出是基本满足的。

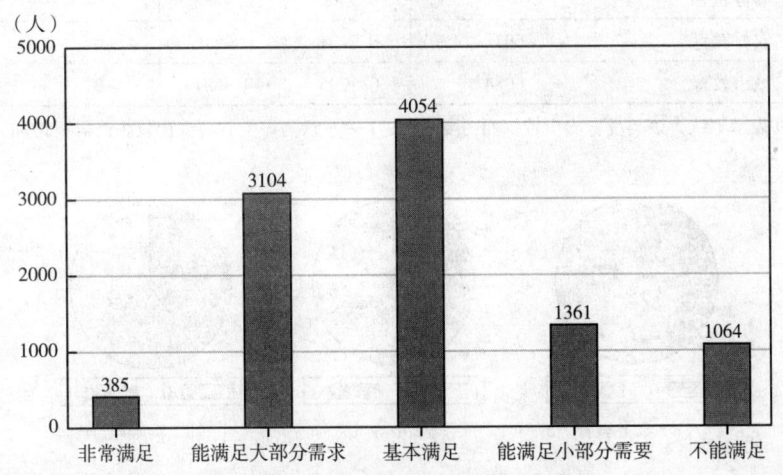

图6-25 教育支出足够性频数分布

资料来源:2019年中国居民收入与财富调查问卷。

二、教育支出较少的种类

在2019年中国居民收入与财富调查问卷中,用"在您看来,政府在教育哪部分的支出较少而需要增加?"衡量政府对不同教育支出的不同占比情况。被访问者需要从1~5个选项中选择至少一个,其中1表示义务教育,2表示中等教育,3表示高等教育,4表示农村教育,5表示城市教育。

表6-4是教育支出较少种类的描述性统计,图6-26是教育支出足够性,可以看出,居民关于教育支出较少种类的情况。在样本中,大约有52.81%的人认为义务教育支出较少而需要增加,有34.31%的人认为中等教育支出较少而需要增加,有39.76%的人认为高等教育支出较少而需要增加,有71.66%的人认为农村教育支出较少而需要增加,有15.59%的人认为城市教育较少而需要增加。可以推断,大多数人认为政府应该增加对义务教育、高等教育和农村教育的投入。

表6-4　　　　　　　　教育支出较少种类的描述性统计

教育支出较少的种类	样本量（个）	均值	标准差	最小值	最大值
义务教育	6084	0.5311	0.2493	0	1
中等教育	5965	0.3435	0.4736	0	1
高等教育	5972	0.3960	0.4888	0	1
农村教育	6013	0.7121	0.4516	0	1
城市教育	6084	0.1795	0.3601	0	1

注：0表示不认为该类教育支出较少而需要增加，1表示认为该类教育支出较少而需要增加。

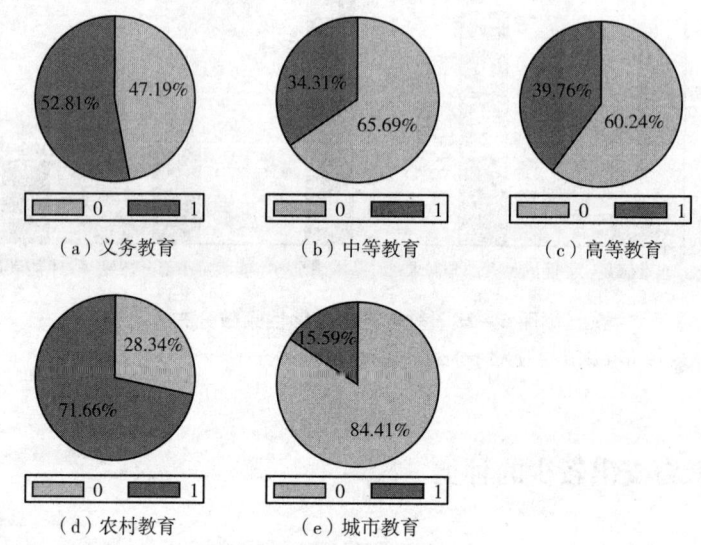

图6-26　教育支出足够性

注：0表示不认为该类教育支出较少而需要增加，1表示认为该类教育支出较少而需要增加。
资料来源：2019年中国居民收入与财富调查问卷。

三、教育存在的问题

在2019年中国居民收入与财富调查问卷中，用"在您看来，我国教育中存在哪些问题？"衡量我国教育中出现的问题。被访问者需要从1~6个选项中选择至少一个，其中1表示变相收费问题，2表示城乡教育差别大，农村教育水平低，3表示应试教育弊端大，4表示脱离实践，枯燥无味，晦涩难懂，5表示高校学费过高，6表示高校一味扩招带来就业问题。

第六章 居民主观幸福感

表6-5是教育存在问题的描述性统计，图6-27是教育存在的问题，可以看出，关于我国教育中存在问题的情况。在样本中，大约有52.05%的人认为存在变相收费问题，有80.79%的人认为存在城乡教育差别大，农村教育水平低问题，有48.29%的人认为应试教育弊端大，有38.65%的人认为脱离实践，枯燥无味，晦涩难懂，有31.10%的人认为高校学费过高，有39.80%的人认为高校一味扩招带来就业问题。可以推断，大多数人认为教育普遍存在以上几种问题，其中城乡教育差别大，变相收费、应试教育弊端大问题最为严重。

表6-5　　　　　　　　教育存在问题的描述性统计

教育存在的问题	样本量（个）	均值	标准差	最小值	最大值
变相收费	6402	0.5204	0.4998	0	1
城乡教育差别大	6799	0.8238	0.3976	0	1
应试教育弊端大	6441	0.5074	0.4991	0	1
脱离实践，枯燥无味	6369	0.4120	0.4835	0	1
高校学费过高	6234	0.3276	0.4562	0	1
高校扩招带来就业问题	7164	0.4619	0.4825	0	1

注：0表示不存在此类问题，1表示存在此类问题。

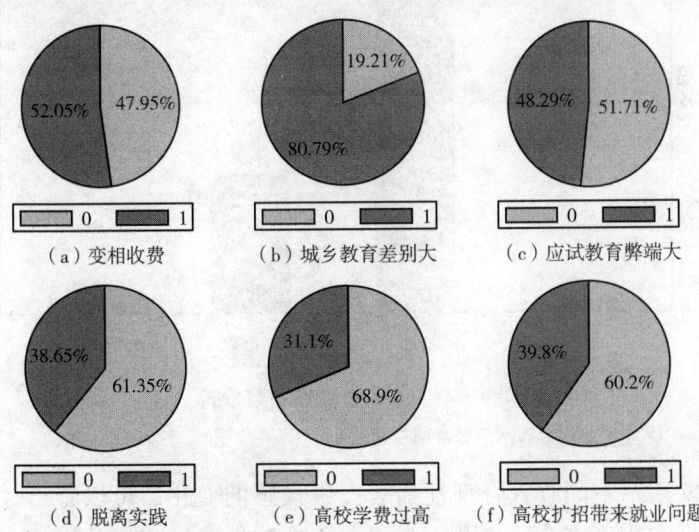

图6-27　教育存在的问题

注：0表示不存在此类问题，1表示存在此类问题。
资料来源：2019年中国居民收入与财富调查问卷。

四、收入合理性

在2019年中国居民收入与财富调查问卷中,用"考虑到您的能力和工作状况,您认为您目前的收入是否合理呢?"来衡量收入公平,被访问者需要从1~4中选择一个合理程度,其中1表示非常合理,2表示合理,3表示不合理,4表示非常不合理。

我们获得了9879个样本,其频数分布如图6-28所示。其中有205人认为非常合理,占比为1.46%;有6826人认为合理,占比为69.18%;有2648人认为不合理,占比为27.28%;有200人认为非常不合理,占比为2.08%。可以推断,大部分人认为目前自身的收入水平合理,也有少部分人认为不合理,但是只有微乎其微的人认为收入特别合理或特别不合理。

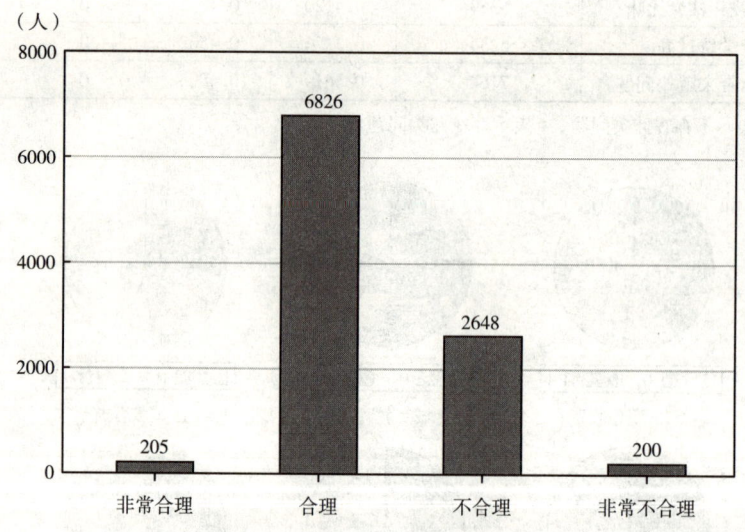

图6-28 收入合理性频数分布

资料来源:2019年中国居民收入与财富调查问卷。

图6-29表示不同收入合理性的居民幸福感的变化,可以看出,幸福感随收入合理性感知程度变化而变化。随着收入合理性感知程度的提高,其幸福感逐级提高,认为收入非常合理的居民幸福感最高,非常不合理的居民幸福感最低,说明收入合理性对居民幸福感存在较大正向影响。

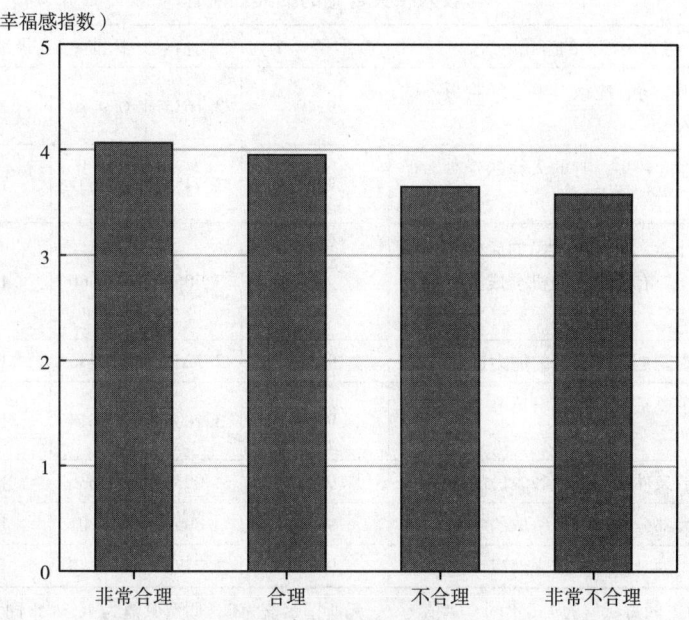

图 6-29　不同收入合理性的幸福感比较

资料来源：2019 年中国居民收入与财富调查问卷。

五、与收入相关的言论

在 2019 年中国居民收入与财富调查问卷中，与收入相关的言论有：为减少收入不平等，应该对富人征收更高的税来帮助穷人；现在有的人挣的钱多，有的人挣的钱少，但这是公平的；在我们这个社会，工人和农民的后代与其他人的后代一样，有同样多的机会成为有钱有地位的人；社会不平等主要是个人天生的能力造成的；社会不平等主要是由一小部分掌权者的控制操纵所造成的；应该尽量创造条件提高工人和农民的收入；个人的成就大部分是靠努力争取的；在经济不景气的时候，应该先解雇女性员工。被访问者需要从 1~6 中选择一个同意程度，其中 1 表示非常同意，2 表示同意，3 表示无所谓，4 表示不同意，5 表示非常不同意，6 表示无法选择。

表 6-6 是与收入相关言论的描述性统计，图 6-30 是与收入相关言论同意程度频数分布，可以看出，居民关于收入相关言论的同意程度情况。

表6-6　　　　　　　　与收入相关言论的描述性统计

与收入相关的言论	样本量（个）	均值	标准差	最小值	最大值
为减少收入不平等，应该对富人征收更高的税来帮助穷人	9949	3.1635	0.9780	1	5
现在有的人挣的钱多，有的人挣的钱少，但这是公平的	9947	3.4455	0.8631	1	5
在我们这个社会，工人和农民的后代与其他人的后代一样，有同样多的机会成为有钱有地位的人	9554	3.2068	1.0660	1	5
社会不平等主要是个人天生的能力造成的	9950	2.5256	0.9446	1	5
社会不平等主要是由一小部分掌权者的控制操纵所造成的	9954	3.1009	0.9618	1	5
应该尽量创造条件提高工人和农民的收入	9952	4.0036	0.6636	1	5
个人的成就大部分是靠努力争取的	9950	3.8991	0.7701	1	5
在经济不景气的时候，应该先解雇女性员工	9952	1.7770	0.8640	1	5

注：非常不同意赋值为1，不同意赋值为2，无所谓赋值为3，同意赋值为4，非常同意赋值为5。

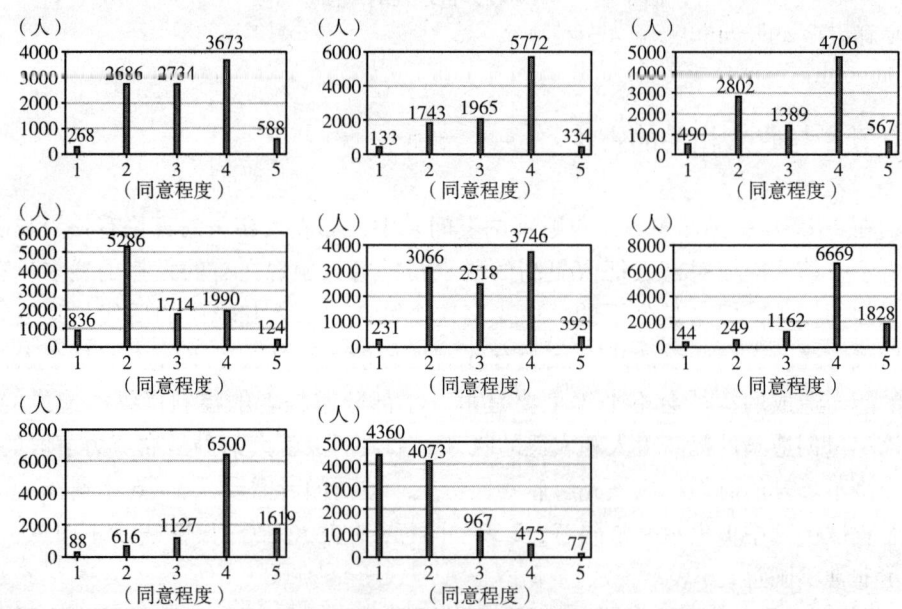

图6-30　与收入相关言论同意程度频数分布

注：非常不同意赋值为1，不同意赋值为2，无所谓赋值为3，同意赋值为4，非常同意赋值为5。
资料来源：2019年中国居民收入与财富调查问卷。

第六章 居民主观幸福感

此次问卷调查共得到关于"为减少收入不平等,应该对富人征收更高的税来帮助穷人"同意程度的有效样本量是 9949 个,平均同意程度为 3.1635。其中,有 268 人非常不同意"为减少收入不平等,应该对富人征收更高的税来帮助穷人",有 2686 人不同意,有 2734 人觉得无所谓,有 3673 人同意,有 588 人非常同意,说明我国居民比较同意"为减少收入不平等,应该对富人征收更高的税来帮助穷人"。

此次问卷调查共得到关于"现在有的人挣的钱多,有的人挣的钱少,但这是公平的"同意程度的有效样本量是 9947 个,平均同意程度为 3.4455。其中,有 133 人非常不同意"现在有的人挣的钱多,有的人挣的钱少,但这是公平的",有 1743 人不同意,有 1965 人觉得无所谓,有 5772 人同意,有 334 人非常同意,说明我国居民比较同意"现在有的人挣的钱多,有的人挣的钱少,但这是公平的"。

此次问卷调查共得到关于"在我们这个社会,工人和农民的后代与其他人的后代一样,有同样多的机会成为有钱有地位的人"同意程度的有效样本量是 9554 个,平均同意程度为 3.2068。其中,有 490 人非常不同意"在我们这个社会,工人和农民的后代与其他人的后代一样,有同样多的机会成为有钱有地位的人",有 2802 人不同意,有 1389 人觉得无所谓,有 4706 人同意,有 567 人非常同意,说明我国居民比较同意"在我们这个社会,工人和农民的后代与其他人的后代一样,有同样多的机会成为有钱有地位的人"。

此次问卷调查共得到关于"社会不平等主要是个人天生的能力造成的"同意程度的有效样本量是 9950 个,平均同意程度为 2.5256。其中,有 836 人非常不同意"社会不平等主要是个人天生的能力造成的",有 5286 人不同意,有 1714 人觉得无所谓,有 1990 人同意,有 124 人非常同意,说明我国居民不太同意"社会不平等主要是个人天生的能力造成的"。

此次问卷调查共得到关于"社会不平等主要是由一小部分掌权者的控制操纵所造成的"同意程度的有效样本量是 9954 个,平均同意程度为 3.1009。其中,有 231 人非常不同意"社会不平等主要是由一小部分掌权者的控制操纵所造成的",有 3066 人不同意,有 2518 人觉得无所谓,有 3746 人同意,有 393 人非常同意,说明我国居民比较同意"社会不平等主要是由一小部分掌权者的控制操纵所造成的"。

此次问卷调查共得到关于"应该尽量创造条件提高工人和农民的收入"同意程度的有效样本量是 9952 个,平均同意程度为 4.0036。其中,有 44 人非常不同意"应该尽量创造条件提高工人和农民的收入",有249人不同意,有1162人觉得无所谓,有6669人同意,有1828人非常同意,说明我国居民比较同意"应该尽量创造条件提高工人和农民的收入"。

此次问卷调查共得到关于"个人的成就大部分是靠努力争取的"同意程度的有效样本量是9950个,平均同意程度为3.8991。其中,有88人非常不同意"个人的成就大部分是靠努力争取的",有616人不同意,有1127人觉得无所谓,有6500人同意,有1619人非常同意,说明我国居民比较同意"个人的成就大部分是靠努力争取的"。

此次问卷调查共得到关于"在经济不景气的时候,应该先解雇女性员工"同意程度的有效信息量是9952个,平均同意程度为1.7770。其中,有4360人非常不同意"在经济不景气的时候,应该先解雇女性员工",有4073人不同意,有967人觉得无所谓,有475人同意,有77人非常同意,说明我国居民非常不同意"在经济不景气的时候,应该先解雇女性员工"。

第三节 社会阶层

一、社会分层

在2019年中国居民收入与财富分配调查问卷中,用"有人说,我们这个社会大致可以划分为上层、中上层、中层、中下层和下层等不同阶层,您同意这种说法吗?"来衡量社会分层的合理性,被访问者需要从1~3中进行选择,其中1表示同意,2表示一般,3表示不同意。

我们获得了9973个样本,其频数分布如图6-31所示。其中有3407人同意"我们这个社会大致可以划分为上层、中上层、中层、中下层和下层等不同阶层",占比为35.52%;有3966人对这种分层持一般的态度,占比为39.34%;有2600人不同意"我们这个社会大致可以划分为上层、中上层、中层、中下层和下层等不同阶层",占比为25.14%。可以推断,大多数人都同意这一观点。

进一步地,我们考察了对社会分层持不同态度的受访者的幸福感变化,如图6-32所示。可以看出,幸福感随居民对社会分层的同意程度变化而变化。随着居民社会分层同意程度的提高,其幸福感逐级降低,对社会分层同意的居民幸福感最低,不同意的居民幸福感最高。

第六章 居民主观幸福感

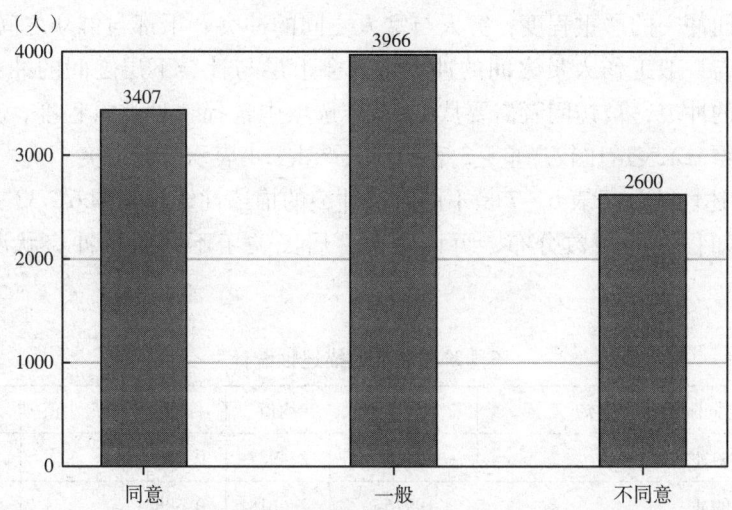

图 6-31 社会分层同意程度频数分布

资料来源：2019年中国居民收入与财富调查问卷。

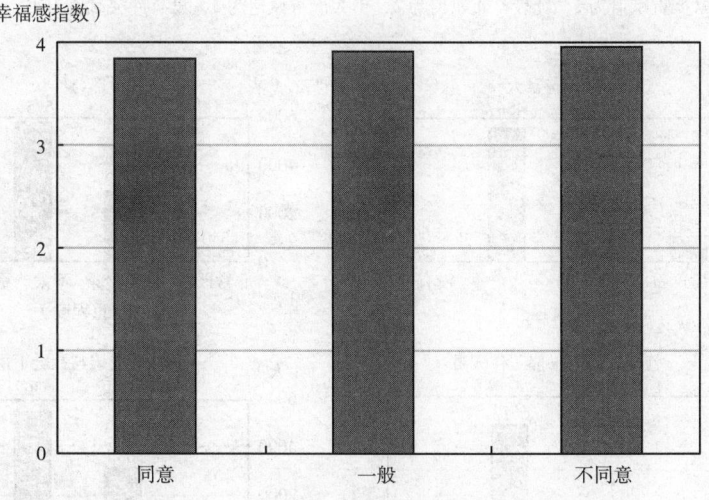

图 6-32 不同社会分层同意程度的幸福感比较

资料来源：2019年中国居民收入与财富调查问卷。

二、不同阶层之间的冲突

在2019年中国居民收入与财富分配调查问卷中，用以下几个方面来描述不同群体之间冲突的严重程度：穷人与富人之间的冲突、干部与群众之间的冲突、管理人员与一般工作人员之间的冲突、社会上层与社会下层之间的冲突。对于每种类型的冲突，被访问者需要从1~4个选项中选择一种严重程度，其中1表示非常严重，2表示比较严重，3表示不太严重，4表示没有冲突。

1. 描述性统计。表6-7是不同阶层冲突的描述性统计，图6-33是不同阶层冲突感知程度的频数分布，可以看出，居民关于不同阶层冲突状况的感知情况。

表6-7　　　　　　　　　　不同阶层冲突的描述性统计

不同阶层间的冲突	样本量（个）	均值	标准差	最小值	最大值
穷人与富人的冲突	9976	2.4987	0.7452	1	4
干部与群众的冲突	9976	2.6618	0.6883	1	4
管理人员与一般工作人员的冲突	9976	2.7733	0.6316	1	4
社会上层与社会下层的冲突	9973	2.6686	0.7264	1	4

注：非常严重赋值为1，比较严重赋值为2，不太严重赋值为3，没有冲突赋值为4。

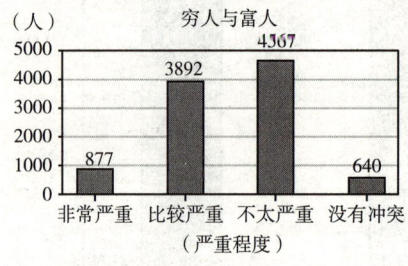
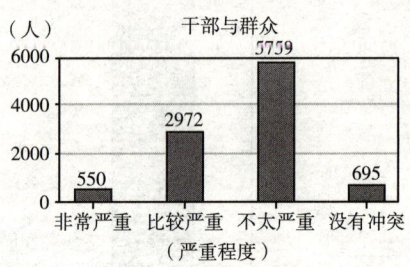
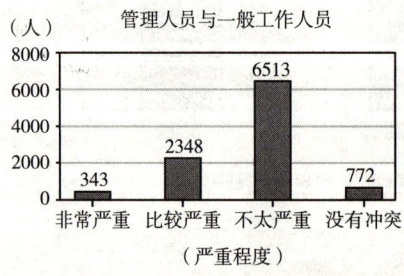
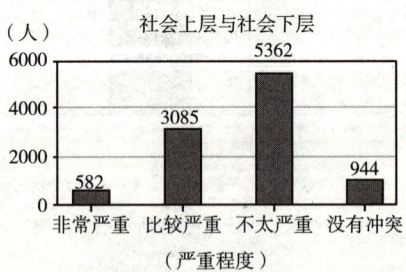

图6-33　不同阶层冲突感知程度的频数分布

注：非常严重赋值为1，比较严重赋值为2，不太严重赋值为3，满意冲突赋值为4。
资料来源：2019年中国居民收入与财富调查问卷。

第六章 居民主观幸福感

关于穷人与富人之间的冲突严重性,我们获得了9976个样本,其平均冲突程度为2.4876,介于比较严重与不太严重之间。其中,有877人认为富人与穷人之间的冲突特别严重,有2972人认为比较严重,有5759人觉得不太严重,有695人觉得没有冲突。在样本中,有54.15%的被访者认为穷人与富人之间的冲突严重,剩下45.85%的被访者认为不严重。

关于干部与群众之间的冲突严重性,我们获得了9976个样本,其平均冲突程度为2.6618,介于比较严重与不太严重之间。其中,有550人认为干部与群众之间的冲突特别严重,有3690人认为比较严重,有4276人觉得不太严重,有544人觉得没有冲突。在样本中,有48.44%的被访者认为干部与群众之间的冲突严重,剩下51.56%的被访者认为不严重。

关于管理人员与一般工作人员之间的冲突严重性,我们获得了9976个样本,其平均冲突程度为2.7733,介于比较严重与不太严重之间。其中,有343人认为管理人员与一般工作人员之间的冲突特别严重,有2348人认为比较严重,有6513人觉得不太严重,有772人觉得没有冲突。在样本中,有30.32%的被访者认为管理人员与一般工作人员之间的冲突严重,剩下69.68%的被访者认为不严重。

关于社会上层与社会下层之间的冲突严重性,我们获得了9973个样本,其平均冲突程度为2.6686,介于比较严重与不太严重之间。其中,有582人认为社会上层与社会下层之间的冲突特别严重,有3085人认为比较严重,有5362人觉得不太严重,有944人觉得没有冲突。在样本中,有44.18%的被访者认为社会上层与社会下层之间的冲突严重,剩下55.82%的被访者认为不严重。

总的来说,穷人与富人之间和干部与群众之间冲突的严重程度都集中于比较严重和不太严重之间,管理人员与一般工作人员之间和社会上层与社会下层之间的冲突严重程度集中于不太严重。下面通过将居民对各群体之间冲突的严重程度数据与幸福感相结合,考察这些群体的冲突与居民的幸福感之间的关系。

2. 社会群体之间冲突对主观幸福感的影响。

(1)"穷人与富人之间的冲突"与幸福感。图6-34表示了穷人与富人冲突不同感知程度的居民幸福感的变化,可以看出,幸福感随穷人与富人冲突不同感知程度变化而变化。随着穷人与富人冲突感知严重程度的提高,其幸福感逐级降低,觉得穷人与富人之间没有冲突的居民幸福感最高,觉得冲突非常严重的居民幸福感最低,说明穷人与富人冲突越大,居民幸福感越差。

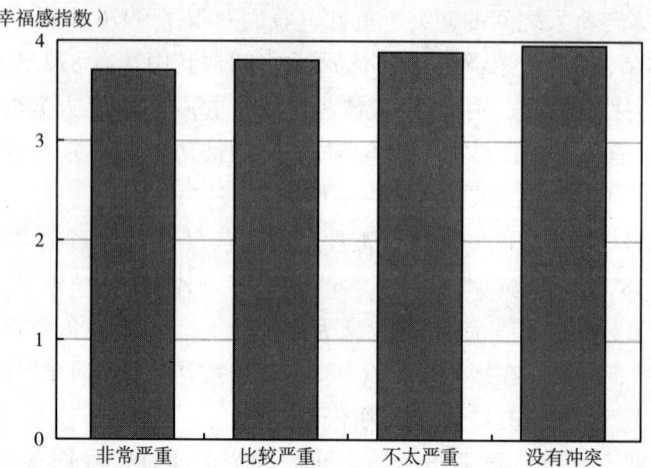

图 6-34 穷人与富人冲突不同感知程度的幸福感比较

资料来源:2019年中国居民收入与财富调查问卷。

(2) 干部与群众之间的冲突与幸福感。图 6-35 表示了干部与群众冲突不同感知程度的居民幸福感的变化,可以看出,幸福感随干部与群众冲突不同感知程度变化而变化。随着干部与群众冲突感知严重程度的提高,其幸福感逐级降低,觉得干部与群众之间没有冲突的居民幸福感最高,觉得冲突非常严重的居民幸福感最低,说明干部与群众冲突不同感知程度对居民幸福感存在较大影响。

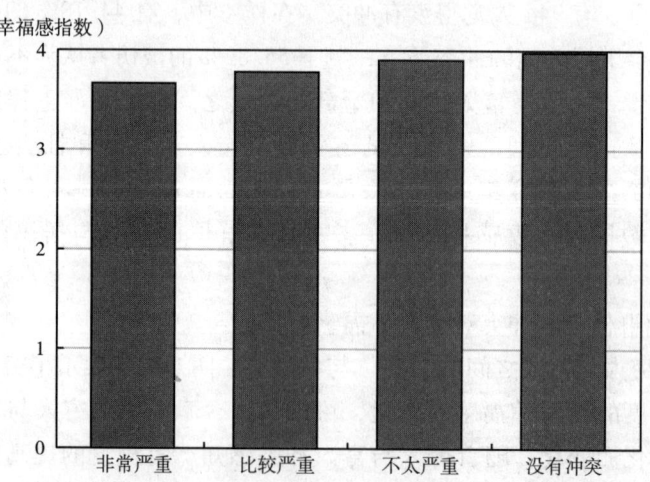

图 6-35 干部与群众冲突不同感知程度的幸福感比较

资料来源:2019年中国居民收入与财富调查问卷。

(3) 管理人员与一般工作人员之间的冲突与幸福感。图6-36表示了管理人员与一般工作人员冲突不同感知程度的居民幸福感的变化，可以看出，幸福感随管理人员与一般工作人员冲突不同感知程度变化而变化。随着管理人员与一般工作人员冲突感知严重程度的提高，其幸福感逐级降低，觉得管理人员与一般工作人员之间没有冲突的居民幸福感最高，觉得冲突非常严重的居民幸福感最低，说明管理人员与一般工作人员冲突程度与居民幸福感成正相关。

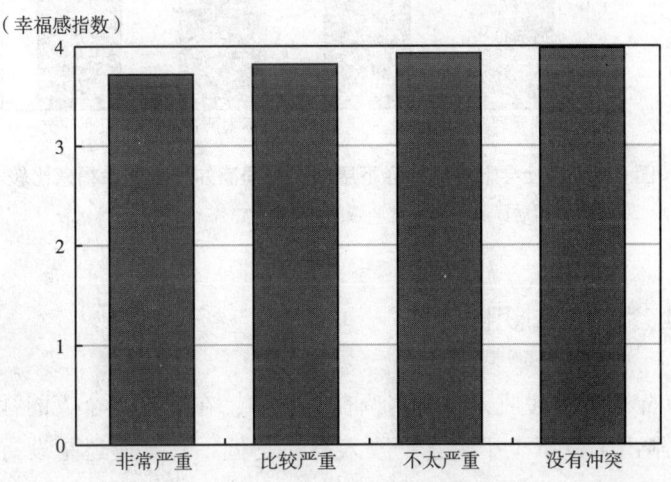

图6-36 管理人员与一般工作人员冲突不同感知程度的幸福感比较

资料来源：2019年中国居民收入与财富调查问卷。

(4) 社会上层与社会下层之间的冲突与幸福感。图6-37表示了社会上层与社会下层冲突不同感知程度的居民幸福感的变化，可以看出，幸福感随社会上层与社会下层冲突不同感知程度变化而变化。随着社会上层与社会下层冲突感知严重程度的提高，其幸福感逐级降低，觉得社会上层与社会下层之间没有冲突的居民幸福感最高，觉得冲突非常严重的居民幸福感最低，说明社会上层与社会下层冲突不同感知程度与居民幸福感成正相关。

通过考察居民对各群体之间冲突的严重程度对幸福感的影响，可以发现穷人与富人之间的冲突、干部与群众之间的冲突、管理人员与一般工作人员之间的冲突、社会上层与社会下层之间的冲突四个方面对幸福感都有显著的影响，幸福感都随着冲突感知严重程度的提高而降低。

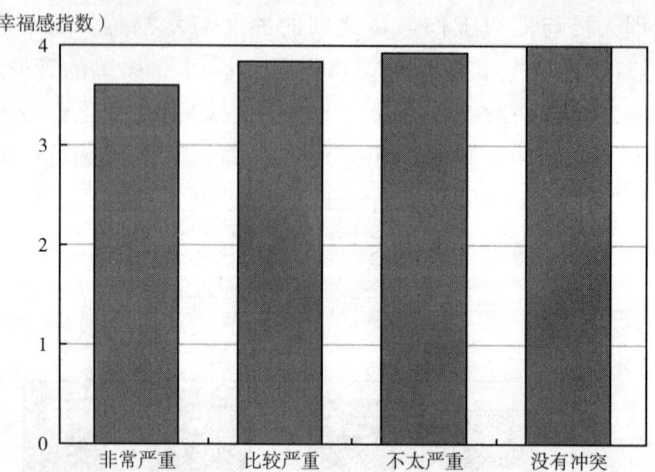

图 6-37 社会上层与社会下层冲突不同感知程度的幸福感比较

资料来源：2019 年中国居民收入与财富调查问卷。

三、社会地位的影响因素

在 2019 年中国居民收入与财富调查问卷中，在判定一个人的社会经济地位的高低时，给出了以下十个因素：收入高还是低、有产业还是没有产业、是否受过良好教育、受人尊敬还是被人看不起、有技术还是没有技术、是管理别人还是被别人管、自己当老板还是替别人打工、群众还是党员、城里人还是乡下人、国家干部还是普通老百姓，并分别标号为 1~10。被访问者需要从这十个因素中选择三个影响经济地位的因素并对其进行排序。

1. 影响社会地位最重要的因素。通过对数据分析，在各因素中排在第一位的频数如图 6-38 所示，一共 9957 个样本。其中收入高还是低有 4469 个样本，占比为 42.49%；有产业还是没有产业有 567 个样本，占比为 7.34%；是否受过良好教育有 2269 个样本，占比为 20.46%；受人尊敬还是被人看不起有 745 个样本，占比为 8.74%；有技术还是没有技术有 305 个样本，占比为 3.40%；是管理别人还是被别人管有 156 个样本，占比为 1.77%；自己当老板还是替别人打工有 333 个样本，占比为 3.94%；群众还是党员有 69 个样本，占比为 0.56%；城里人还是乡下人有 83 个样本，占比为 1.19%；国家干部还是普通老百姓有 961 个样本，占比为 10.11%。可以推断，大多数人认为收入高还是低是影响个人经济地位的最重要因素。

第六章 居民主观幸福感

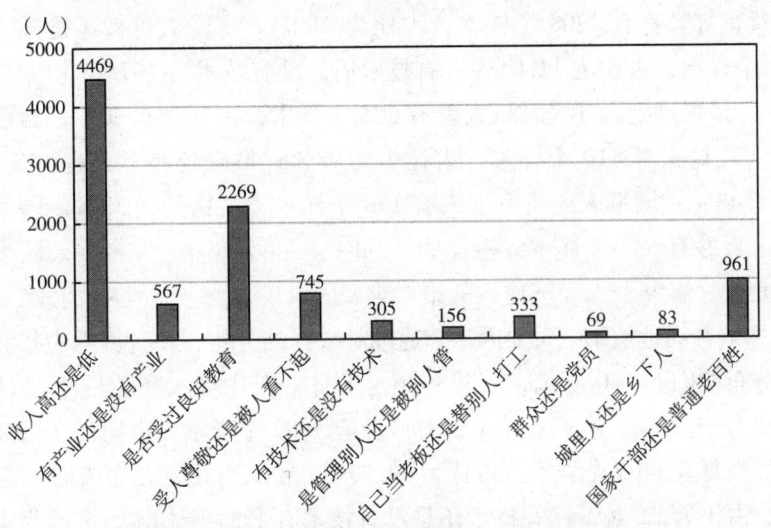

图6-38 影响社会地位最重要因素的频数分布

资料来源：2019年中国居民收入与财富调查问卷。

2. 影响社会地位第二重要因素。通过对数据的分析，在各因素中排在第二位的频数分布如图6-39所示，一共9967个样本。其中收入高还是低有1608个样本，占比为17.09%；有产业还是没有产业有1484个样本，占比为13.55%；

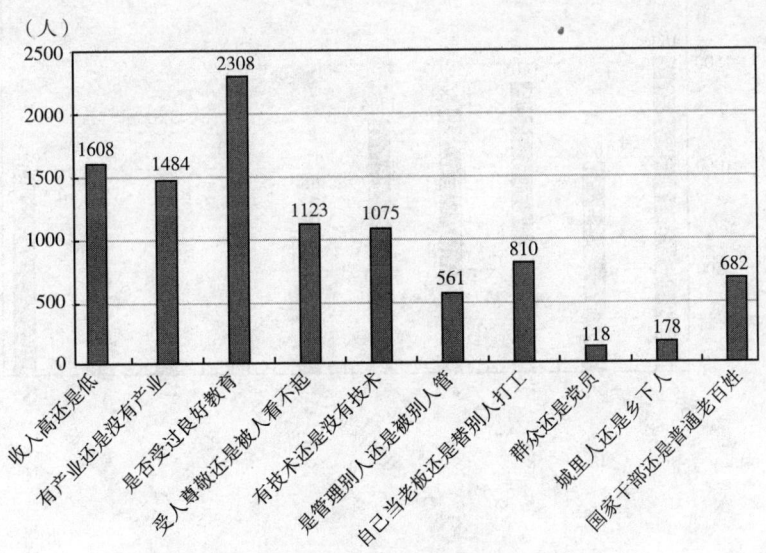

图6-39 影响社会地位第二重要因素的频数分布

资料来源：2019年中国居民收入与财富调查问卷。

是否受过良好教育有 2308 个样本,占比为 21.96%;受人尊敬还是被人看不起有 1123 个样本,占比为 11.01%;有技术还是没有技术有 1075 个样本,占比为 10.34%;是管理别人还是被别人管有 561 个样本,占比为 6.30%;自己当老板还是替别人打工有 810 个样本,占比为 8.97%;群众还是党员有 118 个样本,占比为 1.43%;城里人还是乡下人有 178 个样本,占比为 2.33%;国家干部还是普通老百姓有 682 个样本,占比为 7.02%。可以推断,大多数人认为是否受过良好教育是影响个人经济地位的第二重要因素。

3. 影响社会地位第三重要因素。通过对数据的分析,在各因素中排在第三位的频数分布如图 6-40 所示,一共 9936 个样本。其中收入高还是低有 1536 个样本,占比为 15.30%;有产业还是没有产业有 1003 个样本,占比为 9.38%;是否受过良好教育有 1405 个样本,占比为 14.29%;受人尊敬还是被人看不起有 1289 个样本,占比为 12.46%;有技术还是没有技术有 1234 个样本,占比为 11.19%;是管理别人还是被别人管有 974 个样本,占比为 10.20%;自己当老板还是替别人打工有 1030 个样本,占比为 11.66%;群众还是党员有 193 个样本,占比为 2.51%;城里人还是乡下人有 286 个样本,占比为 4.90%;国家干部还是普通老

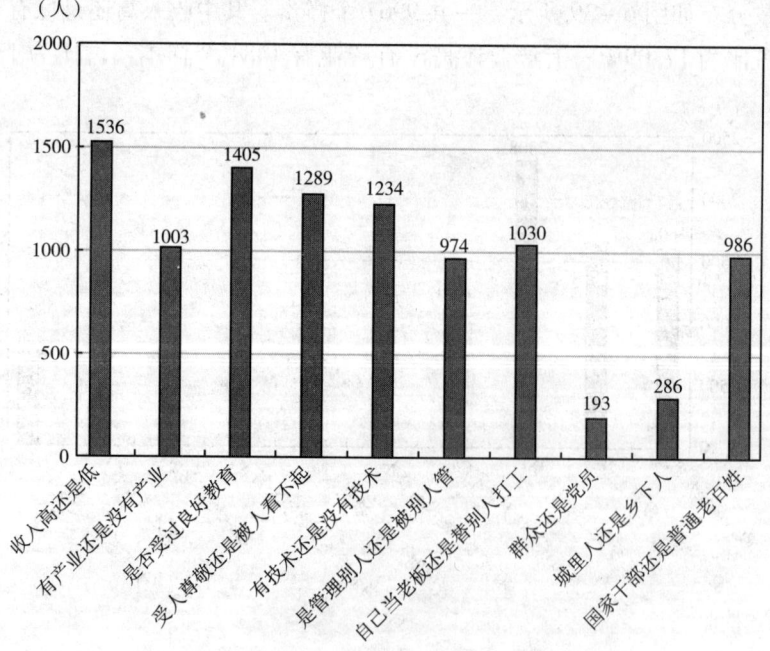

图 6-40 影响社会地位第三重要因素的频数分布

资料来源:2019 年中国居民收入与财富调查问卷。

百姓有 986 个样本，占比为 9.01%。可以推断，大多数人认为收入高还是低是影响个人经济地位的第三重要因素，除此之外，部分被访者认为是否受过良好教育、受人尊敬还是被人看不起、自己当老板还是替别人打工的影响也比较大。

第四节　其他问题

一、环境污染问题

在 2019 年中国居民收入与财富调查问卷中，用"您认为我国的环境污染问题是否严重？"来衡量居民对环境污染问题的看法，要求被调查者在 1~5 的选项中选择一个，如图 6-41 所示，有效样本共计 9936 个，有 1414 人选择了非常严重，有 5557 人选择了比较严重，有 2456 人选择了一般，有 483 人选择了比较不严重，有 26 人选择了非常不严重，数据显示我国居民认为我国的环境污染相当严重，很多人已经开始关注环境污染问题，政府应该在治理环境污染方面加大力度，严格规范治理环境污染方面的政策和行动指南，同时美好的环境需要广大社会公众共同行动起来，做好保护环境的政策宣传，企业和个人都要参与进来，共同创造一个干净舒适的环境。

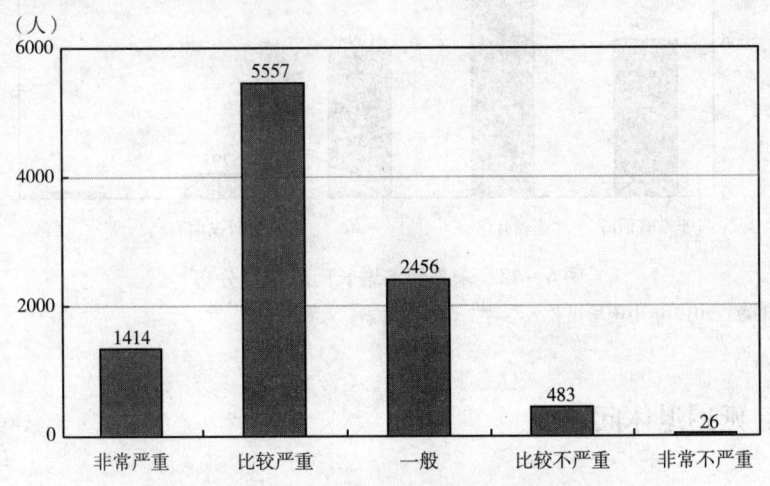

图 6-41　环境污染问题频数分布

资料来源：2019 年中国居民收入与财富调查问卷。

二、经济增长问题

在2019年中国居民收入与财富调查问卷中,用"您对我国未来经济持续增长是否有信心?"来衡量我国居民对经济增长的看法,要求被调查者在1~5的选项中选择一个,如图6-42所示,有效样本共计9938个,有2098人选择了非常有信心,有5504人选择了比较有信心,有1998人选择了一般,有291人选择了比较没信心,有47人选择了非常没信心,数据显示整体来说,我国居民对我国未来经济增长的前景是很看好的,这也是因为我国经济一直保持稳定持续发展,给了全国人民坚定的信心,相信在全国人民高昂的情绪下,中国的经济会保持良好的发展态势。

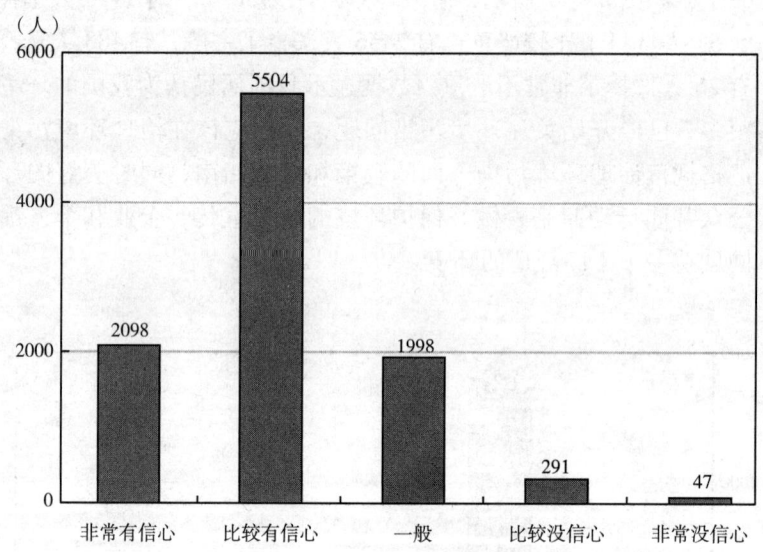

图6-42 未来经济增长问题频数分布

资料来源:2019年中国居民收入与财富调查问卷。

三、延迟退休问题

在2019年中国居民收入与财富调查问卷中,用"您是否赞成我国实施延迟退休?"来衡量我国居民对延迟退休政策的看法,如图6-43所示,有效样本共计9939个,有513人选择了非常赞成,有2424人选择了比较赞成,有3232人选择了一般,有2416人选择了比较不赞成,有1354人选择了非常不赞成。数据显示,我国居民对于延迟退休政策主要持有不赞成的态度,可能是因为延迟退休政策涉及利益分配问题,而且还有相当一部分人可能不是很了解延迟退休的具体政策,担心会影响到自己的利益,所以选择了不赞成。但从整体上来看,延迟退休政策的推广对整个社会是有益的,我国政府若想在多数居民赞同的环境下推行延迟退休政策,减少政策的阻力,还需要注意改革时期居民利益的调整分配,加大宣传力度,让更多的居民了解具体的政策。

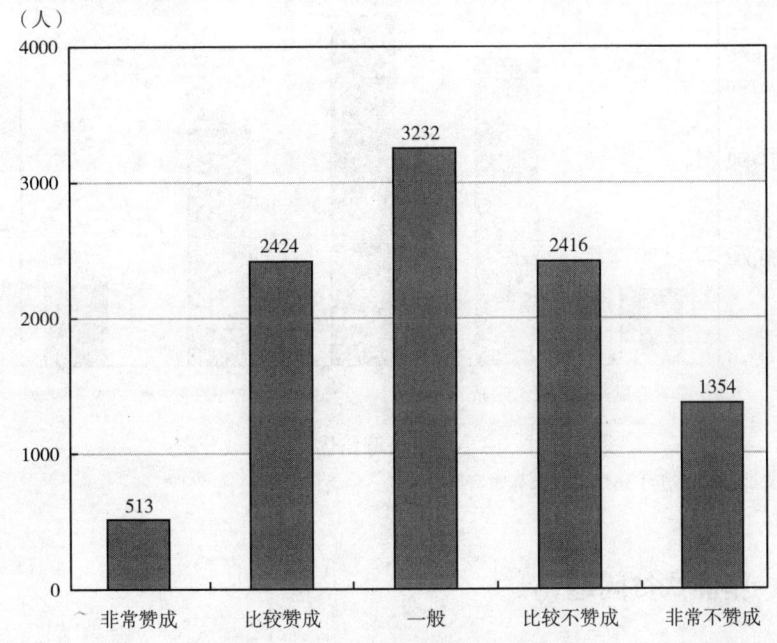

图6-43 延迟退休问题频数分布

资料来源:2019年中国居民收入与财富调查问卷。

四、中小学生培优问题

在2019年中国居民收入与财富调查问卷中,用"您对中小学生普遍培优的现象是否赞成?"来衡量我国居民对中小学生培优问题的看法,如图6-44所示,有效样本共计9939个,有724人选择了非常赞成,有2889人选择了比较赞成,有3320个人选择了一般,有2244人选择了比较不赞成,有762人选择了非常不赞成。中小学生培优是社会比较热点的问题,数据显示,选择不赞成、一般、赞成的居民数量分布较均匀,一部分居民可能持有不能让孩子输在起跑线上的心理而赞成对中小学生进行培优,通过培优而给孩子一个更好的未来;另一部分居民可能出于不给孩子太大压力,让孩子拥有一个更快乐的童年的心理而不赞成对中小学生进行各种培优。

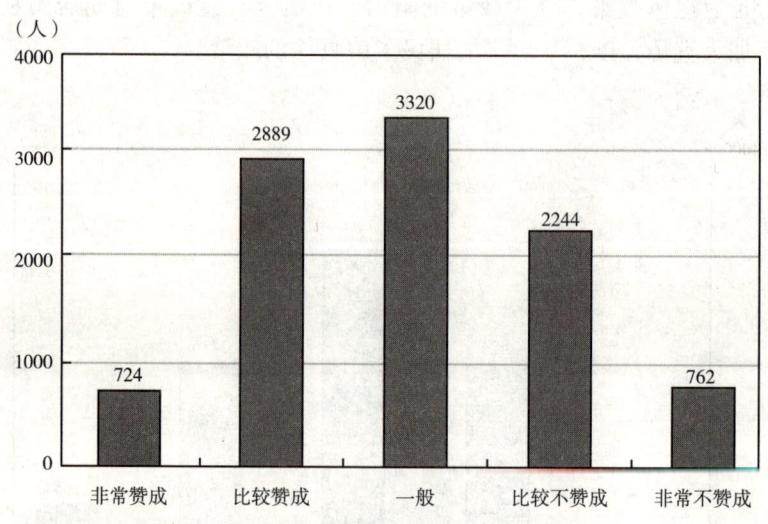

图6-44 中小学生普遍培优问题频数分布

资料来源:2019年中国居民收入与财富调查问卷。

五、精准扶贫问题

在2019年中国居民收入与财富调查问卷中,用"您对未来继续精准扶贫是否看好?"来衡量我国居民对精准扶贫问题的看法,如图6-45所示,有效样本共计9931个,有1663人选择了非常看好,4906人选择了比较看好,有2743人选择了一般,有498人选择了比较不看好,有121人选择了非常不看好。数据显示,大部分居民对我国未来继续精准扶贫的前景持看好态度,只有很少一部分居民对我国未来继续精准扶贫的前景持怀疑态度,这从侧面反映出我国大力实施精准扶贫政策取得了良好的效果,大部分居民认可政府对于精准扶贫采取的政策,且对于未来政府的精准扶贫政策抱有很大的信心。政府应该继续将精准扶贫作为一项重要的政府工作,采取更多科学合理的措施,逐步解决我国的贫困问题。

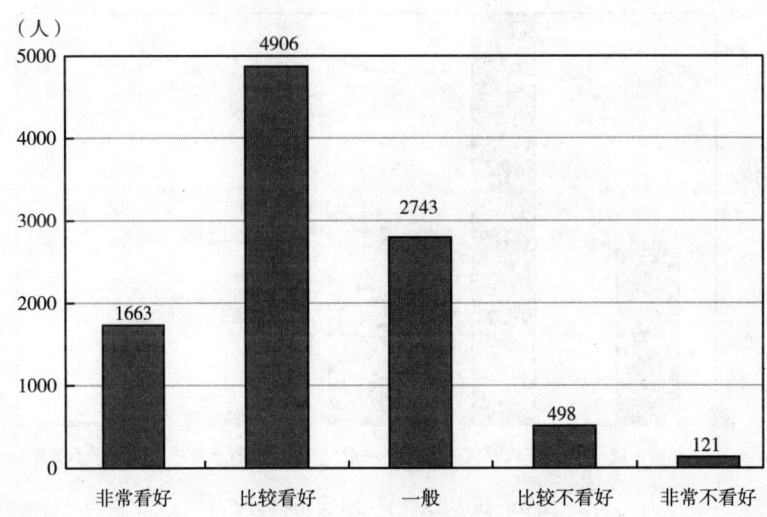

图 6-45　精准扶贫问题频数分布

资料来源:2019 年中国居民收入与财富调查问卷。

六、"双创"问题

在 2019 年中国居民收入与财富调查问卷中,用"您对我国提出的'双创'是否赞成?"来衡量我国居民对"双创"政策的看法,如图 6-46 所示,有效样本共计 9931 个,有 2116 人选择了非常赞成,有 4987 人选择了比较赞成,有 2607 人选择了一般,有 172 人选择了比较不赞成,有 49 人选择了非常不赞成。双创即"大众创业、万众创新",由政府设定各种优惠政策,为创业创新创造条件,鼓励社会公众进行创业创新。数据显示,大部分居民赞成国家提出的"双创"政策,希望利用国家的优惠政策支持来开创自己的一片天地,完成自己的创业创新理想。因此,政府要进一步落实创新创业的各项优惠政策,做好配套的服务,如为创业者提供越来越多的创业辅导,在"双创"的浪潮中政府要注意吸引人才、培养人才、留住人才,为创新创业打下牢固的底蕴。

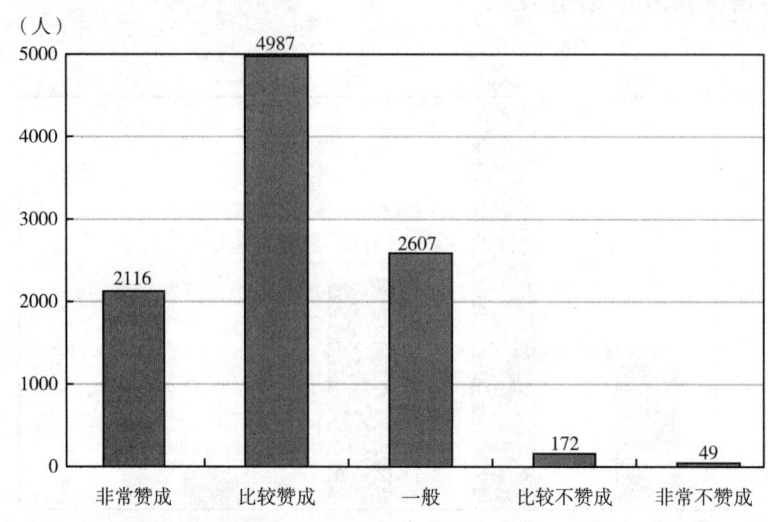

图 6-46 "双创"问题频数分布

资料来源：2019 年中国居民收入与财富调查问卷。

七、职业教育问题

在2019年中国居民收入与财富调查问卷中，用"您认为发挥职业教育是否缓解就业压力？"来衡量我国居民对职业教育的作用的看法，如图6-47所示，有效样本共计9928个，有1364人选择了非常赞成，4954人选择了比较赞成，有3267人选择了一般，有305人选择了比较不赞成，有38人选择了非常不赞成。数据显示，大部分居民比较赞成职业教育政策，认可职业教育在缓解就业压力方面的作用，证明大部居民对于就业问题的关注度是比较高的。职业教育是指对受教育者实施可从事某种职业或生产劳动所必需的职业知识、技能和职业道德的教育。现在社会的就业局势仍然比较严峻，为缓解就业压力，政府要进一步规范职业教育，继续支持和发挥职业教育的作用，鼓励有意愿、有能力的学校开发出更多职业教育模式，提高劳动者的素质。同时还要完善更多就业政策，如创造良好的创业和就业制度环境；优化经济结构，多渠道扩大社会就业，解决结构性就业问题；提供更多的培训平台，提高劳动者的就业和择业能力。

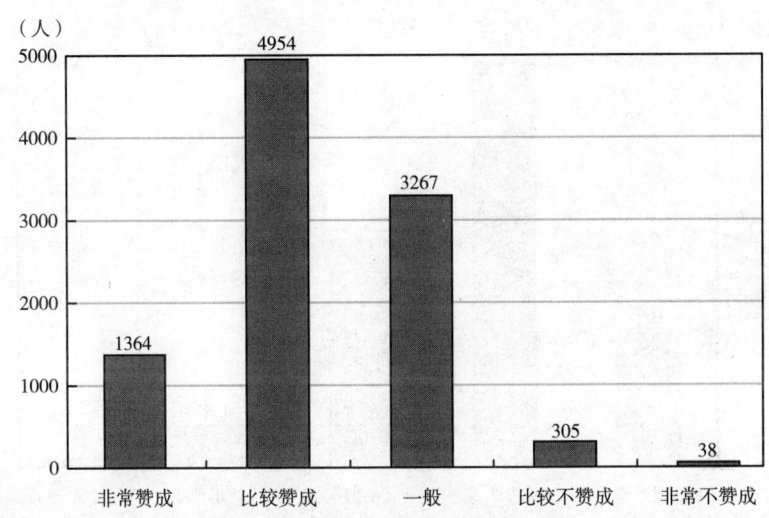

图 6-47　职业教育问题频数分布

资料来源：2019 年中国居民收入与财富调查问卷。

八、贫富差距问题

在 2019 年中国居民收入与财富调查问卷中，用"您认为我国贫富差距问题严重程度如何？"来衡量我国居民对贫富差距问题的看法，如图 6-48 所示，有效样本共计 9931 个，有 1663 人选择了非常严重，有 4906 人选择了比较严重，有 2743 人选择了一般，有 498 人选择了比较不严重，有 121 人选择了非常不严重。数据显示，大部分居民偏向于我国贫富差距问题是相当严重的，经过计算得出我国现在基尼系数的均值已经达到 0.5，说明我国贫富差距是相当大的。为解决人们重点关注的贫富差距问题，一方面要继续促进经济的持续增长，创造更多的社会财富；另一方面在发展经济的同时还要注意分配好财富，适当缩小收入差距，将其维持在人们可以接受的范围内，如优化转移支出的结构，通过转移支付对落后地区提供补贴。同时，除了解决贫富不均的收入结果，还要保证社会机会公平、创收过程公平，提高收入的合理性和流动性，创造更加公平的社会环境，促进公共服务均等化，特别是教育机会的均等化。

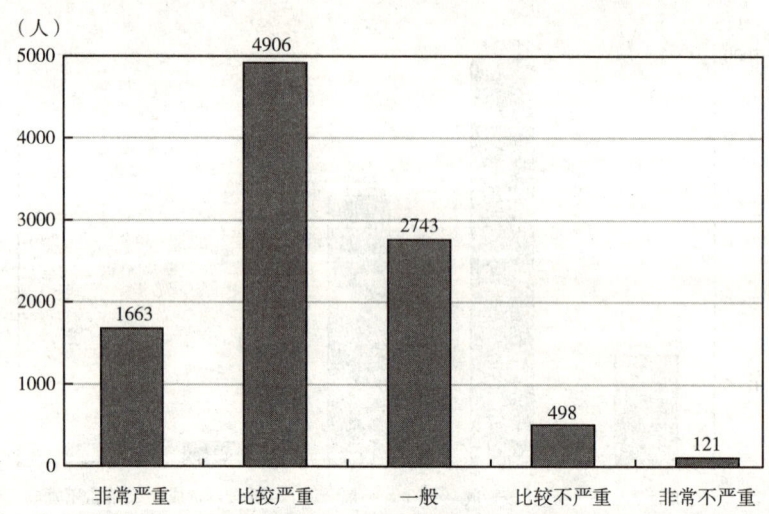

图 6-48 贫富差距问题频数分布

资料来源：2019 年中国居民收入与财富调查问卷。

九、房价问题

在 2019 年中国居民收入与财富调查问卷中，用"对于我国房价过高现象，您认为主要原因是什么"来询问我国居民对房价过高问题的看法，要求被调查者从四个选项中进行选择，一是存在炒房现象，二是"土地财政"问题，政府推高房价，三是房地产产业过热，存在泡沫经济现象，四是房地产行业存在垄断和暴利现象，可多选。如图 6-49 所示，74.86% 的样本选择了因为炒房现象的存在，55.36% 的样本选择了"土地财政"问题，政府推高房价，65.52% 的样本选择了因为存在泡沫经济现象，62.94% 的样本选择了因为房地产行业的垄断和暴利现象。数据表明，选项中的四个原因都是造成房价过高的重要原因。

第六章 居民主观幸福感

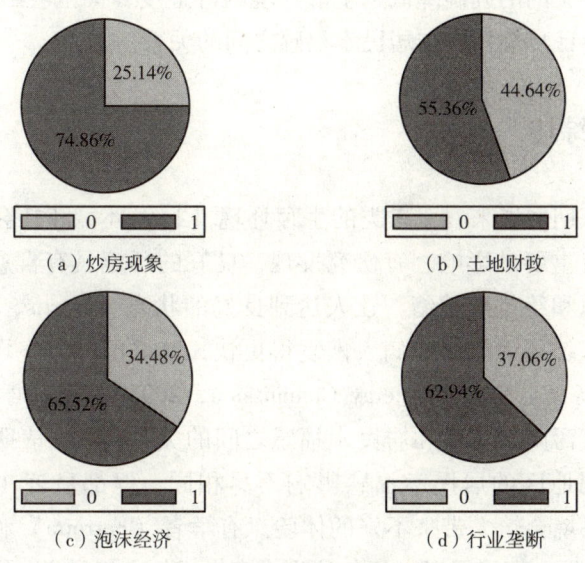

(a) 炒房现象　　　　　　　　　(b) 土地财政

(c) 泡沫经济　　　　　　　　　(d) 行业垄断

图 6-49　房价问题

第五节　环境污染与主观幸福感

一、研究意义

随着经济的快速增长，资源的日益消耗以及人口的不断膨胀，我国的环境问题日益突出。生态环境部于 5 月 29 日发布《2018 年中国生态环境状况公报》，公报显示，2018 年，全国 338 个地级及以上城市中，121 个城市环境空气质量达标，不足四成，全国城市空气质量不容乐观，其中对二氧化硫、二氧化氮、PM10、PM2.5 年均值等指标进行评价，京津冀及周边地区的城市平均优良天数比例仅为 50.5%，在检测的 111 个湖泊和水库中，三级及三级以上污染的湖泊和水库有 70 个，占总数的 63.1%。这些惊人的数字已经充分说明我国的环境污染已经相当严重，这是长期以来粗放型经济增长方式所付出的代价。虽然学者开始关注如何协调经济增长与环境污染之间的关系，但关于环境污染与民生之间的研究比较少。目前，幸福感已经成为衡量民生的重要指标。一方面，环境污染换取的是经济增长，改善了居民的生活水平，客观上会增进幸福感；另一方面，环境污染又的的确确降低了生活环境的舒适度，甚至会影响健康。因此，本书想要试图论证环境污染与居民幸福感之间的关系。

二、文献综述

从人类的长期发展来看，人类的生存环境（自然环境和社会环境）对他们的生存发展具有重要的影响。有研究发现，良好的环境具有自愈功能，能够帮助我们减少焦虑和绝望的情绪，让人达到良好的状态（Morris, 2003）。有研究论证了良好的医院环境能够让病人恢复得更快，良好的办公室环境能够让职员的工作效率更高（California Energy Commission, 2003）。有的学者以西班牙为例，研究了空气污染、气候和居民幸福感之间的关系，结果表明空气污染和气候对西班牙不同地区的居民幸福感影响不尽相同，但都显著（Junca, 2013）。相反，恶劣的环境会给人带来不好的体验。有学者（Ferreira）利用欧洲社会调查（ESS）的数据，探讨了以二氧化硫为代表指标的空气质量与欧洲地区居民幸福感之间的关系，得出了二者呈显著负相关关系的结论。机场噪声降低了附近居民的幸福感（Van Praag and Baarsma, 2005）；自然灾害对居民的幸福感也有不利影响（Luechinger and Raschky, 2009）。黄永明（2013）发现居民的工作环境和居住环境对他们的主观幸福感具有重要影响，同时还发现东部地区的主观幸福感受环境影响较大，而对西部居民的幸福感影响尚不显著。郑君君等（2015）却认为客观存在的环境污染因素对幸福感产生影响在年轻居民与年老居民之间存在着差异，在东西部居民与中西部居民之间不存在群体差异。许志华（2018）通过匹配省级环境污染数据和中国综合社会调查个人幸福感数据，分析了空气污染和水污染对幸福感的影响。结果表明二氧化氮浓度上升会显著降低幸福感。同时发现空气污染对东部居民有显著负影响，以及低中底层人群和环境知识中高等人群的负面影响更大；水污染对城市居民的影响更大，对中层人群和环境知识中等人群的负面影响更显著。

三、数据描述性分析

1. 变量解释。

（1）被解释变量。主观幸福感：采用的是问卷中用"总的来说，您认为您的生活是否幸福？"来衡量居民的主观幸福感，被调查者要求在 1~5 的数字之间

第六章 居民主观幸福感

进行选择：1 表示很不幸福，5 表示很幸福。数字越大表明幸福程度越高。

（2）解释变量。环境污染：采用的是问卷中的"您认为我国的环境污染问题是否严重？"来衡量居民对环境污染的主观感知程度，被调查者要求在 1～5 的数字之间进行选择：1 表示非常不严重，5 表示非常严重。数字越大表明居民对环境污染的主观感知程度越高。

社会公平度：采用的是问卷中的"总的来说，您认为当今社会是不是公平？"来衡量居民对社会公平的感知程度，被调查者要求在 1～5 的数字之间进行选择：1 表示完全不公平，5 表示完全公平。数字越大表明居民认为社会公平程度越高。

经济地位：采用的是问卷中的"与同龄人相比，您本人的社会经济地位是"，被调查者要求在 1～3 的数字之间进行选择：1 表示较高，3 表示较低。数字越大表明居民经济地位越低。

收入合理度：采用的是问卷中的"考虑到您的能力和工作状况，您认为您目前的收入是否合理呢？"被调查者要求在 1～4 的数字之间进行选择：1 表示非常合理，4 表示非常不合理。数字越大表明居民感知的收入合理度越低。

2. 描述性统计。本书的被解释变量为主观幸福感，关注的主要解释变量为环境污染。所有变量的描述性统计见表 6-8。

表 6-8　　　　　　　　环境污染对居民主观幸福感的影响变量

变量名称	变量描述	样本量（个）	均值	标准差	最小值	最大值
主观幸福感	见变量解释	9911	3.860	0.7435	1	5
环境污染	同上	9921	2.210	0.7504	1	5
社会公平度	同上	9929	3.105	0.8435	1	5
性别	1 表示男性，2 表示女性	9948	1.499	0.5000	1	2
经济地位	见变量解释	9929	2.193	0.5273	1	4
健康状况	见注	9948	1.930	0.8044	1	5
民族	1 表示汉族，2 表示少数民族	9947	1.550	1.9375	1	2
婚姻状况	见注	9941	2.036	0.7519	1	6
收入合理度	见解释变量	9823	2.291	0.5330	1	4
户籍	0 表示城市，1 表示农村	9947	0.423	0.4940	0	1
年龄	岁	9939	42.116	11.8188	16	91

注：健康状况：1 表示很健康，5 表示非常不健康，本书分为 3 类，健康、一般和不健康；婚姻状况：1 表示未婚，2 表示初婚，3 表示再婚，4 表示离异，5 表示丧偶，6 表示同居。

四、实证模型与分析

被解释变量主观幸福感是一个有序变量,取值 1~5,采用 Ordered Probit 模型。具体构建如下:

$$happy_i = \beta_0 + \beta_1 pollution_i + \alpha X_i + u_i$$

模型中,$happy_i$ 表示第 i 个调查者的主观幸福感;$pollution_i$ 表示第 i 个调查者的环境污染感知度;X_i 表示所有其他控制变量;u_i 表示随机干扰项。

采用逐步回归的方法给出了主观幸福感影响因素的回归结果,第(1)列仅将主观幸福感对社会公平、性别、经济地位、健康状况、民族、政治面貌、婚姻状况、收入、户籍、年龄等个体特征变量回归,第(2)列将主观幸福感对环境污染以及性别、户籍、政治面貌等个体特征变量进行回归;前两列都是用 Ordered Probit 回归,为了进行结果检验,在第(3)列,本书用了 OLS 回归,将主观幸福感对环境污染以及个体特征变量进行回归(见表 6-9)。

表 6-9　将主观幸福感对环境污染以及个体特征变量进行回归的结果

被解释变量:主观幸福感	Ordered Probit		OLS
	(1)	(2)	(3)
A:主要解释变量			
环境污染		-0.0757*** (0.0155)	-0.0459*** (0.00947)
B:个体特征变量			
社会公平度	0.247*** (0.0141)	0.259*** (0.0143)	0.161*** (0.00863)
性别	0.0638*** (0.0232)	0.0612*** (0.0232)	0.0393*** (0.0142)
经济地位	-0.355*** (0.0226)	-0.358*** (0.0226)	-0.226*** (0.0138)
健康状况	-0.251*** (0.0146)	-0.250*** (0.0146)	-0.149*** (0.00891)
民族	0.000717 (0.00588)	0.00241 (0.00589)	0.00184 (0.00360)

第六章 居民主观幸福感

续表

被解释变量： 主观幸福感	Ordered Probit		OLS
	（1）	（2）	（3）
政治面貌	-0.0138 （0.0101）	-0.0133 （0.0101）	-0.00883 （0.00616）
婚姻状况	-0.0719*** （0.0165）	-0.0740*** （0.0165）	-0.0466*** （0.0102）
年龄	-0.00633*** （0.00110）	-0.00668*** （0.00110）	-0.00414*** （0.000670）
收入合理度	-0.270*** （0.0222）	-0.275*** （0.0223）	-0.174*** （0.0136）
户籍	-0.0848*** （0.0240）	-0.0786*** （0.0240）	-0.0510*** （0.0147）
N（样本数）	9789	9781	9781

注：（1）括号里面的是对应系数的稳健标准误；（2）*表示 $p<0.10$，**表示 $p<0.05$，***表示 $p<0.01$；（3）省略汇报了常数项的估计值。

根据回归（1）的结果，可以看出，个体特征变量与以往的研究结论基本保持一致。性别与居民主观幸福感呈显著的正向关系，政治面貌、民族对主观幸福感的影响不显著；年龄对主观幸福感存在显著的负向影响，年龄越大，居民幸福感水平越低；自我评价的健康水平对居民平均幸福感存在显著的负向影响，不健康程度越高，居民幸福水平越低；自我评价收入越不合理，幸福感越低；户籍对主观幸福感存在显著的负向关系；婚姻对主观幸福感存在负向关系；社会公平度与居民主观幸福感存在显著的正向关系，居民很在意社会生活的各方面是否公平，公平程度越高，居民幸福水平越高；经济地位对居民主观幸福感存在负向关系，经济地位越低，主观幸福感越低，经济地位能够给人带来诸如身份、地位、更受人尊重，所以幸福感就越高。

回归（2）和回归（3）的结果都显示主观幸福感与环境污染有着显著的正向关系，显著性水平为1%，这表明人们对环境污染的主观感知程度越严重。人们就主观幸福感就越低。原因在于居民如果感知到环境污染程度加剧，心理上可能会产生焦虑、恐惧等负面情绪，比如对未来生活质量的担忧，对健康状况的担忧，对居住环境的不适宜的恐惧等，直接会导致居民主观幸福感的下降。

五、异质性分析

很多学者研究了相关因素影响幸福感的异质性问题。李梦洁（2015）发现环境污染对低收入居民的幸福感的负面影响相对较大。黄永明等（2013）发现烟尘污染和二氧化硫污染对东部地区居民幸福感的负面影响大于中西部地区，但并未发现不同收入阶层、居住于不同社区类型居民存在的异质性。何立新等（2011）发现机会不均等对低收入居民和农村居民幸福感的负面影响相对较大，收入差距对低、中低和高收入阶层的幸福感有显著负效应。也有学者在探究幸福感的人际传播问题时，发现幸福感更容易在女性群体中传播。（刘斌等，2012）为了更好地了解环境污染在不同的群体中对主观幸福感的影响，本书将户籍地和性别作为分组依据分别进行回归。回归结果如表6-10所示。

表6-10　　　　将户籍地和性别作为分组依据的回归结果

被解释变量	性别		户籍地	
	女	男	城市	农村
环境污染	-0.109*** (0.0220)	-0.0432** (0.0218)	-0.0336 (0.0212)	-0.122*** (0.0227)
公平	0.260*** (0.0204)	0.258*** (0.0201)	0.281*** (0.0191)	0.228*** (0.0215)
经济地位	-0.373*** (0.0333)	-0.346*** (0.0309)	-0.362*** (0.0305)	-0.360*** (0.0339)
健康状况	-0.238*** (0.0209)	-0.258*** (0.0206)	-0.247*** (0.0202)	-0.251*** (0.0214)
婚姻状况	0.00552 (0.00873)	0.000447 (0.00800)	-0.105*** (0.0219)	-0.0337 (0.0255)
收入	-0.00654 (0.0159)	-0.0143 (0.0133)	-0.310*** (0.0293)	-0.228*** (0.0344)
户籍	-0.0950*** (0.0226)	-0.0448* (0.0244)	—	—
年龄	-0.291*** (0.0317)	-0.262*** (0.0314)	-0.00741*** (0.00156)	-0.00644*** (0.00156)

注：（1）括号里面的是对应系数的稳健标准误；（2）*表示 $p<0.10$，**表示 $p<0.05$，***表示 $p<0.01$；（3）省略汇报了常数项的估计值。

由表 6-10 可知，环境污染对幸福感的影响在不同的群体中有所差异。相比于男性群体，环境污染对幸福感的影响在女性群体中更大，原因可能是现代女性不仅要面对家庭生活的压力，还要面对在外工作的压力，在双重压力下，随着对环境污染认知程度的加深，来自各方面的焦虑等负面情绪可能会更严重，所以环境污染对女性幸福感的负面影响更大。同样，我们还分别分析了城乡群体的差异。环境污染对幸福感的影响在农村居民中为 -0.122，在 1% 的显著性水平上显著，而在城市居民中表现为不显著。这意味着同样的环境污染感知度，农村居民的幸福感损失更大。在面临着相同的环境污染侵害时，城市拥有更好的医疗条件、更多的收入机会以及更好的规避环境污染的方式，如城市居民更有可能通过买空气净化器、净水器等产品来缓解空气污染造成的负面影响，因此城市居民可能对环境污染造成的负面影响不太敏感。相比之下，农村居民由于缺乏相应的缓解环境污染的方式，由于环境污染造成的幸福感损失就更大。

六、结论

在调查数据基础上，采用 Ordered Probit 模型，分析了环境对我国居民主观幸福感的影响。得出以下结论：一方面，在控制诸多影响幸福感的因素后，环境污染对于居民的主观幸福感有显著的降低作用。另一方面，空气污染对幸福感存在异质性，从个人层面上来讲，空气污染对女性和农村居民的负面影响更大，主要原因是女性在社会中可能面对了更多的压力，所以对环境污染造成的负面影响更加敏感；农村居民因为机会收入比较少，缺乏相应的应对环境污染的策略知识，相比于城市居民不能很好地缓解环境污染对幸福感造成的负面影响。

习近平总书记在党的十九大报告中指出我国经济已经由高速增长转向高质量发展，绿色经济是实现高质量发展的重要手段，因此要注重经济与环境的协调发展，努力构建经济、环境、民生相和谐的幸福社会，居民幸福才是发展的宗旨，只有经济、环境、社会协调发展，居住环境良好，满足居民物质和精神生活追求，才能真正地提升居民的幸福感。因此，中央政府、地方政府、企业和个人应该目标一致并担负起各自的责任，共同应对环境污染的难题，实现幸福增长。同时，政府在治理的过程中需要重视个体的差异性。环境污染对女性和农村居民幸福感的负面影响更为显著，且处在社会中的不利位置和难以通过经济手段弥补环境污染造成的危害。由于环境污染问题往往具有持久性,可能会令这部分人群产生强烈危机感,甚至形成恐慌感,加大对社会的不满,造成巨大的社会损失。因此政府在环境治理过程中需重视这部分人群的感受,及时进行沟通,减少其危机感,令公众掌握环境问题相关知识与应对所需策略知识,可以在一定程度上提高人群的幸福感。

参 考 文 献

[1] 边燕杰、张展新:《市场化与收入分配——对1988年和1995年城市住户收入调查的分析》,《中国社会科学》2002年第5期。

[2] 崔友平:《行业行政垄断对收入分配的影响及对策》,《中共中央党校学报》2015年第6期。

[3] 贺寨平:《人力资本、政治资本、社会资本对中国城市居民收入不平等的影响》,《河海大学学报(哲学社会科学版)》2015年第4期。

[4] 李实、朱梦冰:《中国经济转型40年中居民收入差距的变动》,《管理世界》2018年第12期。

[5] 刘生龙:《教育和经验对中国居民收入的影响——基于分位数回归和审查分位数回归的实证研究》,《数量经济技术经济研究》2008年第4期。

[6] 鲁春义:《基于VAR模型的中国金融化、垄断与收入分配关系研究》,《经济经纬》2014年第1期。

[7] 王春超、叶琴:《中国农民工多维贫困的演进——基于收入与教育维度的考察》,《经济研究》2014年第12期。

[8] 王书华、杨有振:《城乡居民家庭金融资产配置与收入差距的动态影响机制——基于状态空间系统的估计》,《上海财经大学学报》2015年第2期。

[9] 严善平:《城乡劳动力市场中党员身份的作用及其变化趋势——基于中国家庭收入调查数据的实证研究》,《劳动经济研究》2017年第1期。

[10] 于良春、菅敏杰:《行业垄断与居民收入分配差距的影响因素分析》,《产业经济研究》2013年第2期。

[11] 张车伟:《人力资本回报率变化与收入差距:"马太效应"及其政策含义》,《经济研究》2006年第12期。

[12] Mincer J., "Schooling, Experience, and Earnings", Columbia University Press. 1974.

后 记

《中国居民收入与财富调查报告》(2019年)是在严格遵照国家统计局抽样调查县级抽样框开展抽样，访员经过长期培训，严格要求实地调查的情况下，在中南财经政法大学收入分配与现代财政研究院老师们的共同努力下，历经八个月的时间所完成的。该报告全面、客观地反映了当前我国居民收入与财富的现状，是中南财经政法大学收入分配与现代财政研究院、收入分配与现代财政学科创新引智基地相关研究的重要成果之一。

《中国居民收入与财富调查报告》(2019年)由中南财经政法大学校长、收入分配与现代财政研究院杨灿明教授主导，是中南财经政法大学双一流建设系列成果的重要组成部分。中南财经政法大学一直秉承着"博文明理，厚德济世"的大学精神，以其深厚的财政领域背景、独特的财政学科优势和出色的行业影响力，为我国经济改革与发展贡献着自己的力量。中南财经政法大学收入分配与现代财政研究院成立已有十年，结合学校所拥有的湖北省级重点学科和省级人文社科重点研究基地的优势和特色，积聚了各学院的优秀人才，已经构建起一支专门从事收入分配研究的学术创新团队，为国内的收入分配研究添砖加瓦。

该报告涵盖了家庭禀赋特征、就业、家庭收入分析、家庭财富、家庭消费、居民幸福感与社会热点问题评价六个部分的内容。该报告的形成与以下各位老师的辛苦努力密不可分，杨灿明教授负责整个调查报告基本框架的确定，赵颖副教授负责第一章个人禀赋特征，陈三攀助理教授负责第二章就业，孙群力教授负责第三章家庭收入，张帆助理教授负责第四章家庭财富，万欣助理教授负责第五章家庭消费，鲁元平副教授负责第六章居民主观幸福感。

中国居民收入与财富调查是一项规模浩大的工程，虽皓首穷经，也难尽善其事，敬请各位专家学者批评指正！

收入分配与现代财政学科创新引智基地
中南财经政法大学收入分配与现代财政研究院
2020年5月1日